Melchior Meyr

Vier Deutsche

Politischer Roman aus den letzten Jahrzehnten Ausgabe 2, (Band 1)

Melchior Meyr

Vier Deutsche

Politischer Roman aus den letzten Jahrzehnten Ausgabe 2, (Band 1)

ISBN/EAN: 9783744682176

Hergestellt in Europa, USA, Kanada, Australien, Japan

Cover: Foto ©ninafisch / pixelio.de

Weitere Bücher finden Sie auf **www.hansebooks.com**

Vier Deutsche.

Politischer Roman

aus den letzten Jahrzehnten.

Mit einer

Ansprache an das deutsche Volk und seine Führer.

Von

Melchior Meyr.

Zweite Ausgabe.

Erster Band.

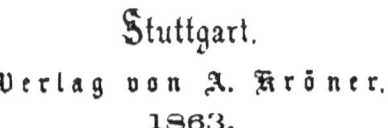

Stuttgart.
Verlag von A. Kröner.
1863.

An das deutsche Volk und seine Führer.

Wir stehen vor einer großen nationalen Aufgabe. Ein mißlungener Versuch, der einen zweiten bessern heischt, — die allgemeine politische Lage und der Wille der Patrioten aller Orten drängen zur Erwägung der zweckmäßigsten Organisation des Einen Vaterlandes, drängen zur Entscheidung. Jeder Deutsche, der zu einer begründeten Ansicht gelangt ist, hat die Pflicht, sie auszusprechen; und ihr genügt denn auch der Verfasser eines Romans, der dazu geschrieben ist, die erste Lösung mit ihren Ursachen und Wirkungen vor Augen zu stellen und auf die Bedingungen zu einer zweiten, ersprießlicheren hinzuweisen.

Sey mir erlaubt, ein paar Worte über dieses Buch selber zu sagen.

Meine Absicht war, in dem Streben und den Geschicken der Hauptpersonen die Zeiten des Vormärz, das Jahr 1848 und die letzten Ausgänge der deutschen Erhebung zu schildern. Ich hatte nicht nur die Politik im Auge, sondern die gesammte geistige Cultur, und es war mein Anliegen, das politische Leben gerade in seinem Zusammenhange mit Religion, Philosophie und Poesie darzustellen. Demnach führt die Erzählung in die Familie, zeichnet, soweit es der Rahmen des Entwurfs erlaubt, alle Stände,

Richtungen und Parteien, um die höchsten Ziele auf den Hauptgebieten der Cultur als solche anschaulich zu machen.

Ist der Roman damit kein politischer im ausschließlichen Sinne des Worts, so bildet die Politik und der Kampf der politischen Parteien doch seinen vorherrschenden Inhalt; und ich habe das Beiwort nun hinzugefügt, damit die Leser gleich aus dem Titel ersehen, was sie hauptsächlich darin finden können, und solche, die sich in ihren Erwartungen nur getäuscht fühlen würden, ihn gar nicht zur Hand nehmen.

Es gibt in Deutschland immer noch eine nur allzugroße Zahl von „Gebildeten", die bei einem Roman an ein Buch denken, das bloß zur Gefühlsaufregung, zur spannenden Unterhaltung, zur Tödtung der Zeit bestimmt ist. Im Roman hat man aber früher die bedeutendsten Gegenstände behandelt, und der meine ist geschrieben, um denkenden Männern und Frauen entgegenzukommen, die ein Herz haben für die Wahrheit, für die großen Interessen der Nation und die Fortschritte des Menschengeschlechts. Er schildert die Wirklichkeit, wie sie war und ist, stellt Ideale auf, die verwirklicht werden können, und will hauptsächlich aufklären, erheben und zur That begeistern. Er setzt daher Leser voraus, die nicht nur Unterhaltung finden, sondern auch etwas lernen und thun wollen; diese sucht er, und sein Glück wird darin bestehen, ihnen mehr und mehr bekannt zu werden.

Die Viere, nach welchen das Buch genannt ist, sind nicht als Vertreter bestimmter politischer Parteien erfunden. Der Verfasser wollte Menschen zeichnen, wie es deren gibt oder geben kann, und die nur verschiedene Gattungen von Charakteren repräsentiren. Wenn sie sich ihrer Denkart gemäß zu verschiedenen politischen Parteien stellen, so ist damit nicht gesagt, daß diese nicht bessere Vertreter aufzuweisen haben, als eben sie. Am meisten könnte sich die demokratische Partei für den, welcher vermeintlich sie repräsentirte, bedanken, und ich muß dieß hier um so mehr bemerken, als ich, trotz meines Strebens nach Gerechtigkeit, durch Anlage und Tendenz des Romans ohnehin in den Fall gekommen bin, mehr den Schatten als das Licht dieser Partei in Scene zu setzen. Die demokratische Partei war in jener Zeit die activste; und wenn sie die Früchte ihres Handelns allerdings selbst wieder hat verderben helfen, so enthebt uns das nicht der Anerkennung für das, was davon geblieben ist. Mögen sich nun die Nachdenkenden ohne Groll in dem Spiegel erblicken, der ihren thatsächlich bewiesenen Uebermuth im Glücke zeigt, und die Einsicht erlangen, daß nicht rücksichtsloses Vorgehen zur Herrschaft, sondern vielmehr die Ausübung eines bestimmten politischen Berufes in Darlegung ihrer Ansichten und Agitiren für dieselben auch ihnen ins künftige den größten Gewinn verheißt.

Die Zweie, durch welche der Verfasser hauptsächlich seine eignen Ideen aussprechen und vertreten ließ, halten sich zur Partei des damaligen Centrums und theilen ihre Erwartungen. Wie aber nach wiederhergestelltem Bundestag alle Hoffnungen als gescheitert anzusehen sind, hält der Poet und Philosoph mit dem Politiker ein Gespräch, in welchem er zu beweisen sucht, daß ein politisches Zusammenwirken, wie es als Ideal vor der Seele des deutschen Patrioten steht, ohne eine Ausgleichung im Denken über die höchsten Angelegenheiten, ohne gemeinsames Bekennen der höchsten sittlichen und religiösen Grundsätze nicht zu erwarten sey. Und der Politiker, der als Rath eines constitutionell gesinnten Fürsten seinen Lebenszweck erreicht, ist nicht nur thätig für Erhaltung und Mehrung freisinniger Institutionen, sondern agitirt auch wieder für einen neuen „Anfang" deutscher Einigung.

Diese Beiden verzagen und verzichten also nicht, wirken vielmehr, jeder in seiner Art, mit neuem Muthe für eine Lösung des Problems und knüpfen damit an die Bestrebungen der Gegenwart an.

In den letzten Jahren sind die Parteien der Erhebungszeit wieder erstanden, um sich in der Frage der deutschen Einheitsform auf's Neue gegenüberzustehen. Das Ideal der einen ist im Wesentlichen der Plan der frankfurter Mehrheit aus dem Jahr 48: ein constitutioneller Bundesstaat mit preußischer Spitze, Union desselben mit einem geeinigten constitutionellen Oesterreich. Die Gegner nennen diesen Bundesstaat „Kleindeutschland" und fordern eine Constituirung, wobei Oesterreich direct sich betheiligt. Es ist nun die Frage des Tages, welcher von diesen Forderungen die Lage der Dinge und das erweisliche Ziel des deutschen Volkes am meisten entspricht; und auf diese Frage will ich zu antworten versuchen.

Ein constitutionelles Deutschland mit einem Kaiser aus dem Hause Hohenzollern und die enge Verbindung desselben mit einem constitutionellen Oesterreich ist eine so schöne Vorstellung, daß man begreift, wie sie die edelsten Freunde des Vaterlandes begeistert hat und noch begeistert. Was könnte man sich Besseres wünschen? Der größte deutsche Staat mit der Führung betraut, die andern eingeordnet und mitwirkend je nach ihrer Macht und Bedeutung, und das Ganze Hand in Hand gehend mit einem für sich stehenden, aber brüderlich gesinnten und selbst geeinigten Oesterreich. Damit wäre vor allem dieses letztere untergebracht auf die einzig mögliche Weise. Denn Oesterreich, wenn es beisammen bleibt, hat andere Interessen als das ungleich durchgebildetere Deutschland; es kann nicht mit diesem verwachsen seyn, ohne es aufzuhalten, darf ihm aber doch auch nicht verloren gehen. In der Union ist nun der medius terminus gefunden zwischen Verwachsung und Entfremdung; das für sich stehende Oesterreich kann seine eigenen Ziele verfolgen und zugleich das deutsche Reich fördern, um von ihm gefördert zu werden. Beide vereint bilden eine Macht, fähig, in Europa den Ton anzugeben, und die deutsche Nation würde bei solchem Doppelbunde ihrer glorreichsten Zeit entgegengehen. —

Es ist wunderbar, daß dieser Gedanke nicht verwirklicht werden sollte in einem Moment, wo keine zu fürchtende Macht seiner Ausführung entgegentrat! Hätte Friedrich Wilhelm der Vierte die deutsche Kaiserkrone angenommen, die man ihm bot — wer wollte, wer konnte sich ihm damals widersetzen? Durch rasches, energisches Auftreten für das hochbedrängte Oesterreich hätte man auch mit diesem ein Abkommen erzielen mögen, und Bund und Union wären in die Reihe der Thatsachen eingetreten.

Der König hat abgelehnt; und es ist abwärts gegangen bis zur Wiedereinsetzung des Bundestags. — Darf man wohl annehmen, daß bei dem heutigen Stand der Verhältnisse, bei der jetzigen Stellung der Regierungen und Parteien, jener Plan realisirt werden könnte?

Ihm stehen entgegen: Oesterreich, die meisten und bedeutendsten der übrigen deutschen Regierungen, ein sehr großer Theil des deutschen Volks, und die maßgebenden Personen in Preußen selber! — Von außerdeutschen Staaten gar nicht zu reden.

Es bedarf nur des Hinweises auf diese Thatsachen, um seine Durchführung als unmöglich erscheinen zu lassen.

Auch wenn die bestimmenden Personen in Preußen anders dächten und Hand in Hand mit der Partei nach der Verwirklichung ihres Planes ftrebten, wäre das Gelingen keineswegs geſichert. Die Hälfte der deutſchen Nation würde dagegen ſeyn, es müßte gekämpft werden, und der König, der die Krone, die ſein Vorgänger ausſchlug, mit Waffengewalt erlangen wollte, müßte mit außerdeutſchen Mächten verbunden gegen Deutſche Krieg führen. — Nun, das iſt heutzutag unmöglich! Ein Hohen= zollern, wenn er auch Kaiſer zu werden den Wunſch hätte, würde ſicher um ſolchen Mittels willen lieber auf den Zweck verzichten.

In Preußen ſelbſt will man aber den Zweck nicht; ja man kann ſagen: Preußen will den Zweck nicht. Und das iſt wohl zu erklären.

Preußen iſt für ſich etwas, iſt für ſich ein großer, begeiſtern= der Gedanke. Wenn nicht alle Provinzen die gleiche Geſinnung hegen, ſo einigt ſich doch die große Mehrzahl der Bevölkerung in einem ſpecifiſch preußiſchen Patriotismus. Die „Geſchichte ohne Gleichen", die Thaten Friedrichs des Großen, die Siege des Befreiungskampfes und die Geltung des Staates als Groß= macht geben dem Angehörigen jenes eigenthümliche Selbſtgefühl, das ihn vor allen andern Deutſchen auszeichnet. Man will nun dort allerdings nicht nur erhalten, ſondern auch mehren; aber man will nicht den ſichern preußiſchen Königsthron hingeben oder compromittiren für einen unſichern deutſchen Kaiſerthron: — man will nicht von Preußen weg, ſondern man will die Macht Preußens ſelber ausdehnen und zu einer Hegemonie gelangen von Berlin aus: man will, es läßt ſich nicht läugnen, ſo viel als möglich das, was man Großpreußen nennt, indem man die andern Staaten in eine gewiſſe Abhängigkeit zu bringen hofft.

Das alles iſt ſo natürlich, daß es abgeſchmackt wäre, ſich dagegen ereifern zu wollen. Das conſtitutionelle Preußen mit ſeinen zu Berlin tagenden Kammern hat hier einen Schwerpunkt, von dem es unmöglich zu einem andern fortgehen kann. Der Staat Preußen hat als norddeutscher und überwiegend protestantischer Aufgaben, die ihn wohl erheben und in dem Gefühl erhalten dürfen, daß er um ihretwillen nicht nur fortbestehen, sondern an Macht wachsen müsse!

Wie wir es nun betrachten: der Bundesstaat mit einem Oberhaupt aus der Familie der Hohenzollern ist gegenwärtig nicht zu realisiren. Wünsche können nichts entscheiden, und die entscheidenden Mächte widerstreben. Wollen wir nun gleichwohl ein engeres Band für die Staaten und Stämme Deutschlands, so müssen wir es auf einem andern Wege suchen.

Ist Kleindeutschland factisch unmöglich, so müssen wir an Großdeutschland halten. Wir müssen auf eine Verfassung denken, die Oesterreich nicht ausschließt und seinen wie unsern Verhältnissen Rechnung trägt, um seine Geschicke für immer an die unsern zu ketten.

Ist das möglich? fragt man. Und wenn möglich, ist es wünschenswerth?

Diese Fragen beantworten sich nach dem Maße des Vertrauens, das man Oesterreich schenkt; nach dem Maße des Glaubens an seine Zukunft.

Ich muß nun bekennen, daß ich den dauernden Bestand Oesterreichs gewünscht habe, so lang ich politisch zu denken und zu fühlen vermag. Ich habe nie diejenigen Deutschen begreifen können, welche an ein Zerfahren dieses Staates nicht nur glaubten, sondern in Folge davon auch einen Gewinn für Deutschland sich versprachen.

Das Nationalitätsprincip, das dem Fortbestande Oesterreichs entgegenstehen soll, hat seine Berechtigung, kann und darf aber nicht mit absoluter Consequenz durchgeführt werden. Es ist unmöglich, daß jede kleine sogenannte Nation, jeder Stamm und nun gar jeder Zweig eines Stammes für sich einen Staat bilde. Die Verbindung kleinerer Stämme zu einem großen Staat kann einen welthistorischen Zweck haben und jenen Stämmen selber eben zum Vortheil gereichen. Es gibt Unterschiede unter den Nationen, und es liegt in der Natur der Dinge, wie im Plan der Geschichte, daß die an Geist und Kraft reicher ausgestatteten gegenüber den weniger begabten, zurückgebliebenen oder zurück=gekommenen, eine lenkende Stellung einnehmen.

Was historisch geworden ist, braucht darum freilich nicht auf ewig zu bestehen, hat aber doch immer einen realen Grund und einen Sinn. Wenn sich im Lauf der Jahrhunderte nun ein öster=reichischer Kaiserstaat gebildet hat — glaubt man, das sey nur aus einer Reihe verstandloser Zufälle geschehen und habe für Europa, insbesondere für Deutschland und seine Cultur gar keine Bedeutung? Denkt man so gering von dem „Geist der Geschichte", daß man annimmt, er habe sich eben bei der Bildung einer der fünf Großmächte gar nichts gedacht?

Es ist oft gesagt worden: Oesterreich habe eine Culturmis=sion nach dem Osten; und das ist eine Wahrheit, die jedem ein=leuchten muß. Wenn es dieser Mission bisher auf eine Weise nachkam, die man sehr angreifen kann, so ist das keine Folge, daß es ihr künftig nicht besser genügen wird. Jedenfalls hat dieser Staat bisher einen Theil des Osten zusammengehalten und sich damit die Bedingung der Cultur erhalten. Und mit wie großem Recht man das frühere Regiment anklagen mag — der zur Cultivirung berufene Theil der Bevölkerung hat unter ihm doch eine Bildung und Beziehungen erlangt, die ihn zur Lösung seiner Aufgabe besonders geschickt machen.

Die Deutsch=Oesterreicher sind ächte, gute Deutsche; ihr Wille, mit der deutschen Nation in enger Verbindung zu bleiben, hat sich leidenschaftlich ausgesprochen und wird in ihnen nur immer bewußter und fester werden. Aber durch den Verkehr mit den Nichtdeutschen des Kaiserstaates haben sie ihre natürlichen Eigenschaften zu einem Wesen ausgebildet, worin sie mit jenen eine Aehnlichkeit haben, die sie eben zur Einwirkung auf sie geeignet macht. Kann man, im Gegensatz zu dem ruhigern und unmittelbar mehr zur Reflexion geneigten Norddeutschen, im Süddeutschen überhaupt die Natur, das fröhliche Gemüth und die frische Sinnlichkeit überwiegend finden, so gilt das von dem Deutsch-Oesterreicher noch ganz besonders. Dabei ist er geistig reich begabt und verlangt nach Freiheit, um die Bildung, die er besitzt, zu mehren und die wachsende praktisch zu verwerthen. Mit der Freiheit, die man ihm geben und lassen muß, wird ein Ernst über ihn kommen, in welchem er den Pflichten, die er als die höheren erkennt, strenger und zusammenhängender leben wird. In socialer und politischer Freiheit zum Gebrauch aller seiner Fähigkeiten gelangt, wird er seinen Beruf, deutsche Cultur nach dem Osten zu verbreiten, als unabweislich erkennen und bewußt und consequent zu erfüllen streben.

Meine Ansicht ist keineswegs, daß das deutsche Element in Oesterreich nur das gebende, die nichtdeutschen die empfangenden seyn werden. Die andern Stämme haben ihre besondern Fähigkeiten, ihre auszeichnenden Eigenschaften, und sehr bedeutende Persönlichkeiten sind aus ihnen hervorgegangen. Die Mission, die Cultur Mitteleuropas dem Osten zu vermitteln, wird die constitutionelle Regierung Oesterreichs erfüllen mit den geistig und sittlich Begabten und Gebildeten aller Nationalitäten.

Welche Schwierigkeiten dem Unternehmen noch entgegenstehen, welche Kämpfe es noch kosten, welche Zeit vergehen wird, bis genügende Erfolge wahrnehmbar werden, — einerlei! Die Aufgabe besteht; die Cultur-Vermittlung ist ein welthistorischer Beruf Oesterreichs, und allein schon um dieses Berufes willen muß Oesterreich bestehen.

Unter den Deutschen regt sich zuweilen ein eigener Geist, den man als einen Geist sinnloser Freigebigkeit bezeichnen kann. Während andere Nationen erwerben, möchte man in Deutschland lieber wegwerfen, was man hat; und man glaubt nun durch ein Aufgeben des früher Angeeigneten reiner zu werden, da man doch nur kahler wird. Stellt man in Frankreich das Nationalitätsprincip auf, so geschieht es, um etwas zu bekommen; vom Hergeben in Folge dieses Princips haben wir noch nichts bemerken können, sehen überhaupt nicht, daß irgend eine andere Nation etwas hergibt, was sie herzugeben nicht gezwungen ist. Nur in Deutschland finden sich Leute, die in kindischem Großmuthsrausch hinwerfen möchten, was ihre Vorfahren mit Mannesarbeit errungen und erhalten haben. Sagt das Ausland zu ihnen: „Laßt mir das Meine und gebt mir das Eure", so antworten sie: „Behaltet, was ihr habt und empfangt, was ihr wünscht."

Deutschland hat keine Colonien: dafür haben deutsche Staaten die Herrschaft über nichtdeutsche Länder erlangt. Wenn wir nun den Engländern zumuthen würden, Ostindien den Eingebornen zu überlassen, weil es sich nicht gezieme, daß eine Nation über die andere herrsche, so würden sie eine solche Forderung aus allen Gründen absurd finden und speziell entgegnen: wir beherrschen, aber wir civilisiren sie! Von den Franzosen ist es bekannt, daß sie nur erobern, um zu civilisiren, und daß sie darum eben zu erobern die heilige Pflicht haben. Während nun hier erhalten und erworben wird im Namen der Civilisation, sollen die Deutschen fahrenlassen, was sie haben — sie, denen es gegenwärtig mit der Civilisation unstreitig am meisten Ernst ist von Allen, die ihre Fahne aufstecken!

Wendet man ein, es sey doch ein großer Unterschied zwischen den nichtdeutschen Angehörigen des österreichischen Kaiserstaats und jenen von Europäern beherrschten außereuropäischen Nationen, so gebe ich das bereitwillig zu. Aber der deutsche Staat handelt auch ganz anders gegen sie! Er läßt sie theilnehmen an der politischen Freiheit; er will sie mehr und mehr erziehen zur Freiheit und sie erreichen lassen, was sie als für sich bestehende kleine Staaten (wenn sie dieß auf die Länge bleiben könnten!) nimmermehr erreichten.

Oesterreich hat eine große Pflicht im Interesse Deutschlands und Europas; dieser Pflicht nachzukommen bereitet es sich, und schon um ihretwillen muß und wird es dauern. Wer die Geschichte dieses Staates betrachtet, kann nicht umhin, etwas Providentielles darin zu erkennen. Wunderbar ist er angewachsen; und so oft er am Rande des Untergangs war, kam rettende Hülfe. Allerdings hat die Würdigkeit seiner Regierung in den verschiedenen Zeiten sehr viel zu wünschen übrig gelassen, und die außerordentliche Gunst des Geschicks, die ihn immer wieder aufrichtete, hat der Staat erst noch zu verdienen. Wenn wir an die Zukunft Oesterreichs glauben, so geschieht es auch eben unter der Voraussetzung, daß das Regiment dieses Verdienst sich erwirbt, indem es bricht mit den Traditionen veralteter Politik und an den edeln Bestrebungen der Zeit offen und ehrlich theilnimmt. Würde es den Freisinn bloß heucheln, um im Geheimen an den früheren Maximen zu hängen, in der Absicht, bei guter Gelegenheit wieder damit hervorzutreten, dann verdiente es das Geschick, das seine Gegner ihm wünschen; und im Widerstreit mit allen guten und mächtigen Bestrebungen der Epoche würde es ihm auch nicht entgehen. — Aber eine solche Denkart ist unmöglich. Hätte man hier und dort jetzt auch noch Lust dazu, sie wäre gegenüber den Mahnungen der Zeit nicht festzuhalten Jetzt, wo ein Geist der Freiheit ganz Europa ergriffen hat — und im Wesentlichen darf man wohl sagen ein Geist verständiger, gesunder Freiheit! — in Oesterreich allein zum politischen und kirchlichen Absolutismus zurückstreben wollen, hieße Gott und Menschen gegen sich herausfordern und mit Wahnwitz an der eigenen Vernichtung arbeiten. Nein, die Generation, die sich der Entwickelung der Culturnationen widersetzen wollte, stirbt ab, und die neue hat ihren guten Willen, den Forderungen der Zeit nachzukommen, so nachdrücklich an den Tag gelegt, daß wir nicht mehr an ihrem Fortgang auf einem Wege zweifeln dürfen, auf den sie sich auch noch durch alle materiellen Gründe gewiesen sieht. —

Zweierlei haben die bestimmenden, geistig führenden Persönlichkeiten in Oesterreich erkannt: daß sie im Einklang mit den besonnenen Freunden der Freiheit in allen Nationen — und daß sie vereinigt bleiben müssen mit Deutschland. Der Wille, die bisherige unmittelbare Verbindung mit der deutschen Nation aufrecht zu erhalten, hat sich bei festlichem Anlaß mit einer Entschiedenheit offenbart, welche Manchen überrascht haben mag. Aber es liegt ihr ein wahres, tiefes Gefühl zu Grunde. Wir Oesterreicher (sagt man sich mit Recht) können nicht los von Deutschland, ohne unsre Deutschheit und mit ihr unsern welthistorischen Beruf aufzugeben. Auch die Union mit einem kleindeutschen Bunde (wenn dieser sonst möglich wäre!) könnte nicht helfen. Das für sich stehende Oesterreich, das nicht mehr unmittelbar die deutsche Nation hinter sich hätte und nicht in un=

mittelbarer Lebensverbindung mit ihr sich vorwiegend deutsch fühlte, würde, einer andern Zugkraft folgend, ein nichtdeutsches Reich werden. Ein Oesterreich aber, in welchem der gerechte deutsche Geist durch einen andern verdrängt wäre, hätte kein einigendes Princip mehr und würde zerfallen. — In der That, so verhält es sich. Der deutsche Geist ist die zusammenhaltende Macht Oesterreichs. Hat er bisher zusammengehalten durch die Mittel des Absolutismus, so muß er künftig zusammenhalten durch die Mittel der Freiheit und der Gerechtigkeit gegen Alle: dieß ist seine heilige, durch Vernunft wie durch Staatsklugheit gebotene Pflicht! Aber nur er kann diese Pflicht erfüllen, darum muß eben er auch künftighin das Princip des Staates bleiben.

Diejenigen, welche die Union des für sich dastehenden Oesterreich mit einem unter Preußen geeinigten Deutschland für ein eben so gutes oder noch besseres Mittel zur Aufrechterhaltung der Deutschheit in Oesterreich erklärten, würden es ohne Kenntniß des menschlichen Wesens thun. Oesterreich und Kleindeutschland oder Großpreußen wären zwei Mächte, denen trotz aller Union die feindliche Nebenbuhlerschaft ungleich natürlicher wäre, als einträchtiges Zusammengehen. Die größere Stärke, der bei weitem größere Vortheil wäre bei Preußen. Hier also die Gefahr des Uebermuthes und des herrschenden Lenkenwollens, dort die Gefahr des Neides, des Grolls und Rachegefühls. Das für sich stehende Oesterreich (Kenner der Geschichte werden dieß nicht läugnen!) würde neben dem kleindeutschen Bundesstaat bald seyn wie jeder andere große europäische Staat: fähig, mit oder gegen Deutschland zu gehen, je nachdem!

Könnte man denn die Freundschaft Oesterreichs und sein einträchtiges Zusammengehen mit Deutschland auch verlangen, nachdem man bei der großen Austheilung an Preußen Alles gegeben hätte, nun Oesterreich auch das noch nehmen, was es bisher besessen? Könnte man in einer Zeit der Noth zu den ausgestoßenen Oesterreichern sagen: stellt euch zu uns, denn ihr seid deutsch, seid unsere Brüder, und unsre Sache ist eure Sache?

Wer übervortheilt und kränkt und von dem Geschädigten Dank und Anhänglichkeit erwartet, hat sonderbare Begriffe von der menschlichen Natur. Staatsmännisch dürfte ein solcher Glaube nicht genannt werden.

Es geht nicht anders. Oesterreich muß in unmittelbarer Verbindung mit Deutschland bleiben, es muß einen Theil des großen Ganzen ausmachen: um Deutschlands und um Oesterreichs willen. Oesterreich von uns ausschließen, hieße Oesterreich verlieren und mit ihm alle Vortheile seiner Macht und seines Einflusses. Oesterreich ausschließen, hieße Deutschland verkleinern. Oder könnte der Parteigeist so verblenden, daß man auf den Zerfall des ausgeschlossenen Oesterreich und auf die Vereinigung der deutschen Lande dieses Staates mit einem Deutschland hoffte, das unter preußischer Oberhoheit stände? Könnte man sich über die Gefühle der Deutsch-Oesterreicher, die Gefühle der Süddeutschen überhaupt so gänzlich täuschen?

Wir haben einen preußischen und einen österreichischen Staat. Beide sind historisch geworden, bestehen und wollen bestehen bleiben. Nach ihrer Geschichte und ihren Machtverhältnissen sind sie unmittelbar Nebenbuhler und wir haben mit ihnen zunächst einen Dualismus. Den Gefahren desselben wollte man begegnen durch das Project eines engern und eines weitern Bundes, das aber unausführbar ist, weil die entscheidenden Mächte dagegen sind, und dessen Verwirklichung den Dualismus eben sanctionirte. Bleibt also nichts übrig, als das Project eines Bundes, an welchem beide Großstaaten theilnehmen, und eine Bundesverfassung, welche beiden die Theilnahme ermöglicht, indem es zugleich den Gefahren ihrer Nebenbuhlerschaft möglichst begegnet.

Diese Verfassung ist zu suchen; und wenn das Wünschenswertheste nicht sofort erlangt werden kann, so muß man sich an dem Erreichbaren genügen lassen, um jenes fortschreitend mehr und mehr herbeizuführen.

Schreiber dieses ist von keinem Gefühl freier, als von politischer Antipathie gegen Preußen. Als Protestant und Philosoph wünscht er sich Glück, daß dieser Staat in seiner Macht existirt. Die eigenthümlichen Vorzüge der Stämme, die ihn bilden, — den Geist, der naturgemäß in ihm herrscht und nach zeitweiliger Zurückdrängung immer wieder zur Herrschaft gelangen muß, weiß er vollkommen zu schätzen; wie er denn auch sonst nicht vergeblich eine Reihe von Jahren in Berlin verbracht hat, um dort Förderung und Freundlichkeiten aller Art zu erfahren. Preußen ist der eigentliche Hort der freien Wissenschaft; und man darf wohl sagen: andre Staaten, die es jetzt auch sind, wären es nicht, wenn nicht Preußen es wäre. Glauben wir an den ungehemmten Gang deutscher wissenschaftlicher Forschung, so thun wir es, weil es ein Preußen gibt; denn in andern in's Gewicht fallenden Staaten, wo diese Forschung jetzt gleichfalls begünstigt wird, ist eine Wendung zum Gegentheil möglich; bei Preußen aber auf die Dauer keineswegs. Wer die Bedingung aller ersprießlichen socialen und politischen Freiheit: die Freiheit des Geistes, das freie Streben nach Erkenntniß, die freie Cultur der höchsten menschlichen Kräfte will, der muß Preußen wollen; und er wird nun auch nicht scheel sehen, wenn dieser Staat seinen Einfluß auszudehnen sucht und wirklich ausdehnt.

Preußen wollen — ein geachtetes mächtiges Preußen wollen, das heißt aber gerade ein constitutionelles Kleindeutschland, wie man sich's ausgedacht hat, nicht wollen; denn dieses würde entweder das Aufgehen Preußens in Deutschland, oder das Aufgehen Deutschlands in Preußen, in jedem Fall also eine Verwandlung zur Folge haben, wodurch uns das specifische Preußen mit seinen specifischen Aufgaben und Fähigkeiten verloren ginge.

Was vermag dieser Staat nicht alles eben in seinem jetzigen Bestande! Er kann den übrigen als Muster vorleuchten in Behandlung geistiger und materieller Dinge; — und möge er sich nur bewußt werden, um wie Vieles leichter ihm das gemacht ist, als dem andern Großstaat! Er kann im höchsten Maße die Wissenschaft fördern und schützen, und sich alle diejenigen gewinnen, die an ihre freieste Ausbildung das Heil Deutschlands, das Heil der Menschheit geknüpft sehen. Er kann die Staaten in seiner Nähe, die im Wesentlichen dieselben Interessen haben, führen und mit ihnen auf die Geschicke des Gesammtvaterlandes einen Einfluß ausüben, der jeden Ehrgeiz befriedigt, sofern dieser kein selbstsüchtiger ist. Der wahre Ehrgeiz handelt für Andre, um die Ehre des Gebens, die Freude am Gedeihen und den Dank der Glücklichen zu haben. Der falsche handelt für Andere, um diese als Untergebene zu bekommen.

Ich erkenne im Norddeutschen und speciell im Preußen eine Begabung, wodurch dieser Theil der deutschen Nation den süddeutschen zu ergänzen und reich zu fördern vermag. Aber Eine Fähigkeit, die beim kleindeutschen Bundesstaat vorausgesetzt wäre, hat man dort nicht: die Süddeutschen zu beherrschen! Dennoch würde die Folge eines preußisch-kleindeutschen Kaiserreichs die Suprematie des Nordens über den Süden seyn. Schon aus der Institution würde sich dieß ergeben, ohne besonderes Zuthun von Seiten der Bevölkerung. Aber an diesem Zuthun würde es nicht fehlen. Wer in Preußen gelebt und mit Preußen verkehrt hat, der weiß, daß diese geistvollen und liebenswürdigen Männer im Großen und Ganzen doch eine merkbare Neigung haben, sich etwas besser zu dünken, als ihre süddeutschen Brüder; daß sie sich den Vorzug der größeren Intelligenz und des größern praktischen Geschicks ohne allzuviel Prüderie zusprechen. Denken wir beides zusammenwirkend, so hätten wir im kleindeutschen Staate bald Solche, die leiten wollten, und Andere, die geleitet werden sollten, dagegen aber mit aller Macht sich sträubten. Denn wie gern man die Norddeutschen in Süddeutschland als Gäste sieht und bei Nationalfesten als Brüder ehrt und liebt: kämen sie als Tonangebende und gerirten sich als Herrn, so würde dieß in den Haupttheilen Süddeutschlands Antipathie, Groll und Streit ohne Ende aufregen. Wer Süddeutschland kennt, wird dieß bestätigen. In der That ist nun ein Hauptargument gegen den kleindeutschen Plan eben dieses: daß die fortgehende Ausgleichung zwischen dem Süden und dem Norden Deutschlands, die wir Alle wollen, damit gerade nicht erzielt würde. Wahrhaft und dauerhaft einigen können sich nur Selbstständige und Gleichgeehrte, wenn es sich nämlich um zwei Volkstheile handelt, deren jeder die gleiche Ehre zu fordern den Willen und die Macht hat und von denen keiner unterdrückungsfähig ist. Die Bevölkerung Süddeutschlands ist nicht unterdrückungsfähig; ein Geschenk, das die Einen zum Uebermuth und zur Hoffahrt reizte (wozu sie einige Anlage haben!) — in den Andern aber Zornmuth, Neid und Haß erregte (wozu sie gleichfalls Talent besitzen!) — ein solches Geschenk wäre ein unheilvolles auch für die Beschenkten, und in ihrem eigensten Interesse ist es zu wünschen, daß es an ihnen vorübergehe.

Es soll nicht seyn. Aehnliches, wie es heutzutage manche für uns fordern, ist in andern Zeiten bei andern Nationen ge=

lungen: daraus folgt aber nicht nur nicht, daß es bei uns jetzt auch gelingen müsse, sondern eher das Gegentheil. Ist denn das deutsche Volk dazu bestimmt, nur das, was die andern Nationen erlangt haben, endlich auch zu bekommen, und hätte es nicht vielmehr das Zeug in sich, eine eigenthümliche, seiner besondern Natur und Geschichte angemessene Verfassung sich zu geben? Ich meine, ehrenvoller wäre das Letztere. Und wenn sonst noch alle Gründe der Nothwendigkeit und Nützlichkeit dafür sprechen, so sollte man wohl an eine solche Verfassung denken, wenn man dabei auch bisherige Träume zu opfern hätte.

Ich muß hier auf einen Gedanken hinweisen, der in meinem Roman wiederholt zur Sprache kommt und ein Entwicklungsziel aufzeigt, welches man eben im Suchen nach einer deutschen Constitution vor Augen haben muß.

Ganzes und Glieder können dreierlei Verhältniß zu einander gewinnen. Erstens: das Ganze kann sich wollen und sich durchsetzen auf Kosten der Glieder. Zweitens: die Glieder können sich wollen und sich durchsetzen auf Kosten des Ganzen. Drittens endlich: die Glieder können sich wollen für das Ganze, und das Ganze kann sich wollen für die Glieder.

In der Anwendung auf den Staat haben wir im ersten Fall die Centralisation — die Einheit mit verkümmerter Freiheit; im zweiten die Decentralisation — die Freiheit mit schwacher Einheit; im dritten den geschlossenen, aber von den Gliedern frei geschlossenen Organismus.

Daß die dritte Form die höchste, edelste, für das Ganze wie für die Glieder ehrenvollste und nützlichste ist, leuchtet Jedem ein. Zugleich sieht man aber, daß eben sie am wenigsten durch bloßes Gesetz hergestellt und erhalten werden kann. Sie setzt das gute und erleuchtete Wollen in den Gliedern — die nicht nur freien, sondern auch der Freiheit werthen, in Freiheit das Rechte wollenden und ausführbaren Glieder voraus. Wenn das Gesetz, die rechtliche Grundlage, begreiflicherweise nicht fehlen darf, so ist doch die Hauptbedingung das rechte Erkennen und rechte Wollen, womit die Glieder aus Liebe zum Ganzen das Gesetz beleben und lebendig ergänzen.

Wie, wenn das deutsche Volk berufen wäre, schließlich eben dieses dritte Verhältniß zwischen dem Ganzen und den Gliedern zu verwirklichen?

Was die Fähigkeit dazu betrifft, so deutet auf eine solche schon das Wort des Tacitus, daß bei den Germanen Sitten mehr vermöchten, als anderswo Gesetze. Der Deutsche — dieß bezeugt unsre Geschichte — ist unter allen Erdenbewohnern der subjectivste; die individuelle Freiheit ist sein Lebensodem; daher es — durch übermächtige Subjecte oder freie Verbindungen — bei uns wohl auch zur Einheit gekommen ist, aber nie zu einer Centralisation, wie wir sie bei andern Nationen antreffen. Glücklicherweise hat der Deutsche zu diesem höchsten Sinn für individuelle Freiheit auch den höchsten Trieb nach Erkenntniß und die entschiedenste Anlage zu sittlichem Wollen erhalten. Wie viel Uebles an unserm Wesen sich finden möge — der Deutsche ist bei martiger Natur und mächtigem Arbeitstrieb doch zugleich der größte Idealist. Er denkt immer wieder an das Beste, für Andere wie für sich; er erörtert es, stellt es dar und tritt für seine Ideen ein. Ihm ist es nicht allzuschwer, über der Sache seinen persönlichen Nutzen zu vergessen; und so viele Menschen, denen ihr ideelles Streben in erster, die Gründung materiellen Lebensglücks in zweiter Linie steht, möchte kein anderes Land aufweisen, als gerade das deutsche. Bei ihrem Hang, für sich zu seyn, haben die Deutschen, wenn sie nun frei auf eignen

Füßen stehen, auch einen Drang, zu gemeinschaftlichem Erwägen und Beschließen zusammenzutreten; und wenn es auch in andern Ländern freie Versammlungen zu gewissen Zwecken gibt — so viele Versammlungen zu so verschiedenen und zu so vielen gemeinnützigen Zwecken, wie gegenwärtig unser Land, zeigt uns kein anderes. — Mit alledem ist die **Fähigkeit** der Deutschen zur Ausführung jener dritten Form erwiesen; denn eben in dem Verein des persönlichen Freisinns mit dem Wollen freier Verbindung besteht diese Fähigkeit.

Aber die deutsche Nation ist zu dieser Einheit nicht nur befähigt, sondern offenbar auch genöthigt. Ist sie zu einer andern nicht berufen, will sie, gelingt ihr keine andere, so muß sie diese verwirklichen. Denn irgend eine muß sie haben, um zu bestehen und in festgegründeter Macht frei ihren eigenthümlichen Aufgaben zu leben.

Es ist nun aber leicht zu beweisen, daß eben das, was gegenwärtig die realen Verhältnisse gebieten und gestatten, der Anfang ist zur Verwirklichung jener dritten Form der Einheit.

Wir wollen Großdeutschland — denn Kleindeutschland ist weder möglich noch räthlich. Wir wollen das Deutschland, an welchem Oesterreich theilnimmt: wir müssen also die Idee eines constitutionellen Staates mit Einem Oberhaupt aufgeben. Kann die Stelle dieses Hauptes nicht ein Hohenzollern erhalten, so kann sie ebensowenig einem Habsburg übertragen werden: das ist für jeden, dem nicht etwa Festesbegeisterung den Blick trübt, sonnenklar. Gegen einen deutschen Kaiser aus dem Hause Oesterreich zu protestiren, wäre Preußen noch mehr genöthigt und berechtigt, als es umgekehrt der Fall seyn würde. Denn Oesterreich könnte neben dem preußisch-deutschen Reiche doch noch für sich bestehen, Preußen aber wäre unter einem österreichisch-deutschen Kaiser in seiner Macht und seiner freien Bewegung (die wir im deutschen Interesse so nöthig haben!) wesentlich beeinträchtigt, — von andern Uebelständen gar nicht zu reden. Alle Gründe sprechen also für eine Regierung, eine Besorgung der allgemeinen deutschen Angelegenheiten durch Repräsentanten der deutschen Staaten: für ein Directorium!

Um es kurz zu sagen: die enger einigende Institution, die wir für Deutschland haben müssen, besteht aus einem Directorium und einer Volksvertretung mit den Befugnissen einer constitutionellen Gewalt.

Welche Einwendungen gegen die beiden Forderungen erhoben werden, ist freilich bekannt; es wäre aber schlimm, wenn man sie nicht zu entkräften vermöchte.

Das Directorium soll der Einheit ermangeln, welche die vollziehende Gewalt haben müsse; die beschließende Volksvertretung soll neben den constitutionellen Regierungen der größeren und größten Staaten nicht denkbar seyn.

Was das Letztere betrifft, so ist einfach zu entgegnen, daß der Wirkungskreis der Nationalversammlung mit Rücksicht auf die Regierungen und Vertretungen der einzelnen Staaten eben genau abgegränzt seyn müßte. Wäre dieß geschehen, jene auf die bestimmten deutsch-allgemeinen, diese auf die staatlich besondern Angelegenheiten beschränkt, so stände ihrem Zusammenseyn um so weniger entgegen, als ja auch für den Fall sich ergebender Competenzstreitigkeiten speziell Vorsorge getroffen seyn könnte.

Die Einigung des Directoriums zur Erfüllung seiner Obliegenheiten wäre aber nicht nur auch durch Gesetz vorzusehen, sondern in Hauptsachen durch die Natur des Amtes verbürgt.

Denken wir uns die Institution! Dem Directorium zur

Seite stände die Volksvertretung, und diese stützte sich auf die Nation. Ist es anzunehmen, daß die Vollzugsgewalt der Ausführung einer Maßregel sich nachhaltig widersetzen möchte, die von der Nation und ihren Repräsentanten als nothwendig erkannt ist und consequent gefordert wird?

Ich meine, dieß wird ihr unmöglich seyn. Von der Nothwendigkeit einer Maßregel, welche das Volk mit der großen Mehrheit seiner Repräsentanten verlangt, wiederholt verlangt, wird sich auch das deutsche Directorium überzeugen, und überzeugt vollführen, was es im Einklang mit dem Volke wollen gelernt hat.

Freilich ist dabei eine Nation vorausgesetzt, die fortwährend selbstthätig und wachsam bleibt. Aber so muß es auch seyn. Die Nation in höchster Entwicklung muß in allen Dingen ihr Leben selber leben und nicht Andre für sich machen lassen. In der Politik darf sie sich auch nicht auf ihre Vertreter allein verlassen, sondern muß immer selbstwollend und selbstdenkend, durch Wort und Schrift ihre Gedanken kundgebend, hinter ihnen stehen und in großen Zügen vorschreiben, was die Beauftragten im Einzelnen durchzuarbeiten haben. Das ist der höchste Ruhm einer Nation und bildet zugleich die sicherste Bürgschaft ihres Gedeihens.

Das deutsche Kaiserthum ist ein schöner, poetischer Gedanke; und man kann wohl in eine Stimmung kommen, in der man sehnsüchtig ausrufen möchte: „Steig auf in der alten Pracht!" Allein wie lockend die Vorstellung seyn mag — es gibt doch noch etwas Besseres, als den deutschen Kaiser: das ist die deutsche Nation, die sich selbst und ihre Pflichten erkennt und ihre Machtmittel zur Erfüllung derselben gebrauchen lernt! Das ist der Geist, der in gleichem Erkennen und Wollen zur Ehre der Nation die fähigsten Männer vereinigt — der Geist, dessen Herrschaft an der Zeit ist, für dessen Walten bereits Schöpfungen zeugen, und unter dessen Leitung wir allein die letzte, dauerndste Größe des Vaterlandes gründen werden! —

Meine Aufgabe ist hiermit erfüllt. Das Erste und Nothwendigste ist: zu wissen, was wir haben und erstreben sollen — Kleindeutschland oder Großdeutschland; und ich habe die Gründe dargelegt, warum ich Großdeutschland und an der Spitze desselben ein constitutionelles Directorium wollen muß.

Die Verfassung für dieses Ganze im Einzelnen auszudenken und herzustellen ist Sache derer, die dazu berufen werden. Mögen die Regierungen, mögen die Kundigen aller Orten ihr Absehen darauf richten! Dem gerechten Geist, der den realen Verhältnissen die nöthige Rücksicht schenkt, wird die Arbeit gelingen. Was insbesondere Oesterreich betrifft, so muß dieses, wenn wir von unsrer Seite auf sein Mitgehen uns einrichten, seinerseits das Möglichste thun, um sich für das Mitgehen geschickt zu machen. Die ernstlich Wollenden werden auch hier das rechte Maß und den Punkt der Einigung finden.

Oesterreich will: es hat eingesehen, daß es die unmittelbare Verbindung mit Deutschland nicht entbehren kann — das ist die Hauptsache! Und wir Deutsche, wenn wir in Oesterreich einen constitutionellen, einen Culturstaat haben wollen, müssen seine Hand fassen, um mit ihm zu diesem Ziele vorzugehen. Die liberalen Elemente in Oesterreich würden ohne die stete geistige Stärkung von Seiten Deutschlands die feindlichen Bestrebungen nicht überwinden. Verlassen wir sie, um egoistisch für uns zu seyn, dann würden die Geister des Zwanges dort siegreich wieder hervortreten, und wir bekämen in dem Kaiserstaat, den wir zum

Freund und Gehülfen haben konnten, eher einen Gegner der Weltcultur, wie sie uns vor der Seele steht.

Nach den Erklärungen von Seiten Oesterreichs hängt das Gelingen des deutschen Einigungswerkes jetzt hauptsächlich von dem Entschluß ab, den Preußen faßt; und dieses steht im gegenwärtigen Momente an einem verhängnißvollen Scheideweg. Groß und mächtig genug, um für sich zu seyn, kann es sich mit seiner Macht frei den jetzigen Aufgaben des deutschen Vaterlandes weihen oder auch den Einheitsbestrebungen sich versagen und die Einheit unmöglich machen. Es kann sich auf sich beschränken, durch Einzelbündnisse sich verstärken und der Dinge warten, die da kommen sollen. Aber wie berechtigt es sich dazu vorkommen mag — auch durch solchen Rückzug würde es das deutsche Vaterland und sich mit ihm der größten Gefahr bloßstellen. Warum der nähere Zusammenschluß aller deutschen Staaten jetzt noch ganz besonders zu wünschen ist, weiß Jeder. Wir können ihn nicht auf unbestimmte Zeit vertagen, wenn wir nicht von einem einheitsmächtigen Feind in Uneinigkeit überrascht, besiegt und beraubt werden wollen. Darum, wer ihn jetzt unmöglich macht, indem er sich der Mitwirkung entzieht, schwächt das Vaterland und gibt es der ungewissesten Zukunft preis.

Die wahrhaft gute preußische Politik ist für Preußen die wahrhaft gute deutsche Politik. Die Stellung zu erlangen, die es nach seiner Macht und seinem eigenthümlichen Beruf in Deutschland einzunehmen hat und bei der Centralregierung fordern kann, das muß das Absehen der preußischen Staatsmänner seyn! Ist das preußisch=deutsche Kaiserreich unmöglich, wollen es die entscheidenden Persönlichkeiten in Preußen selber nicht, dann reiche man groß und frei die Hand zu der jetzt möglichen Einigung, die uns zugleich durch Natur, Geschichte und Bestim=

mung der deutschen Nation geboten ist! Dieser Schritt von Seiten der preußischen Regierung würde mit einemmal aller Besorgniß vor selbstsüchtigen Herrschergelüsten und damit allen Mißgefühlen in Süddeutschland ein Ende machen. Dem geist- und waffenmächtigen Staate, der offen und ehrlich ein Freund seyn zu wollen erklärte, würde Vertrauen, Dank entgegenkommen, und was er für sich nur irgend Gebührendes forderte, würde man ihm einräumen.

Dafür würden namentlich auch die Mittelstaaten sorgen. Diese haben, ihrer Stellung nach, offenbar das größte Interesse, daß der eine Großstaat sein Recht ebenso erhalte wie der andere, — daß keiner in Deutschland übermächtig werde und nun eine Gefahr einseitiger Herrschaft entstehe. Die Mittelstaaten, Bayern an der Spitze, sind die gebornen Vermittler zwischen Oesterreich und Preußen; und Bayern hat sich zu dem Ausgleichungsberuf schon offen bekannt. Sehe man hinter dieser Erklärung nicht mehr partikularistischen Sinn, als natürlich und gerechtfertigt ist! Allerdings kommt es den Mittel- und Kleinstaaten zu Gute, wenn in Deutschland weder eine preußische noch eine österreichische Vorherrschaft Platz greift, vielmehr beide Großstaaten und sie mit ihnen die freie Einheit bilden. Aber dieser Specialvortheil geht Hand in Hand mit dem allgemeinen deutschen. Auch die Nation (wie ich hoffentlich deutlich gemacht habe!) kann sich eine solche einseitige Vorherrschaft nicht wünschen; die Mittelstaaten, die nach gerechter Vertheilung der Macht streben, vertreten also gerade die begründeten Interessen der Nation selber, und haben auch in dieser Hinsicht eine große politische Bedeutung. Sie müßten jetzt nur ihren Vortheil ganz verstehen und die Eifrigsten seyn, eine deutsche constitutionelle Centralgewalt herzustellen; womit sie zugleich die Vorwürfe ihrer

Gegner, daß sie bei allen ihren großdeutschen Versicherungen doch nur ihre Sonderinteressen vor Augen hätten, am besten zu widerlegen vermöchten.

Preußen ist dem Antrag der deutschen Regierungen, welche dem Einigungsverlangen der Nation bis jetzt allerdings nur einen Schritt — aber doch einen Schritt — entgegengekommen sind, nicht beigetreten: weil den gerechten Forderungen damit nicht hinreichend genügt sey! Seine Pflicht ist nun, dafür zu sorgen, daß jenes Project zu einer Verfassung gedeihe, wie sie möglich ist und wie sie die Nation allerdings allein beruhigen kann.

Es gibt ein Wort, dessen Befolgung über alle Schwierigkeiten dabei hinausheben wird: das ist der Wahlspruch des preußischen Königshauses. Suum cuique! Das Seine, und nicht weniger, jedem zu geben, das Seine, und nicht mehr, für sich zu fordern — das wird die Rettung des Ganzen, das Heil und die Ehre des Einzelnen seyn!

Und wahrlich, Preußen kann sich mit dem begnügen, was ihm nach seinem eigenen Spruche zufallen soll! Es hat nicht gesäumt und ist andern Staaten, die ehedem gleichen Schritt mit ihm gehalten haben, weit vorgekommen. Wenn es nach der jetzigen Lage der Dinge bei der Centralregierung Deutschlands das Seine erhält, so dürfte sich auch der gesteigertste Sonder-Patriotismus befriedigt fühlen!

Wird der Devise des einen Großstaates genügt, dann können deutsche Staaten und Stämme auch die des andern zur Wahrheit machen, und viribus unitis für das Gesammtvaterland die größte Zeit heraufführen. — — —

Mögen die Leser, unter denen ich mir Freunde des Geistes und patriotische Gemüther denke, von diesen Aufgaben und

Hoffnungen aus dem Zeitbilde folgen, das im Zusammenhange darlegt, was wir seit Jahrzehnten gelebt, erstrebt, versucht, geirrt, erreicht und geleistet haben, — um nach fruchtbringender Auffassung des Vergangenen, jeder an seiner Stelle, muthig an die Arbeiten der Gegenwart zu gehen.

Geschrieben im September 1862.

M. M.

I.

Zwei Familien. Hoffnungsvolle Söhne in der Schule und auf der Universität.

Das deutsche Land ist in eine Anzahl von Staaten getheilt, die manchem schon zu groß vorgekommen ist. Dessenungeachtet gibt es Leute, denen sie noch nicht hinreichend erscheint und die es in ihrem Interesse finden, sie zu vergrößern. Jeder gebildete Deutsche kennt die Fürstenthümer Haarhaar und Flachsensingen, und Viele werden die Begebenheiten, die uns ihr berühmter Historiograph berichtet, mit nicht geringerem Vergnügen gelesen haben, als die Nachrichten aus dieser und jener geographisch constatirten Herrschaft. Wollte man die deutsche Literatur im weitern Sinne des Wortes durchforschen, so würde sich von solchen ergänzenden Staaten eine Zahl ergeben, welche sogar die der diplomatisch anerkannten noch überträfe. Hat uns doch selbst ein Franzose mit einem Großherzogthum Gerolstein beschenkt! Und neuerdings noch sind von einem guten Deutschen über Thun und Treiben in den Herzogthümern Schnauzlingen und Schnüfflingen Aufzeichnungen publicirt worden, die sich an Wahrheit mit mancher wohlverfaßten Landesgeschichte messen können.

Was von so verschiedenen Persönlichkeiten und zum Theil mit bestem Erfolg geschehen ist, muß einen guten Grund haben. Und dieser ist freilich auch nicht zu verkennen. Die Wahrheit ist eine herrliche Sache, sie bleibt es unter allen Umständen, und ihre Verkündigung wird immer, so oder so, ersprießlich seyn. Manchmal gewinnt sie aber doch selber, wenn ihr die Dichtung beigesellt wird und ihre Strahlen, die sonst blenden oder versengen, mithin auch schädlich wirken könnten, durch den Schleier derselben ein gemildertes Licht erhalten. Eine moralische Rüge, dem Schuldigen vor Zeugen ertheilt, wird oft eher erbittern als bekehren, während sie unter vier Augen oder sub rosa vorgetragen die heilsamste Wirkung üben kann. Kurz, die Erfahrung der Jahrhunderte spricht für die Richtigkeit des Wortes: nomina sunt odiosa. Und da es eine Klasse von Menschen gibt, welche die Namen trotzdem zu nennen durch ihr Metier verpflichtet sind, so dürften Andere um so eher berufen seyn, einem pseudonymen oder anonymen Ver=

fahren zu huldigen und die Uebung der Gerechtigkeit
nebst der Besserung von Personen und Verhältnissen
auf eine mehr gefällige Weise zu erstreben.

In einem deutschen Mittelstaat, dessen Namen wir
am liebsten gar nicht nennen, — in einer Stadt unter=
geordneten Ranges, lebten im andern Jahrzehnt unsers
Jahrhunderts zwei Beamtenfamilien in freundlichem Ver=
kehr. Das Haupt der einen trug einen adeligen Namen,
hatte aber selbst ohne Vermögen die schöne Tochter eines
mittellosen Vorgängers geheirathet und führte, ganz auf
den Ertrag seiner Stelle beschränkt, ein sehr einfaches
Hauswesen. Es war ein genügsamer, in sich gekehrter
Mann, der fast ausschließlich der Pflicht und der Familie
lebte und mit dieser nun gleichwohl, trotz eben zurei=
chender Einkünfte, ein glückliches und würdiges Daseyn
führte. Sein unmittelbarer Vorgesetzter, der Sohn eines
Anwalts und von Haus aus begüterter, hatte durch
seine Verbindung mit einem adeligen Fräulein zwar
nicht seinen Besitz vermehrt, aber doch die Protektion
ihrer Familie erlangt und darum seinen Collegen über=
holt, obwohl er einige Jahre weniger zählte. Bei dem
Charakter Ludwigs von Ehrenfels that dieß ihren Be=
ziehungen keinen Eintrag; und da auch die Frauen sich
in einander zu schicken wußten, so tauschte man Besuche
und genoß die bescheidenen Vergnügungen der Jahreszeit
in der Regel zusammen.

Wenn das Verhältniß Jahre hindurch keine wesentliche Störung erlitt, so dankte man dieß hauptsächlich der Frau von Ehrenfels und der edlen Klugheit, welche sie auszeichnete. Die Gattin des Vorgesetzten, die zugleich einer im Lande vermögenden alten Familie angehörte, glaubte vor der Tochter eines geringen Beamten, obwohl sie nun mit dem Sprößling eines eben so alten Geschlechts verbunden war, doch etwas voraus zu haben; und da sie von rascherem Temperament und geneigt war, ihren Willen durchzusetzen, so hätte die Freundin manches verdrießen können, wenn sie empfindlich und nicht etwaige Anwandlungen sogleich zu unterdrücken im Stande gewesen wäre. Es gibt eine Art, mit Würde nachzugeben und im Nachgeben selber die Ueberlegenheit des Charakters fühlen zu lassen; diese hatte Frau von Ehrenfels, und die Folge war, daß nun auch die Andere zum öftern das Gefühl eines begangenen kleinen Unrechts erlangte und es gelegentlich durch besondere Artigkeit wieder gut zu machen suchte.

Der einen wie der andern Familie war von mehrern Kindern nur ein Sohn geblieben. Die Kleinen hielten sich ebenfalls zusammen, und zwischen Otto von Ehrenfels und dem zwei Jahre jüngern Eduard Horst bildete sich eine Knabenfreundschaft, die eine gewisse Aehnlichkeit hatte mit dem Verhältniß der beiden Mütter, nur daß Otto es zum öftern gerathen fand, dem jungen Bursch, wenn er offenbar Unrecht hatte, entgegenzutreten und ihn in seine gebührenden Schranken zurückzuführen. Beide gaben früh Beweise von ungewöhnlichem Talent und straften später die darauf gebauten Hoffnungen nicht Lügen. Eduard trug in seiner Klasse regelmäßig den ersten Preis davon, und die glückliche Mutter sah ihn im Geiste schon auf einem hohen Posten, die Brust mit den Zeichen landesherrlicher Anerkennung und den Namen mit jenem kleinen aber mächtigen Fürwort geziert, zu dessen Erlangung das sonst so wohlklingende, auf alte Besitzungen deutende „Horst" auch offenbar prädestinirt erschien. Dann war der einzige Mangel, den sie hie und da im Stillen bedauerte und den der etwas läßliche, von hohem Ehrgeiz nicht gestachelte Gatte zu beseitigen keine Anstalt machte, durch den ihr ähnlichen Sohn entfernt und eine Abweichung von der Regel, welche sie die Neigung und das Verlangen nach dem Ehestande begehen ließen, wieder gut gemacht.

Otto that sich in der Schule gleichfalls, aber nicht so gleichmäßig hervor. Er erlangte einmal den ersten, einmal den zweiten Preis, ein drittesmal aber ging er leer aus; und obwohl er erklärte, der Grund läge darin, daß er sich bei den Probearbeiten nicht ebenfalls heimlich mitgenommener Bücher bedient hätte, wie seine Mitschüler und Concurrenten, so hielt die Mutter Eduards die Ueberlegenheit ihres Lieblings doch für bewiesen, und der Gedanke, daß Otto ihn auch später nicht in Schatten stellen werde, war ihr sehr wohlthuend.

Zu Jünglingen herangewachsen, traten die beiden Freunde gleichzeitig in die höhere Anstalt der Residenz ein, wobei es Eduard gelang, eine Klasse zu überspringen, so daß ihm Otto nur um ein Jahr voraus war. Sie absolvirten nach einander mit Ehren, und auf der Hochschule trafen sie wieder zusammen. Da sie beide die Rechte studirten und Mitglieder derselben landsmannschaftlichen Verbindung wurden, so setzten sie das alte Verhältniß fort, obwohl nun auch die Verschiedenheit ihrer Naturen deutlicher hervortrat und zuweilen eine Spannung veranlaßte, die jedoch nie zum Aufgeben der guten Kameradschaft führte.

Beide waren schöne Jünglinge; sie zeigten aber an sich den in so vielen Modificationen auftretenden Gegensatz eines entschieden männlichen und eines mehr weiblichen Aussehens. Otto war von hohem Wuchs, die Haare schwarz, die Gesichtsfarbe bräunlich und nur die Wangen durch ein wenig Roth belebt. Den Schnitt des Gesichtes hätte man scharf nennen können, wäre nicht durch seine jugendliche Fülle eine gewisse Abrundung der Formen bewirkt worden; große, ruhig und sicher blickende schwarzbraune Augen und eine hohe Stirne vollendeten die Stattlichkeit seiner Person. In dem geistigen Wesen des jungen Mannes lag etwas natürlich Gebietendes, zugleich aber der Wille und die Fähigkeit, an sich zu halten, einem etwaigen Reiz zur Anmaßung Widerstand zu leisten und nur die Anmaßung Anderer, wo es galt, zurückzuweisen. Sein Charakter war edel, sein Geist auf tieferes Eindringen in sein Fach und wirkliche Bildung gerichtet, — und alles dieß spiegelte sich in seinem Aeußern. Wenn ihn die guten Freunde nun mit Auszeichnung „patent" nannten, so würde ein tieferer Beobachter zur Bezeichnung seiner ganzen Erscheinung noch ehrendere Prädikate gewählt haben.

Eduard war von mittlerer Größe und nicht so gut gewachsen wie Otto. Dagegen hatte er dunkelblonde Haare, die wie Seide glänzten, und einen hellen, blühenden Teint. Aus seinen Zügen sprach Verstand, Lebenslust und ein behagliches Wohlgefallen an sich selber. Dieses letztere konnte er aber zurückdrängen, wo es Noth that, und sich dann so gefällig benehmen, daß ihn Damen und ältere Herren vor allen als liebenswürdig rühmten. Bald nach seiner Aufnahme in die Verbindung zeigte er großen Ehrgeiz, als Mitglied sich hervorzuthun, lernte die edle Fechtkunst nahezu wie Otto, der sich darin auszeichnete, bestand mit Glück mehrere Duelle und war bei seinen Freunden als lustiger, trinkfähiger Genosse, bei den jungen Fräuleins als flotter, unterhaltender Tänzer gleich angesehen. Er

machte nach einander den beiden hübschesten Mädchen
der Universitätsstadt die Cour, fand günstige Aufnahme,
ließ die Galanterie zu einer Art von Liebeshandel ge=
deihen, hielt aber beidemal für gerathen, sich vor der
ernstlichern Entwicklung wieder zurückzuziehen. Durch
seine Erfolge verwöhnt, hatte er nicht selten eine An=
wandlung von burschikosem Uebermuth und richtete diesen
instinktmäßig dahin, wo er ihn durchzusetzen Aussicht
hatte. Dieß nahm ihm aber nur Otto übel, der ihn
darum einmal sehr ernstlich zur Rede setzte; die übrigen
zollten dem Sieger Beifall und verbreiteten seine Thaten
mit Anerkennung weiter. Denn so sind die Jungen
und meist auch die Alten: man bedarf der Schaden=
freude, und wenn sie einem durch glückliche Impertinenz
auf Kosten eines Schwächern verschafft wird, ist man
in der Dankbarkeit seines Herzens fast immer geneigt,
in dem bloß Anmaßenden schon eine Art von Helden
zu sehen.

Um als Student eine glänzendere Rolle zu spielen
wie sein Jugendfreund, hatte Eduard außer den erwähn=
ten Vortheilen noch einen sehr gewichtigen: einen un=
gleich bessern „Wechsel". Otto lebte fast ausschließlich
von einem Familienstipendium, und es gehörten seine
gemessenen Bedürfnisse dazu, daß er sich nach außen
doch nichts vergab und bei festlichen Gelegenheiten ent=
sprechend mitmachen konnte. Eduard, der gleichfalls ein

Stipendium genoß, durfte aber die vom Vater hinzu=
gefügte Summe noch überschreiten, indem die Mutter
stets für die nachträgliche Genehmigung sorgte. Wäh=
rend nun Otto, der sich mehr und mehr in seine Wissen=
schaft vertiefte, ein Stubenleben zu führen begann,
herrschte bei dem glücklichen Eduard noch der Burſche
vor, und gegen Ende des vierten Semesters feierte er
eben seine schönsten Triumphe.

Wer den jungen Mann daraufhin beargwohnt hätte,
daß er seine Universitätszeit verjubeln möchte, würde
ihn doch verkannt haben. Auf die Zukunft bedacht und
leicht fassend kam er auch als Studirender vorwärts;
zuletzt schien er von den studentischen Freuden und Ehren
gesättigt, und als Otto Anstalt machte, eine auswärtige
Universität zu beziehen, deren juristische Fakultät der=
malen für die beste galt, so erklärte er, mit ihm gehen,
dem Verbindungsleben entsagen und etwas Ordentliches
lernen zu wollen.

Das nächste Halbjahr sah die beiden Freunde in der
anmuthig gelegenen Stadt vorerst auf ihren eigenen
Umgang beschränkt. Ihren Studien hingegeben und
auf kleinen Ausflügen sich erholend betrachteten sie die
öffentlichen Fahrten und Suiten der dortigen Lands=
mannschaften als etwas, das sie hinter sich hatten, wen=
deten mehr Aufmerksamkeit als bisher auf das öffent=
liche Leben und erlangten bestimmtere Ansichten in

politischen Dingen. Freisinnig beide, waren sie doch geschützt gegen die Antheilnahme an geheimen Umtrieben, wie sie damals im Schwange waren. Otto hatte eine Abneigung gegen alles Conspirationswesen und erklärte es für Mannespflicht, das Ziel politischer Freiheit durch consequenten offenen Kampf und Anwendung ehrenhafter Mittel zu erstreben; Eduard war zu klar und dachte zu praktisch, als daß er sich an einem Unternehmen hätte betheiligen können, dessen Gelingen durchaus unwahrscheinlich war. Im Uebrigen fühlten sie als begabte Naturen beide, daß sie doch erst sich selber zu bilden und in ihren Kenntnissen festzumachen hätten, bevor sie an der politischen Bildung oder gar Umgestaltung des Volkes mitzuarbeiten das Recht erlangten.

Es war nicht zu verkennen, daß jetzt Otto seinen jüngern Freund zu leiten begann. Er hatte sich in zusammenhängenden Studien begründetere Anschauungen über die Rechte und Pflichten der Regierenden und der Regierten, über die politischen und nationalen Ziele des deutschen Volkes erworben; er sprach darüber mit Ernst und Feuer, und es war natürlich, daß er die ohnehin minder tiefe und leichter sich hingebende Natur beherrschte. Zuweilen empfand Eduard dieß als eine drückende Last; er widersprach nur, um zu widersprechen, wurde heftig und in der Heftigkeit ungerecht; aber Otto stellte ihm unerschütterlich und unter Umständen auch mit allem

Nachdruck die Argumente entgegen, denen er weichen mußte. Wenn das Verhältniß in dieser Beziehung für das Selbstbewußtseyn des jungen Mannes etwas Beschämendes hatte, so mußte er sich doch gestehen, daß er im Umgang mit dem Freunde sichtlich weiterkam; und auf der andern Seite konnte er sich auch mit der Thatsache trösten, daß er im Leben selber, in der Conversation bei gebildeten Familien, in welche sie beide Zutritt hatten, sich besser zurechtfand und sogar mehr Kenntnisse zu haben schien, als der etwas schroffe und nicht so schnell in Fluß zu bringende Mentor. Wenn er sich nach allen Beziehungen mit diesem verglich, so durfte er sich sagen und er sagte sich auch, daß er es in der Welt am Ende doch weiter bringen würde, als der gründlicher Geschulte, dessen Liebe zu der Wissenschaft selber, zu theoretischen Arbeiten, von Tag zu Tag mehr hervortrat.

Im Beginn des Sommersemesters lernten die jungen Leute auf einem Ausflug zwei Studenten kennen, die ihnen behagten, und mit denen sie nun öfter gemeinsam, an Vergnügungsorten und auf Spaziergängen, die schönen Abende genossen. Die neuen Bekannten studirten ebenfalls Jurisprudenz; aber die ernstlicher derselben Beflissenen sahen bald, daß es damit nicht viel auf sich hatte. Der eine war Poet und trug sich mit Plänen zu großen Werken. Der andere, gleichfalls eine schön=

geistige Natur, dachte mehr an journalistische Wirksamkeit und bekümmerte sich einstweilen sehr um politische Tages=neuigkeiten und die genanntesten Personen, von denen er eine gute Anzahl Anecdoten und Charakterzüge wußte. Er sprach hie und da sehr radikal und ließ Winke fallen, daß man eines schönen Tages die ganze Ordnung in Deutschland umgekehrt finden möchte. Indessen der Poet versicherte die beiden Freunde, sein Landsmann würde niemals ein Märtyrer der Freiheit werden, indem sein Streben eigentlich darauf ginge, auf eine ungefährliche und bequeme Art sich bemerklich zu machen. Er selber habe die vom Gymnasium herrührende Bekanntschaft mit ihm hauptsächlich darum fortgesetzt, weil er zuerst einen passendern Umgang hier nicht gefunden; im Uebrigen wolle er sie auch nicht aufgeben, weil Freund Bernhard im Grunde doch ein aufgeweckter Kopf und ein unter=haltender Bursche sey. Dieß fanden auch die beiden Juristen, und da der Politiker sich bald nach ihren Charakteren zu richten begann und ihnen hinlänglich harmlos erschien, so ließ man ihm seine Stellung als Vierter im Bunde unverkümmert.

Nach und nach bildete sich zwischen Otto und dem Poeten ein besonderes Verhältniß. Der Poet (diesen Namen, den er in der kleinen Gesellschaft führte, soll er auch in unserer Erzählung haben und behalten!) erschien Otto als eine redlich strebende Natur, und der

Idealismus, vermöge dessen er sich nicht nur ungewöhnliche Ziele setzte, sondern ihrer Erreichung auch vollkommen gewiß war, traf bei ihm auf ein verwandtes Element. Er hatte sein Vergnügen an einem Menschen, der ihm einmal mit der jovialsten Miene von der Welt entgegenkam und das anderemal ein Antlitz zeigte, das von hohen Gedanken und Projekten ordentlich rauchte. Denn im Grunde war ein Ausdruck so natürlich wie der andere, und wenn die Reden, die der Phantasiebegabte in der Begeisterung führte, ziemlich stark waren und seine Leistungen in Prosa und Versen dem Ideal noch sehr wenig angenähert erschienen, so glaubte Otto doch, daß aus diesem Widerspruch zwischen Wollen und Können, zwischen Gehalt und Darstellung sich mit der Zeit noch etwas Geklärtes und Tüchtiges ergeben könnte. Der Verkehr war für ihn jedenfalls ernstlich anregend und auch ästhetisch belehrend; denn der Poet wußte vorerst besser zu sprechen als zu schreiben, und entwickelte in seinen besten Momenten Gedanken über die künftige Richtung der deutschen Literatur, die Otto gern vernahm und denen er hoffend beipflichtete. Auch ihre Urtheile über klassische Autoren alter und neuer Zeit stimmten meistentheils überein; und als der Poet einmal seinen Geliebtesten — Goethe —, der auch der Liebling Otto's geworden war, nach Herzenslust rühmte, horchte dieser mit innigem Vergnügen und drückte dem

Enthusiasten mit einem Blick wahrer Freundschaft die Hand.

Auch Eduard und Bernhard gewannen eine nähere Beziehung, die aber von jener sehr verschieden war. Otto und der Poet wurden Freunde; zwischen den andern gestaltete sich dagegen das Verhältniß eines Protektors und eines Clienten. Bernhard fristete seine Existenz bei geringen Sendungen von Hause nur kümmerlich; denn mit den Finanzoperationen, die ihm zuerst glückten, wollte es nicht mehr vorwärts, nachdem verschiedene Gläubiger sich überzeugt hatten, daß bei ihm nur Vertröstungen zu holen waren; und kleine Artikel, die er anonym in Journale zu fördern begann, brachten ihm nicht so viel reelle Früchte, um das Mißverhältniß zwischen Einkommen und Verbrauch auszugleichen. Bisher hatte der Poet dem Bedrängten unter die Arme gegriffen, so gut es ging; jetzt übernahm Eduard seine Rolle, und er vermochte sie um so besser fortzuführen, als er dermalen für sich selbst auch ungleich weniger nöthig hatte. Begreiflich ist, daß Bernhard damit in eine abhängige Stellung gerieth, von dem Gönner einen etwas befehlenden Ton zu hören sich gewöhnte, halb genöthigt halb willig in seine Launen sich fügte und allerlei kleine Aufträge besorgte. Da sich Eduard in gewissen Schranken hielt und den Gönner doch im Sinn eines Kameraden spielte, so faßte sein Client sogar eine gewisse Neigung zu ihm. Bernhard erkannte bald, daß der Bezieher des guten Wechsels der Schmeichelei sehr zugänglich war, und indem er ihm auch in dieser Beziehung geschickt bediente, fühlte er sich wohl bei einem Menschen, der an einer solchen Schwäche litt und den er nun auch seinerseits in der Hand hatte.

Vor Otto hatte der Politiker eine natürliche Scheu; er nahm sich in seiner Gegenwart sichtlich zusammen und hütete sich wohl, mit seinem eigentlichen Wesen herauszugehen. Daß der Poet nun weniger mit ihm verkehrte, war ihm ebenfalls nicht unlieb; denn dieser hatte zwar auf den Succurs, den er ihm zukommen ließ, keine Ansprüche gegründet, ihn aber doch in leidenschaftlicher Aufregung zuweilen angefahren und ihm einmal auch nicht verhehlt, was er eigentlich von ihm halte. Dieß hatte den in seiner Art Ehrgeizigen recht eigentlich verdrossen; und da Eduard ihn zwar mehr brauchte, aber auch mehr für ihn that und ihm keine Unhöflichkeiten ins Gesicht sagte, so war er mit dem Tausch vollkommen zufrieden.

Der junge Mann besaß ein eigenes sophistisches Talent und eine demselben entsprechende satirische Ader; er konnte loben, daß an dem Gegenstand kein Schatten eines Mangels, und durchziehen, daß an ihm kein guter Faden zu seyn schien. Dabei hatte er die Gabe, über Abwesende zu sprechen, wie es die Anwesenden gerne hören. Bald war ihm klar, daß er Eduard keineswegs unangenehm berührte, wenn er seinen Jugendfreund oder den Poeten nach seiner Art beleuchtete. Als sie einmal auf den letztern zu sprechen kamen, sagte Bernhard mit einem behaglich sarkastischen Ausdruck: „Dieser Mensch ist eigentlich einer der größten Narren unserer Zeit. Schon auf den untern Klassen des Gymnasiums glaubte er sich zu großen Dingen berufen und lief zuweilen mit einem Gesicht herum, als ob er die Welt auf den Schultern trüge. Er schrieb seine Einfälle mit einer Gewissenhaftigkeit auf, als wäre das Abhandenkommen eines einzigen ein unersetzlicher Verlust für die Menschheit gewesen, und machte Entwürfe zu Trauerspielen und Epopöen, mit denen er die ersten Poeten der alten und neuen Zeit zu erreichen, wo nicht zu übertreffen dachte. Was er einem aber zuweilen von diesen Geburten zeigte, war, gelinde zu reden, schrecklich. Da ich ebenfalls gern Dichter las und hie und da einen Vers machte, war ich so glücklich oder so unglücklich, sein Vertrauen zu genießen. Ich kam in große Verlegenheit; denn unter Umständen ist er ein gewaltiger Grobian, und ein Mensch, der solche Kostbarkeiten nicht zu würdigen wußte, verdiente natürlich alle schlimmen Titel. Ich half mir damit, daß ich die Sachen für genial erklärte, aber noch nicht ganz vergohren. Dieß gefiel ihm. Denn von den Uebertreibungen und Ge-

schmacklosigkeiten darin schien er selber eine dumpfe Ah=
nung zu haben; allein das waren Kleinigkeiten, die eben
bei der Ausgährung verschwinden mußten. Glück zu!
Seit dieser Zeit hat er gegohren, gährt und wird gäh=
ren, so lang er lebt!"

Eduard, sichtlich erheitert, bemerkte: „Er hat doch
Kopf; und im Grund ist er ein ungewöhnlicher Mensch."

„Ungewöhnlich", fuhr Bernhard fort, „ist er durch
seine großartige Eitelkeit. Sonst hat er Talent; aber
er wird doch nichts damit erreichen, weil er Dingen
nachtrachtet, wozu er keines hat. Er hat keinen Sinn
für das wirkliche Leben! Wenn ich ihm etwas von den
politischen Zuständen berichte, horcht er wie einer, der
sich unterhalten läßt, und macht zuletzt ein Gesicht, als
ob er sagen wollte: das sind doch alles Lappalien! Vor
den Männern, die an der Befreiung des Volkes arbei=
ten, hat er eigentlich nicht den mindesten Respekt, weil
eben im Vergleich mit den Herrlichkeiten, die er im Sinn
hat, Alles werthlos ist. Er hält sich für einen Poeten
von der ersten Sorte, und weiß Wunder davon zu
sagen, was in Deutschland auf diesem Felde noch ge=
schehen müsse. Aber das ist eben das Lächerliche. Wir
haben unsre Literaturperiode und unsre großen Dichter
gehabt; die Poesie ist fertig; jetzt muß die Politik an
die Reihe kommen, und wer da nichts zu leisten ver=

mag, der hat das Nachsehen. Das merkt aber der große Idealist nicht, und phantasirt sich standhaft künftige Triumphe vor!"

"Nun," versetzte Eduard, der auch durch die etwas ernsthafter gewordene Ergießung wohl unterhalten schien, "vielleicht sticht ihm in dieser Beziehung Freund Otto den Staar und zeigt ihm, wie er sein Talent praktisch verwenden kann."

Bernhard schaute dem Sprecher in's Gesicht und erwiderte bedächtig: "Wenn Sie mir's nicht übel nehmen, so möchte ich das bezweifeln. Herr Otto von Ehrenfels scheint mir ebenfalls einen bedeutenden Sparren zu haben, und obwohl ich nicht läugnen will, daß er solide Kenntnisse besitzt, so ist er doch kein Mann für's Leben! Er gibt, was das Selbstbewußtseyn betrifft, unserm Poeten nicht viel nach, und ist viel zu steif, um in der Welt sein Glück zu machen. Wenn's gut geht, wird er einmal Professor werden — so einer von der mittelguten und etwas langweiligen Art — und Katheterweisheit von sich geben!"

"Herr," fiel der durch die Verkleinerung seines Freundes Geschmeichelte mit scheinbarem Tadel ein, "Sie haben eine böse Zunge!"

Der Politiker lächelte, sagte aber dann mit einem gewissen trockenen Ernst: "Wir wollen sehen, wer Recht hat. Ich will nicht den Propheten spielen; aber mir kommt's zuweilen vor, als ob Sie sich einmal in der Lage sehen könnten, Ihrem Freund weiterzuhelfen!" — —

Wenn Otto und der Poet beisammen waren, ergingen sie sich auch wohl kritisch über die Abwesenden, anknüpfend an irgend einen Charakterzug oder ein Wort neuesten Datums; aber es kam nicht so lustig heraus — weil es richtiger war! Unsre beiden Freunde (sie waren dieß jetzt auch formell, da sie in einem frohen Moment Brüderschaft getrunken hatten!) fühlten sich zu entschieden über den andern, als daß sie ein Interesse gehabt hätten, sie ungerecht herunterzusetzen. Otto namentlich ließ einem satirischen Streiflicht gern wieder ein ernstes Urtheil folgen, womit er die schönere Seite zumal Eduards hervorhob. Den Politiker freilich erkannte er allgemach, trotz der von ihm bewiesenen Vorsicht, und zuckte die Achsel über ihn. Er sagte einmal: „Das ist auch einer von denen, die mit guten Anlagen zu nichts kommen, weil es ihnen an der Hauptsache — an Charakter fehlt!" — Der Poet setzte hinzu: „Und an productivem Trieb!" — „Beides," erwiderte Otto, „hängt genau zusammen. Die beste Art von Charakter kann man gar nicht haben, wenn man nicht mit Lust und Liebe in einem bestimmten Fach arbeitet." —

Der Poet gewann an dem ernsten jungen Mann und gründlichen Studirenden einen Freund, wie er ihn brauchte. Vorherrschend sanguinischen Temperaments und in Extremen sich bewegend, nicht immer geneigt, Andern zu geben, was er von ihnen forderte, und eigenthümlichen Anfällen von Uebermuth ausgesetzt, wobei er das, was er zu werden hoffte, sich schon zu seyn dünkte, hatte der Musensohn eine wiederholte Correktur nöthig, die ihm der Aeltere auch gewissenhaft angedeihen ließ. Was mit guter Art gegeben wurde, nahm der heitere Jüngling in der Regel auch so auf, und wenn er ein wenig schmollte, dauerte es nicht lang; denn etwas nachzutragen war seine Sache nicht. Er konnte auch den strengen Richter mit Eifer in's Gesicht loben und, dessen Urtheil übertreibend, nach Herzenslust sich selber schmähen, wenn es sich um eine Schwäche handelte, die er an sich für besonders unpassend hielt. Einmal vermochte ihm Otto sogar zu beweisen, daß ein poetisches Opus, worauf er große Stücke hielt, trotz schöner Einzelheiten leider gänzlich verfehlt sey, weil der Leser mit dem Hauptcharakter und dem Ausgang nicht übereinstimmen könne. Der Poet war tief betroffen und ein schmerzlich verlegener Ausdruck entstellte auf einige Augenblicke sein gewöhnlich so fröhliches Gesicht; aber er faßte sich wieder, gab dem Freunde Recht und dankte ihm für seine Belehrung. Otto freute sich, ihn dafür belohnen zu können, indem er ein dazu gegebenes kleines Gedicht für ächt empfunden und in jeder Beziehung gelungen erklären mußte.

Eben weil der Freund an das Talent des Poeten wirklich glaubte und auch sah, daß dieser sich fast ausschließlich mit der Cultur desselben abgab, konnte er seinen äußern Lebensplan nicht billigen. Einmal, als sie wieder von deutscher Bildung, Kunst und Wissenschaft gesprochen und der Poet auf's Neue entwickelt hatte, was im Felde der Poesie noch geschehen könne, wenn das Leben in seiner eigentlichsten Wahrheit und objectiven Bestimmtheit aufgefaßt und dichterisch wiedergespiegelt werde, bemerkte Otto mit ernstem Lächeln: „Man kann dir nicht Unrecht geben; und etwas von dem, was du forderst, wirst du gewiß selber leisten. Aber sag mir doch — warum studirst du mit diesem Trieb, der in dir ist, und mit diesen Hoffnungen, die du haben kannst, Jurisprudenz? Warum gibst du dich mit einer Wissenschaft ab, zu der du offenbar kein Herz — und, ehrlich gesagt, auch kein Talent hast?" — Der Poet schaute ihn mit einem gewissen halben Humor an und sagte: „Das ist eine eigene Sache. Man hat mich ermahnt, gedrängt, und ich hab' mich dazu verstanden, weil ich dachte, so viel könnte ich am Ende doch profitiren, um eine passable Carriere zu machen. Im Grunde, schon gar mancher Poet ist in einer Stelle gewesen!" — „Aber dann gewiß entweder ein mittelmäßiger Poet oder ein mittelmäßiger Beamter!" — „O," rief der Musensohn zuversichtlich, „das Eine Bei-

spiel" — „So gut," fiel Otto ihn errathend ein, „wie
diesem Einen wird's nicht jedem werden; und du scheinst
mir gerade am wenigsten gemacht, diese beiden, immer=
hin sehr verschiedenen Metiers miteinander zu verbinden!"
— „Nun," erwiderte der Poet nicht ohne ein Wölk=
chen der Verletztheit, „und warum gerade ich nicht?"
— „Weil du mit ganzer Seele an dem einen hängst
und — genug Arbeit haben wirst, um dieß endlich recht
in deine Gewalt zu bekommen!"

Diese letzte Bemerkung war pikant, aber schlagend,
und der Poet bedurfte einiger Zeit, um sich zum Wider=
spruch zu ermannen. Er entgegnete: „Der Dichter, der
nur Poesie treibt, verfehlt aber gerade seinen Zweck!
Zur Poesie gehört Erfahrung, und Erfahrung kann man
nur im praktischen Leben sammeln!" — „Erfahrung
kann man überall sammeln, es kommt darauf an, was
für eine man braucht; du scheinst mir aber eine andere
zu brauchen, als die ein Beamter in irgend einer Land=
stadt acquiriren kann!" — Die Aussicht, die ihm Otto
hiemit eröffnete, schien mit dem Zukunftsbilde, das der
Poet sich auch in dieser Beziehung schon entworfen
hatte, durchaus nicht übereinzustimmen; er schwieg, mit
einem gewissen Mundverziehen lächelnd, und sagte end=
lich: „Du traust mir auch gar nichts zu!" — „Ich
trau dir sehr viel zu," versetzte Otto wohlwollend, „aber
eben nur darin, wozu du berufen bist! — Mein lieber

Freund, die Jurisprudenz ist eine ernste und schwierige Wissenschaft; sie erfordert einen ganzen Mann und verdient ein ungetheiltes Herz. Ich weiß wohl, wie man sie häufig treibt; aber was sich für Andere schickt, das ist nicht passend für dich! Von dir wünschte ich in der That nicht, daß du das edle Fach zu einem Nothbehelf mißbrauchtest, um es dann selber als trocken, langweilig und Gott weiß was Alles zu verrufen! Es gibt Beschäftigungen und Stellungen im Leben, die mit der Dichtkunst viel besser harmoniren; nimm auf eine solche Bedacht, und das bei Zeiten!" — Der Poet schien nachzudenken und versetzte dann: „Wir wollen sehen!" — Otto schaute ihn an und ein Lächeln erhellte sein Gesicht. „Nun," sagte er, „ich bin nicht ganz ohne Hoffnung. Du besuchst das Colleg ziemlich gewissenhaft und schreibst nach wie die Andern; aber zu Hause betrifft man dich selten über deinen Heften, und dein Corpus juris hat gute Tage. Geh! du wirst's noch ein Semester treiben und dann den ganzen Plunder liegen lassen!" — Der Poet war erheitert. „Alles ist möglich," entgegnete er. „Und wenn einmal ein Ruf an mich gelangt, der mich den Armen der Themis entreißt, so recht klar und vernehmlich — ich werde mich ihm nicht entziehen!"

Wenn die kleine Gesellschaft in zwei Parteien sich spaltete, die mit verschiedenen Lebensanschauungen wech=

selseitig in angezeigter Art über sich dachten und sprachen, so that dieß dem kameradschaftlichen Zusammenleben doch keinen Eintrag. So ist der Mensch, zumal der junge. Man kritisirt einander, und die leidenschaftlichen Naturen oder bösen Zungen machen dabei wenig Federlesens; man sieht sich ob übermäßiger Einbildung ohne Weiteres dem Tollhaus oder wegen verfehlter Carriere dem Untergang entgegen eilen. Hat man aber durch einen tüchtigen Abspruch das Herz gesättigt, dann läßt man sich wechselseitig auch wieder gelten und könnte unter Umständen einem Unberufenen, der über einen Durchgezogenen dasselbe Urtheil zu fällen sich erdreistete, gehörig den Kopf waschen und dem „Freund" alle die Anerkennung und Ehre vindiciren, die ihm das wohlwollendste Urtheil zusprechen müßte. Bei gutem Bier oder Wein (beides wurde in der Universitätsstadt getrunken, und zwar beides reichlich!) kamen unsre vier Leute immer wieder in gemüthliche Plauderei; jeder gab zum Besten, was besonders unterhaltend schien, und in der Wärme des edlen Saftes oder guten Stoffes, die bekanntlich beide die Kraft haben, das Element des Wohlwollens anzufachen, schienen die einen mehr Werth und Würde, die andern mehr Vernunft und Lebensklugheit zu besitzen, als es den einen und den andern bei nüchternem Muthe vorgekommen war. Otto konnte Bernhard für Specialien der Tagespolitik und dieser dem

„Gelehrten" für eine erbetene Auskunft, welche die Eingeweihtheit in die großen Mysterien des Faches voraussetzte, dankbar seyn und Anerkennung zollen. Der Poet erlangte Beifall wegen seiner heitern Sinnlichkeit und frohen Laune, worin ihm über sich und Andre gute „schlechte Witze" gelangen; und an Eduard schätzte man die liebenswürdige Art, womit er auf die Eigenthümlichkeit jedes Mitgliedes eingehen und bei seinen Leistungen helfen konnte. So verlebte man sehr angenehme Abende, und ging in der Regel eben so spät wie vergnügt nach Hause.

In den letzten Monaten trieben Otto und der Poet mit einander noch philosophische Studien, indem sie das, was jeder in Verbindung mit seinem Fache darin schon gewonnen hatte, gegenseitig austauschten und durchsprachen. Der Faden, der den letztern an dem Jus hielt, wurde immer dünner; und obwohl der mit einem Hange zur Consequenz Begabte seinen Kopf darauf setzte, die angefangenen Hefte zu vollenden, so war doch wenig Aussicht vorhanden, daß neue begonnen wurden. Die Freunde erwogen zum öftern ihre Zukunft. Ob er die Carriere der Universität oder des Staatsdienstes einschlagen solle, war Otto selbst noch nicht gewiß, denn zu beiden fühlte er eine Neigung. Der Poet aber, wenn er die Jurisprudenz aufgab, hatte die Wahl zwischen dem Katheder, wo er über Aesthetik und Literaturgeschichte neue Lichter aufstecken konnte, — und einer freien Schriftstellerlaufbahn. Die Möglichkeiten, die beide junge Männer vor sich hatten, wurden betrachtet, erörtert; und wenn sie nicht zu einem festen Schlusse kamen, so traten die verschiedenen Eristenzen für sie doch in klareres Licht; sie fühlten, was sie hier oder dort leisten könnten, und wurden durch diese Art von Unterhaltung gerade noch am vertrautesten. Wiederholt erklärten sie ihre Freude, sich kennen gelernt zu haben, und machten aus, sich später wieder einmal treffen und eine Zeit freundschaftlich miteinander leben zu wollen. Sie hoffz ten aber, daß das Schicksal ihre Wege schon von selbst wieder verschlingen würde.

Das gemeinsame Fach, das beide mit consequentem Fleiß betrieben, führte auch Otto und Eduard stets wieder zusammen, und so lange die Juristen mitein= ander verkehrten, schienen sie Ein Herz und Eine Seele zu seyn. Behaglicher war es aber dem letztern stets im Umgang mit Bernhard. Von beiden wurde viel politi= sirt, und die Art, gesprächsweise über die deutschen Machtmittel zu verfügen und die Nation durch energische Verwendung derselben dem Ideal der Einheit und Frei= heit näher zu bringen, übte auch auf Eduard immer größern Reiz. Zuweilen, in der Wärme des Diskurses, fielen große und im Augenblick auch empfundene Worte über Gesinnung, Charakter, Ausdauer und Opferfreu=

digkeit; wenn aber beide Politiker an den Gütern, welche durch diese Tugenden der Nation errungen werden mußten, sich weideten, so dachte sich zugleich jeder in dieser Nation auf einen so ehrenvollen wie einträglichen Posten gestellt und eben dadurch in den Stand gesetzt, dem Wohl des Volkes mit Nachdruck zu dienen.

Das Semester verging, die Hörsäle wurden geschlossen. Da die Kassen, mit Ausnahme derjenigen Bernhards, noch nicht ganz leer waren, so beschloß man, vor der Heimreise noch gemeinschaftlich die schönste Partie des Rheines zu bereisen. Das vierblättrige Kleeblatt (denn der Mangel des Politikers wurde auch dießmal noch durch Eduard gedeckt!) begab sich zu Fuß nach Mannheim und von da in beliebigen Tagemärschen, unter vielfachem Befahren des edlen Stromes, bis nach Köln. Im Glück dieses Wanderlebens schwiegen die sonstigen Gegensätzlichkeiten völlig, sie waren alle nur „fidele Brüder" und gebildete deutsche Jünglinge, die mit stets neuer Lust Natur, Kunst und Alterthümer betrachteten und an Ort und Stelle mit Eifer dem Studium der edelsten Gewächse oblagen. Von köstlichen Schlücken befeuert und erleuchtet las man Abends die Sagen, die das Romantische der anziehendsten Punkte für Einbildungskraft und Auge vollenden, und fühlte sich in jeder Situation vollkommen glücklich. Ueber den Poeten und Otto kam ein seliges Gefühl der Herrlichkeit des deutschen Volkes, deutschen Landes, deutschen Geistes. Sie sprachen darüber ernst und begeistert, allein und mit den Andern, die dann mit Freuden zustimmten und der gemeinsamen Empfindung gleichfrohe und stolze Worte gaben.

Die schönste Verbindungsmacht ist und bleibt das Glück. Und wenn der Mensch im Leben zu kämpfen hat und zu kämpfen haben muß, so sind ihm dazwischen um so mehr die Augenblicke zu gönnen, wo ihn die Freude des Herzens über alle Scheidewände der Erde hinweghebt und mit einem vollen Hauch paradiesischen Lebens erquickt.

Da die Tour über Erwarten gelungen war, so nahm die kleine Societät nach ihrer Rückkehr in die Universitätsstadt, bevor sie diese gänzlich verließ, um vorläufig auseinanderzugehen, noch ein gemeinsames Festmahl ein. In der frohen Stimmung des Abends recapitulirte man die Reiseerfahrungen, beutete sie mit Ernst und Humor aus, und endlich gipfelte eine schöne patriotische Begeisterung in Liedern, Reden und Toasten. Man sah in eine deutsche Zukunft voll Größe, Freiheit und Wohlfahrt! Die Bilder standen so nah und so glänzend vor der Seele, daß sie schon wirklich zu seyn schienen, und den erhobenen Gemüthern die immer schönere Gestaltung des Vaterlandes über allen Zweifel erhaben war. Stets auf's neue klangen die Gläser, und der goldene

Inhalt floß in die Kehlen. Die Augen glänzten und sahen mit Freundschaft und Liebe im Kreise umher, die Hände suchten und schüttelten sich, die Lippen öffneten sich wiederholt zu kameradschaftlichem Lob und Betheu=rungen. Spät, nach feierlich genommenem Abschied, trennte man sich.

Am andern Morgen fuhren die beiden Jugendfreunde in die Heimath, Bernhard reiste westwärts, der Poet südwärts. — —

Es gibt keine schönere Zeit, als die der Universitäts=jahre. Dem Alter der frischesten Kraft und Empfäng=lichkeit winkt auf der deutschen Hochschule die Freiheit, winken die Genüsse des Lebens, die Blüthen und Früchte des Geistes! Der Zucht des Gymnasiums enthoben tritt der Jüngling selbstständig in eine neue Welt, Herr seines Thuns, ergötzt durch die Süßigkeit der Wahl, zauberisch angeglänzt von den Bildern der Zukunft. Mit der ersten Anweisung in der Tasche ist die Welt sein eigen, und mit dem gerechten Stolze der Machtvollkom=menheit wandelt er durch die Straßen. Nach seines Herzens Neigung trifft er seine Entscheidungen; er be=stimmt sein Leben, seine Freuden, seine Arbeiten. Der Wißbegierige steht vor den Reichthümern der in allen Formen gebotenen Weisheit wie der Träumende in einer Schatzkammer: Gold und Silber, Edelsteine und Perlen umblinken ihn, nach seinem Belieben kann er in die

Truhen greifen, und was er sich nimmt, das gehört ihm. Wer aber den Baum der Erkenntniß und seine Früchte der Zukunft bewahren und sich zunächst an dem Baum des Lebens erquicken will, dem ist's unbenommen. Der Thatenlustige kann sich freiwillig den Gesetzen eines kleinen Staates unterwerfen und die Kraft und die Ehre des Ganzen, dem er sich anschließt, für sich gewinnen. Er kann gemeinsames Handeln und Fröhlichseyn, Angriff und Vertheidigung zum Ruhm der erwählten Farbe, ja die Kunst der Regierung und diplomatischer Unterhandlung lernen — was ihm Alles später zu Gute kommen muß. Und auch hier steht ihm die Wahl frei: ebenso der Neigung zur besondern Heimath wie zum Einen Vaterlande kann er folgen und für den Ruhm eines Stammes oder der ganzen deutschen Nation einstehen. In Scherz und Ernst, in Streit und Versöhnung, in Unternehmungen und Abenteuern aller Art bilden sich Kameradschaften, Freundschaften für das ganze Daseyn. Jeder durchlebt eine Epoche, auf die er später wie auf das goldene Alter zurückblicken kann; eine Zeit, wo ihm die Welt, die in der Folge oft so düster wird, schön und freundlich ist, eine Zeit, an welche sich gegenseitig erinnernd auch die verstocktesten Philisterseelen wieder aufthauen und auf Momente jung werden! Wenn aber der glänzendste Lorbeer des Studenten allerdings nur im geordneten, öffentlichen Burschenleben zu erlangen ist, so blüht doch auch im Verborgenen, in obscuro, im freiern kleineren Kreise ein stilles Glück. Die vollkommene Freiheit schmeckt denen, die sie zu benutzen verstehen, noch süßer; wenn sie die rauschenden Freuden und Ehren missen, so gewährt ihnen reicheres inneres Leben den Ersatz, und eben im Verborgenen können die Flügel wachsen, mit denen sich der edle Obscurant seiner Zeit auch zum öffentlichen Ruhm emporschwingt. Glücklich, wer eines oder das andre, am glücklichsten, wer eines und das andre Leben durchgekostet hat!

Möge niemand das Wesen unsrer Hochschulen antasten! Die deutschen Universitäten gehören zum deutschen Leben; und wenn die Freiheit ihrer Institutionen der Nation und ihrer Cultur in der Vergangenheit entsprach, so wird sie es noch mehr in der Zukunft! Selbstbestimmung ist die erste und oberste Forderung des Germanen; ohne sie gibt es für ihn kein wahres Glück und keinen Ruhm, der ihn sättigte; nur mit ihr will er haben, was ihm noch fehlt, und eben mit ihr wird er es im Lauf der Zeiten auch überschwänglich erreichen! —

Die letzte Erziehung der Jugend kann nur die Erziehung in Freiheit seyn. Die Liebe zu den Studien anzuregen und wach zu erhalten durch die Würde, Tiefe, Klarheit und Schönheit der Vorträge, das ist die Aufgabe deutscher Lehrer. Denn nur die Liebe führt zu jener lebendig gründlichen Bildung, mit welcher später das beste Wirken — freies praktisches Zusammenwirken möglich wird; dem Zwang dagegen gelingt im günstigsten Fall die Dressur, die Werkzeuge schafft. Der Forderung der Selbstbestimmung entspricht im deutschen Wesen auch die Lust zur Arbeit an und für sich, der Trieb zur Thätigkeit aus höhern, geistigern Gründen. Darum, weil sie im Großen und Ganzen stets einen guten Gebrauch davon machen wird, ist die deutsche Jugend der Freiheit werth, in welcher positive Naturen edler und stärker werden, als in Anstalten des Zwanges, und selbst die Taugenichtse gemüthlicher und lustiger.

II.

Ferien. Leben in der Kleinstadt. Germanische Träume; Dichtkunst und Staatskunst.

Die Heimath Otto's und Eduards war nicht mehr die frühere. Ihre Väter waren als Mitglieder desselben Collegiums in die zweite Stadt des Landes versetzt worden und hatten rasch noch ein weiteres Avancement gemacht: Horst war Direktor, Ehrenfels erster Rath geworden. Wir dürfen nicht verschweigen, daß hier die einflußreichere Familie sich gegen die andere speciell freundlich benommen. Man war an einander gewöhnt, die Familie Horst sagte sich, daß sie einen angenehmern und bequemern Umgang als Herrn und Frau von Ehrenfels nicht wohl finden würde, und schätzte das Ehepaar wegen seiner geselligen Tugenden wirklich: sie beschloß also, den alten Freund mit in die Höhe zu bringen und Glückliche zu machen, die dankbar seyn würden. Daß die Begünstigten dieser Erwartung entsprachen und um ihret= und des Sohnes willen der erlangten Vor= theile sich herzlich freuten, braucht nicht gesagt zu werden.

Als die Söhne nach Hause kamen, fanden sie die Ihrigen in einer gründlich heitern Stimmung, die durch ihr Erscheinen nur erhöht werden konnte. Wenn es jemals Eltern mit ihren Kindern nach Wunsche ging, so war es hier der Fall. Die beiden Einzigen traten gesund, froh in die neuen Räume, und jeder der beiden Väter überzeugte sich, daß sie sich das letzte Jahr ganz besonders zu Nutze gemacht hatten. Von den Müttern erblickte jede in dem Ihrigen das Ideal eines jungen Mannes: denn ebenso, wie er war, sollte er auch seyn! Frau von Horst (so wurde sie in Abwechselung mit dem Titel einstweilen genannt) weidete sich an dem blühenden Eduard, der mit anmuthiger Lebhaftigkeit ein elegantes Maß der Bewegungen verband, in Gesellschaft mit voll= kommener Sicherheit auftrat und alle Herzen gewann. Wenn sie ihn mit Otto verglich, wie brav dieser ge= worden war, so mußte sie ihrem Liebling doch bei weitem den Vorzug geben. Der junge Ehrenfels hatte offenbar etwas Pedantisches in seinem Wesen und einen lang= samern Geist! Gar manche Gelegenheit, einer Dame etwas Artiges zu sagen, die ihr Eduard sofort benutzt hätte, versäumte er, und zeigte sich durch sein ganzes Benehmen als zu einer Gattung von Menschen gehörig, die in der Welt nicht viel zu erreichen pflegen. An Eduard gefiel ihr sogar eine kleine Narbe an der linken Wange, die er seinem letzten Duell verdankte, und sie bemerkte mit einer Art von Behagen, daß Otto's Gesicht dieses Zeichen des Muthes entbehrte, obwohl es am Ende auch nicht ganz unrühmlich seyn mag, diese Zierde seinen Gegnern zu verleihen! Mit eignem Wohlgefühl sah sie das Antlitz dieses oder jenes hübschen Mädchens froh sich erhellen, wenn Eduard auf sie zutrat, um sie zu unter= halten. So offenbares Glück beim schönen Geschlecht hielt sie für ein besonders günstiges Vorzeichen. In= dessen unter den heranblühenden Kindern der Stadt war keine, die sie sich als Schwiegertochter denken mochte; sie hatte in dieser Beziehung ihr eignes Project und wollte sehen, was mit der Zeit dafür geschehen konnte.

Frau von Ehrenfels sah neidlos das Mutterglück der Freundin und hörte mit Vergnügen das Lob an, das diese selber dem Sohn spendete: ihr Otto war ihr doch in jeder Beziehung lieber, und sie glaubte, daß sie ihn Eduard ebenso vorziehen würde, wenn er auch nicht ihr Sohn wäre. Die drei Leute waren jetzt am liebsten allein. Otto, der nicht wie der Jugendfreund kleiner Passionen fähig war, hing um so zärtlicher an seinen Eltern. An seinem Vater schätzte er die Ehrenhaftigkeit und Pflichtmäßigkeit des Handelns, die ihm zur andern Natur geworden war; an der Mutter den weiblich feinern und höhern Sinn, der sich in Gesprächen mit ihm jetzt auf eine Art kundgab, die ihm Achtung und Rührung einflößte. Gegen sie fühlte er sich auch gereizt, mit seinen liebsten Gedanken herauszugehen und sich darüber zu erklären, was er später zu leisten und wie er nützlich zu werden hoffte. Es waren genußvolle Stunden für beide, wenn sie in dem kleinen, stillen, hübsch eingerichteten Zimmer Otto's beisammen saßen, der Sohn sprach, die Mutter horchte und beide dann mit ernstem Interesse die Zukunft erwogen. Otto's Neigung hatte zuletzt für die Laufbahn an der Universität entschieden; er glaubte hier freier und unmittelbarer wirken zu können und fühlte immer mehr, daß es zu seinem Leben gehörte, in der Wissenschaft selber fortzuschreiten. Die Mutter war damit vollkommen einverstanden und dachte sich den Sohn gern als würdigen Nachfolger eines jener besonders angesehenen Lehrer, von denen er ihr erzählte, und gleich ihnen Wirkungen übend, die weit über die Grenzen des Landes hinausgingen. Kam der Vater vom Bureau zurück, so sprach Otto gern mit ihm über die Geschäfte, ließ sich von dem alten Herrn belehren, und erzählte ihm dafür, was er auf der Universität und auf Reisen für ihn Interessantes gesehen. Von seiner Neigung zur Universitäts-

carriere schwieg er indessen. Wie aus einigen Aeuße=
rungen hervorging, dachte der Vater gar nicht anders,
als daß der Sohn die praktische Laufbahn einschlagen
würde; und wenn ihn Otto nun auch noch für seinen
Plan zu gewinnen hoffte, so wollte er ihm doch nicht
durch ein unvorbereitetes Geständniß eine Enttäuschung
bereiten, die er vielleicht übel empfinden würde.

Die Ferien sind bekanntlich nicht der schlechteste Theil
der Universitätsjahre, vielmehr eine sehr angenehme Ab=
wechslung mit dem Studentenleben in loco, und durch
einen eigenen poetischen Hauch gewürzt: die paradiesische
Zeit der Erholung von den Studien oder burschikosen
Leistungen, vorzugsweise gemüthlicher Lustbarkeit gewidmet.
Der von der Universität herkommende Student ist in
seinem Ort eine neue Erscheinung und hat schon als
solche die Gunst des Publikums. Die Eltern, die so
viel Geld auf ihn gewendet, empfangen in der Anerken=
nung, die ihm zu Theil wird, die Erstlinge ihres Lohnes.
Wohlgesinnte alte Herren, die sich mit Vergnügen der
schön verlebten Jahre erinnern, behandeln den Heim=
gekehrten mit freundlicher Absichtlichkeit als eine Art
Würdenträger — die Ansprüche, die der Student
zu machen pflegt, respektirend —, und ermuntern mit
liebenswürdiger Laune den Papa, doch ja das Geld nicht
zu schonen und den Herrn Sohn stets in dem Stand
zu erhalten, wo er einem solchen Vater Ehre machen

könne! Einer alten Tradition zufolge muß für den Studenten von der Familie das Möglichste geschehen; eine solche Ermahnung und Erinnerung, an die Eltern gerichtet, die es zuweilen zu vergessen pflegen, sind daher ein Ohrenschmaus für den geldbedürftigen Jüngling. Daß die Universitätsjahre eine Zeit der Hoffnung sind, tritt am Ende nirgends schöner hervor als in den Ferien, eben wegen der in ihnen cultivirten Höflichkeit. Man traut dem Studenten, der mit so würdigem Selbstgefühl auftritt, das Beste zu; und noch ist dieser Glaube durch keine der Enttäuschungen beeinträchtigt, die sich später einzustellen und manchmal schon mit dem ersten Examen zu beginnen pflegen! —

Bei Eduard fanden alle diese Annehmlichkeiten unter den durch die ausgezeichnete Stellung seines Vaters und seine eigene glänzende Persönlichkeit bedingten Modifikationen statt. Die Eltern wurden von Glückwünschen und Lobsprüchen förmlich überschüttet. Einen solchen Sohn beschloß man noch eine auswärtige Universität — Berlin — besuchen zu lassen, wo die Mutter einen Verwandten hatte; und als dieß bekannt wurde, konnte es die Theilnahme, deren er sich schon erfreute, nicht verringern. Ein und der andere College des Vaters rühmte den Entschluß mit großem Ernst, indem für die Bildung des jungen Mannes, der so viel verspreche, alles Mögliche geschehen müsse, — und ein paar hübsche

Mädchen, die schon etwas zutraulich geworden waren, enthielten sich nicht, den Beliebten anmuthig zu necken, auf die Gefahren hinzudeuten, denen sein Herz bei den schönen Berlinerinnen ausgesetzt sey, und ihn zu ermahnen, daß er nur nicht gar zu stolz wiederkehren möge! Der artige Jüngling ließ hierauf eine Erwiderung folgen, welche zwei Wangenpaare vor Vergnügen erröthen machte, dachte aber mit großem Interesse an die Prüfungen, die er zu bestehen haben möchte.

Während der Sohn des begüterten Hauses auf der Schnellpost dem Hauptsitz der deutschen Intelligenz zurollte, bereitete sich Otto zum Abgang auf die Landesuniversität vor, wo er das letzte Jahr seiner Studien zu verbringen hatte. Es liegt nicht in der Absicht unsrer Erzählung, über diese Zeit ausführlich zu werden. Sie verging dem ältern der beiden Freunde in stiller Thätigkeit, dem jüngern in froher Benützung der Gelegenheiten zu geistiger und geselliger Bildung, welche die nordische Hauptstadt in so reichem Maße bietet. Aus dem gleichmäßigen Leben Otto's haben wir fast nichts zu erwähnen, als etwa, daß er im Wintersemester ein Schreiben vom Poeten erhielt, der ihm bekannte, daß er auf Anrathen eines Verwandten sich entschlossen habe, mit der Rechtsgelahrtheit doch noch einen Versuch zu machen; worauf unser Jurist, dem der ebenso launige wie leichtfertige Ton des Briefes die Ernstlosigkeit

des Unternehmens aufs klarste zeigte, eine energisch ab=
mahnende Antwort zurückgehen ließ. Nach Verfluß des
Studienjahres ging der junge Gelehrte — wie man ihn
jetzt wohl nennen konnte — direkt nach Hause; denn
es erschien ihm vor allem nöthig, mit dem Vater die
Frage seines Lebensberufs ins Reine zu bringen.

Otto, die Gedanken des Vaters kennend, vertraute
gleichwohl seinen Gründen. Als er aber eines Abends
nach entsprechender Einleitung seinen Plan gestand,
zeigte der alte Herr sich gegen alles Erwarten betroffen,
und seine Mienen verriethen einen Unmuth, der bei ihm
auf einen tiefen Widerwillen deutete.

Der wackere Herr, für sich selbst ohne Ehrgeiz, war
es doch nicht in Bezug auf seinen Sohn. Er galt für
einen guten Arbeiter ohne hervorstechende Fähigkeiten,
und hatte davon selber ein Bewußtseyn; darum war er
bescheiden, gefiel sich in einer mitwirkenden Stellung
und überließ die Oberleitung gern einem Andern. Sein
Sohn aber hatte Talent, ungewöhnliches Talent; dieser
sollte sich nun erinnern, daß ehemals Träger des Na=
mens Ehrenfels die obersten Stellen des Landes inne=
gehabt und daß es ihm so gut wie irgend wem zustände,
auch jetzt nach einer der ersten zu trachten. Dazu mußte
er aber die Carriere des Staatsdienstes einschlagen, sich
im Verwaltungsfach hervorthun und bald an die Quelle
der Beförderung, in die Residenz zu kommen suchen.

Die Gründe, womit Otto seine Wahl vertheidigte, wurden von dem Vater ungern gehört. Der alte Herr, der seine praktische Thätigkeit liebte, führte dagegen an, was in solchem Fall ein „Geschäftsmann" zu sagen pflegt. Die geringe Zahl einträglicher Stellen, die Seltenheit ausgezeichneter Lehrer (ohne dem Talent des Sohnes zu nahe treten zu wollen!) — die Gefahr, sich in Bücher zu vergraben und Pedant zu werden; auf der andern Seite das Bildende der Praxis, die Aussicht, stets vorwärts zu kommen und einen lohnenden Posten unausbleiblich zu erhalten, am Ende vielleicht einen, dem die Universität mit allen Professoren selber untergeben wäre — Alles das kam nach und nach zum Vorschein, theils mit trockenem Ernst, theils mit einer Art von Spott, die man dem guten Mann kaum zugetraut hätte. Sogar die Figur, die ein Professor im Vergleich mit einem höhern Beamten in Gesellschaft spielen kann, mußte herhalten, wobei sehr gegen die Regel gesündigt wurde, daß nur Analoges verglichen werden darf. Auf die bescheidenen Einwendungen des Sohnes, wenn sie nicht zu entkräften waren, folgte die Behauptung, daß auf der andern Seite unter allen Umständen die größere Sicherheit liege, und auf das Bekenntniß der Vorliebe zu der Wirksamkeit eines Lehrers die Aufforderung, die Praxis doch nur erst zu versuchen und hernach zu urtheilen!

Dabei blieb der Vater, indem er einen Vorschlag machte, der ihm durchaus billig schien. Otto sollte ihm nachgeben und den Rath der Erfahrung benutzen; könnte er den Geschäften in keiner Art Geschmack abgewinnen, und wäre die Neigung zum Professor unüberwindlich, so sollte er in Gottes Namen an der Universität sich hinaufdienen, wozu es immer noch Zeit und einige auf praktische Thätigkeit verwendete Jahre keineswegs verschwendet wären.

Gegen diese Proposition hatte der Sohn um so weniger eine triftige Einwendung, als auch die Mutter, die bisher auf seiner Seite gewesen war, sie für annehmbar erklärte. Otto fühlte die Befähigung zu beiden Berufsarten in sich und keine Unlust zu der angerathenen; da er nun an diese sich nicht zu verkaufen hatte, sondern ihm stets noch die Wahl frei blieb, so stellte sie sich ihm von der lockenden Seite dar und brachte ihn zum Entschluß. Nach kurzem Besinnen reichte er dem Vater die Hand und rief: „So soll's geschehen!"

Nach seinem Charakter überlegte der junge Mann das Vorhaben; und es soll nicht verhehlt werden, daß er für den Fall seiner gänzlichen Durchführung an eine der obersten Stellen dachte. In einem höhern und weitern Sinne thätig zu seyn, das war sein Drang; und wenn es nicht durch die Wissenschaft geschah, so mußte es auf einem bedeutenden Verwaltungsposten geschehen.

Er begriff aber, daß er nur mit wirklicher Einsicht in die Verhältnisse des Landes das Gedeihen desselben fördern könne; und zu diesem Ende schien es ihm am gerathensten, eben die beschlossene Laufbahn zum Studium des Landes zu benutzen, und von der Peripherie, mit gemessenen Schritten, gegen das Centrum vorzudringen.

Beim nächsten Familiengespräch erklärte er sich darüber. Der Vater hatte gemeint, daß er, wenn nicht in der Hauptstadt selber, doch wenigstens hier am Orte sich auf die Staatsprüfung vorbereiten möchte; aber Otto wußte ihm seinen Gedanken so plausibel zu machen, daß der alte Herr, der mit Vergnügen den höhern Ehrgeiz bemerkte, den der Sohn dabei kundgab, seine Zustimmung ertheilte. Zum Ueberfluß hatte ein Verwandter der Mutter das Amt einer Gränzstadt inne; unter diesem sollte Otto die erste Einweihung erhalten.

Daß er die erste Prüfung mit allen Ehren bestehen würde, war bei ihm und dem Vater keine Frage. Dessenungeachtet, als sie nun vor sich ging, erhielt er doch nicht die ausgezeichnete Note, die zumal der alte Herr erwartet hatte. Der Grund war: bei einem Besuch, den er einem der Examinatoren machte, erlaubte er sich demselben zu widersprechen, und seinen Einwand sogar mit wissenschaftlichen Gründen zu belegen; der bejahrte Professor empfand dieß als eine große Anmaßung, beschloß, dem jungen Menschen dafür die gebührende Züchtigung angedeihen zu lassen, fragte ihn bei der Prüfung über Specialitäten seiner Disciplin, die außer ihm, der sie seit dreißig Jahren vortrug, kein Sterblicher sagen konnte, wie er sie hören wollte, ließ die geschickte Art, womit sich Otto zu helfen suchte, nicht gelten und ertheilte ihm eine schlechte Note, indem er gegen seine Collegen erklärte, daß hier wieder Einer sey, der seinen Mangel an gründlichem Wissen durch geistreich klingende Redensarten zu decken suche. Die Folge war, daß Otto trotz des vorzüglichen Bestehens bei andern Examinatoren doch nicht die oberste der fünf üblichen Noten erhalten konnte, sondern sich mit der nächstbesten begnügen mußte.

Als er zu Hause dieses Resultat mittheilte und zugleich den von ihm errathenen Grund der Einen schlechten Note, sagte der Vater mit Ernst: „Das hättest du wissen und dem alten Herrn nicht widersprechen sollen!" Er versäumte indeß nicht hinzuzusetzen, daß Menschen, die keinen Widerspruch ertragen könnten, eben meist an Universitäten vorkämen, da die Herren sich in ihre Theorie verliebten und diese bis auf den Buchstaben respektirt sehen wollten; durch das praktische Leben werde man von dieser wie von andern Schwachheiten kurirt, weil sie einem nicht durchgingen.

Einige Zeit hernach finden wir unsern Freund in dem Gränzstädtchen, wo der entfernte Anverwandte als

Haupt der Justiz und der Verwaltung über einen kleinen Bezirk regierte. Der Ort hatte sich ihm an einem regnerischen Novembertag nicht sehr annehmlich dargestellt, von seinem Vetter war er aber mit offenbarer Freundlichkeit aufgenommen und würdevoll in das alterthümliche Amtslokal eingeführt worden. Otto bemerkte, daß sein Chef einer von denen war, die ihre Thätigkeit besonders ernst und wichtig nehmen und die edelste Tugend in der Pünktlichkeit sehen; dieß konnte ihm indeß nicht mißfallen, und da auch das übrige Personal, welches den stattlichen jungen Mann und Sohn des Rathes von Ehrenfels höflich begrüßte, einen guten Eindruck auf ihn machte, so glaubte er hier ein paar Jahre gut verbringen zu können.

Er miethete sich eine hübsche Wohnung auf dem Hauptplatz der Stadt, der mit einigen Bäumen geziert und, die Markttage ausgenommen, ruhig genug war. Nach seiner Gewohnheit richtete er sich einfach, aber zierlich ein und ordnete auf dem vorgefundenen Repositorium nicht nur juridische Werke, sondern auch Lieblingsautoren der Dichtkunst und Philosophie, die in der Kiste mitgewandert waren. Nachdem alles vollendet war, fühlte er sich in der Studirstube ganz heimlich und sagte sich mit Behagen, daß er, falls ihn das gesellige Leben hier im Stich ließe, seine Unterhaltung wohl zu Hause finden könnte.

Die Arbeiten im Amt zogen ihn an. Menschen, Zustände waren ihm neu, und indem er sich in den Geschäften orientirte, machte er Beobachtungen über das Volk und sein Verhältniß zu den Herren vom Gericht, die ihm interessant waren. Manches gefiel ihm nicht; aber der Verdruß, den er sonst darüber empfunden hätte, wurde zurückgehalten durch den Gedanken, daß er später vielleicht etwas zum Beseitigen gewisser Uebelstände thun könnte, in welchem Betracht es ihm jetzt lieb seyn mußte, sie kennen zu lernen.

Die früher und später so oft ausgesprochene Wahrheit, daß vom Amt aus Dinge geschehen, die das Volk besser selbst verrichtete, drängte sich ihm in aller Deutlichkeit auf. Dabei machte er aber eine Unterscheidung. In Sachen der Bildung und bei Unternehmungen, wozu ein gewisser Entschluß gehört, hielt er eine bevormundende Anregung für nützlich; verkehrt aber dünkte es ihm, daß man auch in Angelegenheiten sich mischte, zu deren bester Erledigung das Volk in Stadt und Land nicht nur mehr Eifer, sondern auch mehr Verstand besaß. Durchaus widerwärtig erschien ihm die hofmeisterliche Beschneidung und Einschränkung der Volkslustbarkeiten, zumal er bemerkt hatte, daß die Bauern der Umgegend eher bis zum Geiz auf Mehrung ihres Vermögens bedacht, als zur Verschwendung geneigt waren.

Diese und ähnliche Beobachtungen trug er eine Zeit lang mit sich herum, ohne sie jemanden mitzutheilen. Einmal konnte er indeß nicht umhin, sich darüber gegen seinen Chef auszusprechen. Da kam er aber schön an! Der strenge Beamte, der nichts für wahrhaft gethan hielt, was er nicht selber that, zeigte ein vor Unmuth geröthetes Gesicht und erklärte die Ansichten Otto's mit Nachdruck für durchaus unpraktisch. Der Bauer sey ein Dummkopf; wenn er nicht gezwungen werde, rühre er sich nicht, und wenn man vom Amt aus das ließe, was der junge Herr Bevormundung zu nennen beliebe, so würde bald die ganze Umgegend in Gemeinheit und Rohheit versinken. Otto sah, daß mit einer solchen Ueberzeugung nicht zu disputiren war, und entgegnete mit Ironie (die aber jener nicht merkte): dann habe er sich ohne Zweifel nur in der Zeit geirrt. Denn es sey doch als gewiß anzunehmen, daß die Erziehung des Volks von der Amtsstube aus ihre Früchte tragen müsse; zuletzt würde also jedenfalls auch der Bauer der Selbst= verwaltung gewisser Angelegenheiten fähig werden! Allein der Chef, mit großartiger Hinwegsetzung über den noth= wendigen Effect seiner eigenen pädagogischen Thätigkeit, erwiderte: „Der Bauer wird immer ein Dummkopf bleiben!"

Durch diesen kleinen Zusammenstoß ihrer Meinun= gen wurde das Verhältniß Otto's zu seinem Vorstand

einigermaßen alterirt. Dem energischen Beamten hatte
das sichere Auftreten des jungen Mannes, das mit
natürlicher Bescheidenheit verbunden war, zuerst gefallen
und in ihm die Hoffnung erweckt, der talentvolle Sohn
der Base werde sich unter seiner Leitung zu einem treff=
lichen Diener seines Fürsten und einem vorzüglichen
Gliede des Beamtenstandes ausbilden; jetzt, nachdem er
so radikale Tendenzen in ihm wahrgenommen, sah er
darin nur die anmaßliche Zuversicht eines jungen Neue=
rers, auf den er ein wachsames Auge zu haben beschloß.
Otto hätte es wohl in seiner Macht gehabt, sein Ver=
trauen wieder zu erlangen, wenn er bei Gelegenheiten, die
ihm der conservative Herr gab, Beweise gereinigter An=
sichten hätte sehen lassen wollen; allein er schwieg oder
zeigte durch irgend eine allgemeine Antwort, daß er
über diese Materie keine bestimmte Ansicht mehr äußern
wolle.

Unserm jungen Freund war nichts mehr zuwider
als unnützer Wortstreit. Schon auf Gymnasium und
Universität hatte er mit Verwunderung gesehen, wie
gewisse Menschen über dieselben Gegenstände mit den=
selben Gründen wieder und wieder sich abzanken konnten,
ohne zu irgend einem Resultate zu gelangen. Er be=
merkte freilich, daß es den Disputatoren eine Unter=
haltung war; aber ihm war nur das Erreichen irgend
eines Ziels eine Unterhaltung, und da er früh die

Beobachtung machte, daß dem ächten Widerwillen kein Argument gewachsen ist, so ließ er sich instinktmäßig nur auf Gespräche ein, wo er etwas lernen oder lehren konnte. Jene schußfeste Rechthaberei, die nach der vollkommensten Widerlegung ihrer Sätze just am entschlossensten und sichersten ihr Haupt erhebt, konnte er im Diskurs nicht ertragen; und wenn er nun sah, daß jemand davon besessen war, so überließ er ihn dem bösen Geist, nicht ohne eine gewisse Schadenfreude, den Delinquenten eben durch die ungestörte Fortdauer seiner Bornirtheit oder Narrheit gestraft zu sehen.

Den Chef lernte er immer mehr kennen. Es war einer von denen, die in öffentlichen Dingen nur dem Beamten wahre Einsichten zutrauen und nur von seinem ungestörten Wirken das Heil des Landes erwarten. Die Gesammtheit der Staatsdiener war ihm eine Hierarchie, die, mit einer traditionellen Geheimweisheit ausgestattet, zum Regieren ganz besonders erleuchtet war. Den Obern zu gehorchen, den Untern zu gebieten, darauf ging sein einziges Bestreben; und er mochte sich gern denken, daß die Weisheit nach oben verhältnißmäßig zunahm, bis sie endlich in der Spitze mit vollkommenem Licht endigte. Ob hier mehr Servilität oder Ueberzeugung im Spiele war, konnte man bei ihm nicht fragen: er war ein ächter Gläubiger. Darum konnte es ihn auch wahrhaft empören, wenn Laien Miene machten, in die Kunst der Regierung zu pfuschen, und ihnen von Gliedern der herrschenden Körperschaft selber, nach der neuesten Unsitte, gar förmliche Einsicht in gewisse Dinge zugetraut wurde! Die Constitution hielt er für überflüssig; er glaubte, daß man ohne die Ständeversammlung viel besser zurechtkäme, bedauerte die vielen Kosten, die sie dem Lande machte, und freute sich, daß sie dermalen nicht viel zu sagen hatte.

Mit einem solchen Mann war für Otto kein Bund zu flechten. Jedes Herausgehen mit seinen Ueberzeugungen und zumal das Vertheidigen derselben mit Gründen, würde zu einer Scene geführt haben, die vielleicht das Ausscheiden aus seiner Stellung nöthig gemacht hätte. Dieß wollte er natürlich vermeiden; und da er den Hochconservativen als rechtlichen Beamten schätzen mußte, so hielt er consequent an sich, vollzog seine Aufträge nach Kräften und betrug sich in und außer dem Amt gegen ihn mit einer Höflichkeit, wie sie der Chef beanspruchen konnte. Dieser verkehrte mit ihm nun gleichfalls in gewissen Formen, und indem beide der zwischen ihnen bestehenden Kluft sich bewußt waren, lebten sie doch ohne eigentlichen Conflict weiter.

Otto fuhr fort, Studien zu machen auf seine Weise — in der sich immer mehr festsetzenden Ueberzeugung, daß er später im Stande seyn werde, Mißstände, die er jetzt ertragen mußte, mit abstellen zu können. Zu-

weilen hätte er doch gern mit einer verwandten Seele
gesprochen, und er sah sich um, ob er im Amt oder
sonst im Ort nicht einen Gleichgesinnten entdecken könnte.
Sein Suchen war ohne Erfolg. Die Mehrheit des
Personals eiferte dem Chef nach — mit wie viel wah=
rer Ueberzeugung, das konnte er ihnen überlassen. Ein
specieller College von ihm und ein junger Assessor spra=
chen sich außer der Amtsstube sehr liberal aus und
zogen, wenn sie zufällig mit ihm allein im Wirthshause
waren, den Chef wegen seiner Ansichten und Eigenheiten
unbarmherzig durch. Allein für den Geschmack Otto's
waren sie zu sehr Parteimenschen und wiederholten ihm
in Lob und Tadel zu sehr dieselben Ausdrücke. Wenn
er beiläufig Gedanken äußerte über Entfernung gewisser
Mißbräuche, so stimmten sie ihm bei; als er aber ein=
mal in eine gründlichere Erörterung eingehen wollte,
gaben sie bald Zeichen tiefer Gelangweiltheit von sich.
Unser Freund sagte sich, daß er ihnen dieß nicht übel=
nehmen könne, begriff aber doch, daß er in keinem den
gesuchten Vertrauten finden würde. — Und nicht lange,
so mußte er sich gestehen, daß einen solchen auch Städt=
chen und Umgegend für ihn nicht berge und er in dieser
Hinsicht für jetzt verzichten müsse.

Im Ausgang des Winters sah sich Otto fast aus=
schließlich auf die Unterhaltung beschränkt, die er sich
gleich anfangs als Ersatz gedacht hatte. Er verbrachte

die freien Stunden meist zu Hause, indem er sich mit Lectüre und Correspondenzen beschäftigte.

Der Erzähler (man erlaube ihm diese Verwahrung!) ist keineswegs gemeint, in seiner Kleinstadt eine Art Typus malen zu wollen, wo Leute von dem Charakter und dem Streben Otto's keinen würdigen Umgang finden könnten. Das ist in Deutschland eben das Schöne, daß an solchen Orten nicht selten die besten Köpfe und angenehmsten Gesellschafter zu treffen sind und ein eben so erheiternder wie bildender Verkehr möglich ist. Allein das Geschick unsres Otto wollte, daß er Persönlichkeiten von seiner Gesinnung an dem Orte, wo er nun weilen mußte, nicht antraf; und mit den Menschen, wie sie nun eben waren, zu verkehren und sein Amüsement dennoch zu finden, dazu war er nicht der Mann.

Otto war kein Spieler, kein Tänzer, kein Trinker, und hatte nichts von dem geselligen Ehrgeiz, der sich mit kleinen Triumphen in jenen Fächern Genugthuung verschafft. Ihm wäre es unmöglich gewesen, einen Liebeshandel anzufangen zu bloßer Unterhaltung, auch wenn die Schöne so freundlich gewesen wäre, an diesem Endzweck keinen Anstoß zu nehmen. Gemüthliche Prahlerei beim Glase Wein oder Bier, Führung großen Wortes, Hänselung irgend eines armen Teufels — lauter Quellen des Vergnügens für die Liebhaber —, boten ihm keinen Reiz. Das Getränk im Städtchen war löblich, die Honoratioren rühmten sich einer Ressource mit Versammlungen und Bällen, wozu sich einige recht hübsche Kinder einfanden; die Bevölkerung gehörte zu den lebenslustigen und vergnügte sich nach Kräften — hätte von unsern Bekannten der Poet oder auch Eduard hier leben müssen, sie würden bald ihre Wege zur Ergötzung ausfindig gemacht haben. Der Poet hätte in Briefen an seine Freunde wahrscheinlich nicht genug sagen können, wie liebenswürdig die Menschen seyen, welche Ausbeute von Bildern des Lebens, welche Genüsse er habe! Allein Otto besaß nicht diesen glücklichen Sinn. Er fühlte in dem Thun und Treiben die Wiederholung, und das äußere Leben begann ihm farblos zu werden.

Den Verkehr mit den Seinen unterhielt er hauptsächlich durch Briefe an die Mutter. In ihnen wurde der Austausch von Gedanken und innern Erlebnissen fortgesetzt und der Erfahrungen in der Amtsstube und in der Gesellschaft, nachdem diese einmal charakterisirt waren, nur noch beiläufig Erwähnung gethan. Daß er an dem Vetter einen Vorgesetzten habe, dessen politische Ueberzeugungen seinem Innersten widerstrebten, daß er einsam lebe und es ihm eigentlich nur in seiner Stube wohl sey, verschwieg er nicht; und von der Mutter kamen nun gelegentlich Ermahnungen, aus=

zuhalten und sich den Dienst zu nutze zu machen, so gut es ginge, mit allerlei freundlichen und sogar humoristischen Hindeutungen auf den bedeutenden Posten, zu dem er nach und nach emporsteigen und der ihm für alle Entbehrungen und Verdrießlichkeiten den reichsten Ersatz bieten würde.

In der letzten Zeit war ein neues Schreiben vom Poeten eingegangen, der sich noch immer in der Universitätsstadt seines Landes aufhielt. Er meldete, daß er der Jurisprudenz nach des Fachmanns Empfehlung endlich definitiv untreu geworden sey, neben seiner Kunst sich mit Geschichte, Philosophie, ja Theologie beschäftige und eine Dichtung vollendet habe, die ihn möglicherweise nicht übel beim Publikum einführen würde. Der Ton, in welchem die Epistel gehalten war, die launige Selbstkritik und Selbstironisirung, hinter welcher man doch den consequenten Drang und die tiefe Zuversicht auf schließliches Durchdringen erkannte, machten auf den Einsamen einen erquickenden Eindruck. Er antwortete in einem längern Schreiben, worin er gleichfalls einen scherzhaften Ton anzuschlagen suchte, aber dem Ernst, der ihm natürlich war, bald wieder die Oberhand ließ. Eine Stelle darin lautete: „Lieber Freund, was wäre das Leben ohne Wissenschaft und ohne Poesie! — ohne die Bücher, die unser einem eine so schöne und traute Gesellschaft sind! Ich will dem Fahnenflüchtigen nicht das herrliche Fach rühmen, das die Grundlage schaffen lehrt für alles Gedeihen der Menschheit und die Bedingung ist zu der erhabensten Erscheinung, die wir heutzutage vielleicht noch haben können — zum wahren Staatsmann. Wer von dem, was hier geleistet ist, den Kern sich aneignet und den Beruf in sich fühlt, das Ueberkommene zu klären, zu ergänzen und anzuwenden zum Wohle des Volks, der hat ein vor Allen beneidenswerthes Loos. Doch davon will ich schweigen, um nicht am Ende gar in dem Abtrünnigen Reue zu erwecken und einen Rückfall zu veranlassen. Aber die Poeten will ich preisen und den deutschen Mann segnen, der die Druckerpresse erfunden hat! Die Architektur hat hier zu Ort nicht den Beweis abgelegt, daß sie eine Kunst ist, Schöpfungen der Malerei sind nicht hieher gedrungen, die musikalischen Aufführungen (abgesehen von den Leistungen eines Quartetts, das ich mit Vergnügen höre!) werden diejenigen, die sie veranstalten bei den Componisten verantworten, und das Schauspiel hat uns bis jetzt auch nicht einen vorübergehenden Besuch abgestattet — — welch ein Glück, daß die edlen Sänger uns überallhin folgen und wir sie allerorten genießen können in ihrer vollkommensten Reinheit! Diesen Vortheil, den der Poet hat und der Leser seinerseits wurde von mir früher gar nicht so gewürdigt; jetzt, in der Noth, bin ich zur Erkenntniß gelangt, und freue

mich der Allgegenwart eben derjenigen von den Künsten, die mir zur Erfrischung meines Wesens am unentbehr=
lichsten ist. Es lebe die Dichtkunst! — und mögen diejenigen alle Scham thatsächlicher Widerlegung erfah=
ren, welche behaupten, daß wir in Deutschland nichts Aechtes und Großes auf diesem Felde mehr zu erwarten haben! Es lebe das neue Opus — wie ich als gewiß voraussetze, ein Anfang zu dieser Beschämung der kriti=
schen Todtenvögel, der den Weg in die Oeffentlichkeit finden und vielleicht auch an ihren obscursten Punkt, nämlich zu mir gelangen wird! — Lassen wir nicht nach, lieber Poet, zu ringen, zu glauben und vorwärts=
zugehen; und wenn uns die Wirklichkeit manchmal gar zu niedrig und widrig ansieht, freuen wir uns, daß unser Geist das Ideal zu denken vermag, an dem wir uns immer wieder aufrichten können!" —

Die schöne Jahreszeit brachte in das Leben unsres Auscultanten eine bessernde Veränderung. Die Gegend war eine von denen, die bei aller Gewöhnlichkeit im Frühling anmuthig erscheinen, weil sie fruchtbar sind. Längere Spaziergänge, kleinere Ausflüge, die er unter=
nahm, erquickten ihm Leib und Seele und versetzten den Einsamen in eine Stimmung, deren Melancholie etwas Angenehmes, ja Behagliches hatte. In stillem Denken fühlte er sich Herr seiner Kräfte, die Verdrießlichkeiten des Lebens traten in die Ferne zurück, mit frohen Sin=

nen blickte er in die Welt und in die Zukunft. Etliche=
mal nahm er auch an den Particen Theil, welche von
der schönen Welt des Ortes unternommen wurden, und
unterhielt sich auf seine Weise ganz gut, nämlich als
Zuschauer und Zuhörer. Dieß war aber freilich nicht
die Rechnung derer, die ihn einluden, und hatte bald
seine Folgen. Ein Töchterlein seines Obern und die
junge Frau des ersten Assessors würdigten seine hübsche
Figur und hätten sehr gewünscht, er möchte in den
Vordergrund der Unterhaltung treten oder wenigstens
ihnen sagen, was sie gerne hörten. Dieß wäre nicht
etwas besonders Geistvolles und Witziges gewesen:
hätten die Reden nur einige tüchtige Körner Huldigung
enthalten, so durfte das Uebrige Spreu seyn. Aber
auch zu diesen billigen Leistungen konnte sich Otto nicht
verstehen, wie sehr er dazu herausgefordert war. Als
man endlich sah, daß man es mit einem Stock zu thun
habe, aus dem etwas zu machen keine Hoffnung sey,
gab man ihn auf und lud ihn nicht mehr ein. Er
war nun wieder einsam — wie er es auch nicht anders
verdiente.

„Tief und ernstlich denkende Menschen," sagt Goethe,
„haben gegen das Publikum einen bösen Stand." Er
meint zunächst Autoren; aber das Wort ist allgemein
gültig. Wer etwas Besonderes, Höheres erstrebt, kann
dieß nicht verbergen; die Aeußerungen davon sind den

Menschen jedoch in der Regel nur lästig. Gründliche und zusammenhängende Gedanken finden im Alltagsleben fast nie die Stimmung, in der sie gebührend aufgefaßt werden können, weil auch diejenigen, die fähig wären, sie zu würdigen, ja sich daran zu freuen, es selten über sich gewinnen, die erste Anstrengung auszuhalten. Wer sich nun doch verleiten läßt, dergleichen hie und da vor= zutragen, der erscheint als ein Mensch, der etwas Be= sonderes haben und mit seinem Wissen nur prunken wolle. Entbehrt er zugleich der Gabe, sich in der Unter= haltung auf das allgemeine Niveau zurückzustellen und dadurch den begangenen Fehler wieder gut zu machen, so wird er bald für eben so langweilig wie hochmüthig erklärt werden, und sich von den Kurzweiligen und Be= scheidenen gemieden, wo nicht gar verfolgt sehen.

Bei unserm Otto kam, um ihn zuletzt in diese Lage zu bringen, noch etwas hinzu: der Sinn für Gerechtig= keit, der ihm angeboren war. Er stand mit seinen Ueberzeugungen und Hoffnungen auf der liberalen Seite, und hier sich theoretisch festzumachen, um später in die Entwicklung thatkräftig miteinzugreifen, war sein Wille, sein Vorsatz. Aber jene leichtfertige Parteilichkeit, die auf Seiten der Gegenpartei nichts als Unverstand und bösen Willen, auf der eigenen eitel Vernunft und Tu= gend erblickt, dasselbe Wiederauftischen derselben Schmä= hungen und Berühmungen war ihm zuwider; er wurde dabei verlegen und ärgerlich; und ein paar Aeußerungen, womit er nicht ohne Leidenschaft diese Unart rügte, entzog ihm zuletzt auch das Zutrauen des freisinnigen Cirkels, den er hie und da noch besucht hatte. Der junge Assessor, der Auscultant, der Apotheker des Ortes und ein wohlhabender Bandwaarenhändler, der für das Haupt der Partei unter den Bürgern gelten konnte, erklärten ihn unter sich für einen Justemilianer, — für einen überspannten Kopf, der nicht wisse, was er wolle, aber doch wohl bald ganz in das Lager der Regierungsmänner übergehen werde, deren er sich schon jetzt so zärtlich annehme. Als er nach der zweiten und stärksten Aeußerung doch noch einmal wiederkam, fand er die Stimmung so antipathisch, die Mienen so argwöhnisch oder so spöttisch, daß er es für gerathen hielt, künftig wegzubleiben.

Im zweiten Winter seiner Praxis war es so weit gekommen, daß die beiden Parteien, wenn sie im Lokal der Ressource als Honoratioren und Menschen beisammensaßen, die Gegensätzlichkeit ihrer Ansichten ignorirend sich brüderlich in ihren Urtheilen über den absonderlichen Auscultanten einigten. Der Chef (auf den auch die Erfahrung seiner ältesten Tochter eingewirkt hatte!) und der junge Assessor kamen überein, daß dieser Herr von Ehrenfels zwar einiges Bücherwissen besitze, darauf indeß eine zwar stille, aber für jeden doch sehr merkbare übermäßige Einbildung gründe, womit gar nicht harmonire, daß er in seinen Arbeiten kein Geschick zeige und eher zurück als vorwärts komme.

Diese letzte Bemerkung war nicht ganz ungerecht. Otto mußte Lust und Liebe zur Sache haben, wenn ihm eine Arbeit gelingen sollte. In der ersten Zeit hatte seine Thätigkeit, als erste praktische, für ihn ein Interesse; er brachte das Vorgelegte gern ins Reine und erlangte schnell darin eine gewisse Fertigkeit. Nach und nach aber verloren die Arbeiten für ihn den Reiz. Es waren im Grunde dieselben Fälle, die an ihn kamen; Modifikationen, die Andern als etwas Neues erscheinen mochten, in denen aber er, der auf's Wesentliche sah und den Geist vorwärts gerichtet hatte, nur leidige Wiederholungen erblickte. Wozu ihm die Praxis hauptsächlich dienen sollte, dazu hatte sie ihm nach einer gewissen Zeit gedient. Er hatte das Volk, sein Thun und Treiben, seine moralische Cultur und seine Bedürfnisse zugleich mit der Art kennen gelernt, wie es regiert wurde. Gegen diese hatte er gar manches einzuwenden, konnte aber natürlich nicht die geringste Aenderung beantragen wollen, sondern mußte nach den Grundsätzen, die er verurtheilte, selber verfahren. Wenn er zu milde war, sorgte man für die gehörige Rectifikation und tadelte ihn in einer Weise, die ihm nicht gefallen konnte. Die Thätigkeit in der Amtsstube begann endlich ihre verdrießliche Seite gegen ihn herauszukehren. Er zeigte sich in der That öfters zerstreut und minder gewandt, als ein halbes Jahr zuvor. Während er im ersten Eifer sich schnell zurechtgefunden und ausgezeichnet hatte, mußte er sich jetzt von seinem Collegen, der in der Routine fortgeschritten war, geradezu überholt sehen.

Zur praktischen Thätigkeit, zum treuen Beharren in ihr, gehört eine stetige Liebe zu der Pflicht des Tages, ein Interesse am Gewöhnlichen, sofern es Erledigung heischt, und überdieß eine gute Laune, ein Talent, mit dem wirklich Unangenehmen durch humoristische Verurtheilung sich abzufinden — Gaben, die Otto sammt und sonders nicht besaß. Das wirkliche Leben hat eine Sprödigkeit, eine Langsamkeit der Entwicklung, eine stete Wiederkehr derselben kleinen Conflicte, die gewisse Naturen unerträglich finden müssen. Wer Ideen hat — oder auch nur zu haben glaubt — über die Verbesserung der wirklichen Zustände durch eine bessere Methode ihrer Behandlung, dem muß das Verfahren nach der herkömmlichen, der er die Schuld des ewigen Drehens im Kreise beimißt, zur Pein werden. Im Denken, in der Wissenschaft ist er frei; hier kann er das, was er für das Bessere hält, wenigstens aussprechen, mit Gründen stützen, ans Herz legen und, wenn es auch vorläufig keine Geltung erlangt, sich weiden an seinem idealen Bestande, während die Hoffnung, daß mit der Zeit doch etwas davon in die Geister werde bringen müssen, sein Herz erhebt. Daß eine solche Natur dem Leben, wie es nun eben ist, seine Neigung entzieht, die Praxis, die ihr nicht mehr genügt, hauptsächlich unter dem Gesichts= punkte des Schlendrians ansieht und sich zur Wissen= schaft zurücksehnt, wie zu einer entrissenen Geliebten, das wird man begreiflich finden. Otto widmete im zweiten Winter seine Mußestunden fast ganz den Bü= chern und dem Aufzeichnen seiner Gedanken, die, wie man nicht überraschend finden wird, auf eine Verstän= digung der Parteien, auf eine gerechte Vergleichung des historischen Rechts und des Naturrechts, auf eine Ver= söhnung der Vernunft und der Erfahrung in seinem Fache hinausliefen. Die Leistungen der Vergangenheit im eignen productiven Denken zu benutzen zur Befrie= digung der gerechten Forderungen, welche Gegenwart und Zukunft stellen, dieß wurde sein ausgesprochenes Bestreben, und er glaubte eben in dieser Richtung frucht= bare, wahrhaft fördernde Ideen zu haben. Wenn er nun seinen Rückgang im Büreau am Ende selber nicht läugnen konnte, so durfte er sich doch trösten, daß er durch den Fortgang im Studirzimmer wieder aufge= wogen wurde.

In der Mitte des Winters kam wieder ein Schreiben vom Poeten an. Die Stimmung, die es dictirt hatte, war die heiterste; der Inhalt seine ersten Erfahrungen im geschäftlichen Theile seines Metiers und sein erster Erfolg, eigentlich Vorerfolg. Nachdem er die fertige Dichtung, in Folge scharfer Kritik eines befreundeten Kenners, nochmal durchgearbeitet hatte, suchte er nämlich einen Verleger. Zweie von der Gilde sandten ihm auf seine ausführlichen Empfehlungsschreiben, deren appetit=erregende Wirkung er für unfehlbar gehalten hatte, kurze, trockene Antworten, wovon der eigentliche Sinn in den zwei bekannten, deutsche Autoren so übel an=blickenden Worten „dankbar abgelehnt" enthalten war. Den Unmuth, den er hierüber empfand, verrauchen las=send (was bei ihm glücklicherweise nicht lange dauerte) und zuletzt an dem Gedanken sich labend, daß bei der sechsten Auflage für beide Herren die Reue zu spät kommen würde, versuchte er sein Glück persönlich und mündlich zum drittenmal — und es gelang. Honorar bekam er zunächst allerdings nicht; allein eine elegante Ausstattung war bedungen, und für die zweite Auflage sogar ein nicht zu verachtender Ehrensold. Da zwei Dichtungen, denen die seinige bedeutend ähnlich war, eine Reihe von Auflagen erlebt hatten, so zweifelte er nicht, daß das Publikum auch im gegenwärtigen Fall eine liebenswürdige Begehrlichkeit an den Tag legen werde. Demnächst sollte der Druck beginnen, und so=bald er beendet sey, ein Exemplar an den Freund abgehen.

Am Schlusse des ungefähr in diesem Ton gehaltenen Briefs machte der Autor noch eine Schwenkung in den Ernst. Er bekenne, daß sein Opus eigentlich nicht enthalte, was ihn im Innersten bewege und am höchsten interessire. Es sey freilich auch ein Stück Leben von ihm, und eben weil das Süjet zu den einfachen gehöre, glaube er es bewältigt zu haben. Sey er aber damit glücklich, so wolle er nach dem bescheidenen guten Anfang sich Mühe geben, das Tiefere und Gewichtigere nachzuliefern.

Auf Otto machte diese Epistel einen sehr angenehmen Eindruck. Er lachte über den Humor, womit der Musensohn die Mißhelligkeiten des Daseyns beseitigte, und das Glücksgefühl bei dem kleinen Erfolg ins Uebertriebene malte. In den letzten Zeilen, obwohl sie für ihn etwas hochtrabend klangen, erkannte er mit Antheil die Zuversicht, die vor dem Verzagen schützt und eben da am nöthigsten ist, wo sie am wenigsten begründet erscheint.

Noch an demselben Abend ergriff er die Feder zur Antwort, und ihre Abfassung gewährte ihm die ganze Lust einer Herzensergießung. Er schrieb:

„Vor allem den herzlichsten Glückwunsch zum ersten Ausflug aus dem Nest, zur ersten Prüfung der befiederten Schwingen in der Luft der Oeffentlichkeit! Wenn auch die beiden dankbar Ablehnenden zunächst nicht so

tief beschämt werden, als auch ich es durchaus wün=
schenswerth fände, so ist's immer ein Anfang; und bei
dem gemüthlichen und frischen Ton, welchen ich dem
Poeten zutraue, könnten wir am Ende vielleicht doch
die zweite Auflage erreichen und zur Fortsetzung um so
muthiger werden. Aber einerlei! Nur immer angesetzt!
Gelänge die erste nicht und müßte man vom nächsten
Zweig wieder ins Nest zurück (was wir aber keines=
wegs glauben!), so wiederholt man die Flugprobe, und
endlich muß es glücken."

„In Ansehung der Fährlichkeiten, die einem deut=
schen Poeten gegenwärtig drohen — wegen Ueberführung
des Marktes und wegen Mehrung jener unfruchtbaren
Genossen, die ihre Erhöhung in der Erniedrigung An=
derer suchen! — habe ich freilich einen philisterhaften
Gedanken. Die Freiheit ist schön; aber die Vogelfrei=
heit — wie Friedrich Rückert in einem Gedichtchen so
hübsch zeigt — bedenklich. Unter allen Umständen ist
dem Sänger die Besetzung jenes Zweiges zu wünschen,
den man in der Sprache des gemeinen Lebens den Nah=
rungszweig zu nennen pflegt, wie derselbe Poet in seinem
reizenden Liebesfrühling anmerkt. Also neben der Dicht=
kunst die Wissenschaft nicht vernachlässigt, mit der ja,
wie wir zusammen ausgemacht haben, ihre schöne, aber
zuweilen auch etwas leichte Schwester ohnehin jetzt in
einen engern Bund treten muß — und methodisch auf

das Katheder losgesteuert! Zwar hat Platen recht, wenn er singt:

Keiner gehe, wenn er einen Lorbeer tragen will davon,
Morgens zur Kanzlei mit Akten, Abends auf den Helikon.

Gott weiß, wie sehr! — Aber eine oder zwei Stunden des Tags empfänglicher Jugend vorsagen, was man für wahr, schön und edel hält, das verträgt sich mit der Dichtkunst, nährt den Geist und nebenbei auch den Leib des Poeten!"

„Du siehst, daß ich mich in der schönen Literatur nicht auf das Studium der großen Todten beschränke. Ich habe mir zu meinem Uhland noch Rückert und Platen angeschafft, und damit will ich mir einstweilen genügen lassen, bis der angekündigte neue Poet auftritt und mein Bücherbret je mit einem Bändchen das Jahr bereichert."

„Von mir, du Glücklicher, des Umgangs mit dem Haupt der Götter Gewürdigter, kann ich dir nicht viel Tröstliches melden. Das Beste ist noch, daß ich in meiner Wissenschaft vorwärts komme, obwohl auch dieß nicht so, wie's in meinen Jahren geschehen sollte. Mein sonstiges Thun und Treiben heißt aber sehr wenig und fängt an, mir ernstlich zu mißfallen. Manchmal kommt's mir vor, als ob ich gar kein Talent weder zur Verwaltungspraxis noch zum Umgang mit den Menschen hätte. Nicht Einer, der mich hier verstände und mit dem ich ein vertrautes Wort reden könnte! Die Unterhaltung dreht sich um Lappalien des Tages, ja des Moments, wobei die Späße, die man zu machen sucht, nicht vom besten Geschmack sind; die Parteien — natürlich jede für sich in ihrer Kneipe — kramen ihre Phrasen aus, und ein ernsthaftes Gespräch ist nirgends auf die Beine zu bringen. Doch — daß ich meinen Leuten nicht Unrecht thue — hie und da, wenn die Ersten der Stadt in dem Hauptlokal der Post beisammensitzen, streiten sie sich, wer größer sey, Schiller oder Goethe. Der Doktor und mein ehrenwerther Oberer legen ihre Lanzen ein für Goethe, der dem ersten wegen seiner Sachkenntniß in natürlichen Dingen, dem andern wegen seiner conservativen Denkweise gefällt; dagegen sprechen abwechselnd der Apotheker und der Oberlehrer mit Begeisterung über das Gefühl, die Reinheit und die Idealität Schillers, wobei sie fast geneigt wären, in Goethe nur einen Autor von kaltem Verstande zu sehen, der einen Hang zu unsittlichen Schilderungen habe. Nach einer Andeutung dieser Art erhob sich letzthin der erste Assessor, der seinerseits das Wohlgefallen des Chefs im Auge hat, und erklärte: ihm selbst habe auf dem Gymnasium Schiller besser gefallen, jetzt aber schätze er Goethe höher wegen der größern Lebenswahrheit, die in seinen Werken zu finden sey; worauf der Oberlehrer eine Andeutung von sich gab, die nahezu den Sinn hatte, daß man an Adel des Herzens und Fähigkeit des Urtheils nicht immer fortschreite, wenn man älter werde. Dreimal habe ich diesen Disput nun angehört, meinerseits horchend, stumm wie eine Bildsäule, und jedesmal sind die Parteien wörtlich bei ihren Ausdrücken und bei ihrer Meinung geblieben. Das letztemal hätte dich aber ein Spruch des Apothekers sehr in Harnisch gebracht! Er lautete nämlich dahin, daß es mit den deutschen Poeten dermalen zu Ende gehe; nach Schiller wären geringere gekommen, dann wieder geringere, und jetzt würde es mit den geringsten ganz aufhören. Ich traue dem Mann diese Ausdrücke nicht zu und vermuthe, daß er die Prophezeihung in irgend einem Blatte gelesen und darin seine Meinung gefunden hat. Aber so sind die Leute! Wenn ein begabter Mensch Gutes und Großes geleistet und sich endlich der dummen Welt entschwungen hat, dann ist er ihr ein treffliches Werkzeug, um Gegenwart und Zukunft damit todtzuschlagen!" —

„Mein lieber Freund, ich will dir ein Geheimniß verrathen: es taugt nicht Alles in diesem deutschen Vaterland! Das Volk ist gut, und mancher, der nach außen kleinlich ist, zeigt nach innen, gegen Familienglieder und Freunde, die schönsten menschlichen Seiten. Aber dabei darf es nicht bleiben! Wir müssen ein öffentliches Leben erhalten, große, gemeinschaftliche Interessen, und die bisherigen Ansätze dazu müssen endlich zum Durchbruch kommen. Das Ganze, das Vaterland, die Menschheit müssen wir ans Herz fassen und lieben lernen, wie die Familie; wir müssen eifern für ihr Wohl und uns weiden an ihrem Gedeihen. Die Presse muß frei die allgemeinen Angelegenheiten discutiren, die besten Köpfe müssen sich daran betheiligen, ihr Licht muß sich in jeden Winkel ergießen, die Nation durch sie ununterbrochen mit sich selber verkehren. Dann wird der Philister, der nur ein Herz hat für sich selbst und seine nächsten Angehörigen, zum Bürger und Menschen erhoben werden, neue Seiten des Volks werden zur Ausbildung gelangen, das Gespräch wird gehaltvoller und erquicklicher, und selbst die Kannegießerei mit ihren Gegenständen interessanter werden. Unser Herz muß erweitert werden wie unser Blick, zu den nächsten und eigenen Gütern müssen wir die fernern und allgemeinen gewinnen, dann werden auch unsre eigensten Besitzthümer erst die Weihe erhalten. Es ist eine elende Genugthuung, die Genugthuung eines Gedeihens, welches der Einzelne dem Ganzen absticht; und eine trügerische obendrein!"

„Bekannte Dinge! — wirst du sagen. Ja wohl! Aber laß sie mich wieder aussprechen; denn das Reden davon ist immer noch das Einzige, was uns gestattet ist!"

„Welche Kräfte, welche Tugenden liegen im deutschen

Volk! Welche Fähigkeiten sind schon ausgebildet, welche Arbeiten schon gelungen! Aber alles das ist doch nur Material, aus dem erst etwas gemacht werden muß — Steine zu dem Bau, den die Gegenwart entwirft und den die künftigen Geschlechter ausführen werden. — Unsre beiden Metiers, mein lieber Poet, sind nicht so verschieden, als es auf den ersten Anblick scheint. Du nimmst den Gehalt, den dir das Leben und dein Inneres bieten, und formst daraus die schöne Dichtung; wir nehmen den Stoff, den uns die gegebenen Zustände liefern, und suchen daraus die schöne Wirklichkeit zu bilden. Unser Ideal ist das freie, harmonische Leben des Volks, der Nation selber; und wenn wir das Beste nicht machen können, sondern dem freien Thun der Einzelnen überlassen müssen, so haben wir doch für die Basis zu sorgen, auf welcher das edelste Leben und Schaffen allein gedeihen kann: für die Sicherheit des Rechts, für Gesetze und Einrichtungen, die dem Stande der Cultur entsprechen und mit seiner Veränderung selber abzuändern sind. Die Staatskunst, die Regierungskunst ist ihrem höchsten Begriffe nach eine Kunst nicht im Sinne bloßer Geschicklichkeit oder Fertigkeit, sondern im eigentlichsten Sinn: ein schöpferisches Thun, welches das Material des Lebens zur lebendigen Schönheit auszuarbeiten — das Volk durch das richtige Maß von Gesetz und Freiheit in die Lage zu bringen hat, daß es sein Leben immer edler und harmonischer selber gestalten kann. Dieß ist unser wahres und letztes Ziel; und der ist kein Staatsmann, sondern nur ein geschicktes Werkzeug irgend einer Partei, der es nicht vor Augen hat und darauf hin das Steuer lenkt!"

„Wenn es uns nun freilich nicht ohne Weiteres gelingt, unsern Stoff dem Gedanken entsprechend auszuprägen, so sollen ja, wie verlautet, auch die Poeten dieß mit dem ihrigen erst nach und nach lernen! Darum keine skeptische Kritik, und Nachsicht für unsre einstweiligen Leistungen! Ihr könnt rascher zu eurem Ziele gelangen, weil ihr's euch leichter macht, — seid darum unsre Vorbilder und werdet's bleiben. Wir wollen euch frei benutzen, von euch profitiren — und ich erwarte, daß ich aus dem nächst einlaufenden Werke nicht nur Freude, sondern auch reichlich Belehrung schöpfen werde! — Leb' wohl und vergiß mich nicht!"

III.

Spannung und Zusammenstoss. Urtheile der Menschen. Der Musterhafte. Zwei Erfolge.

Ob ein junger Mann mit solchen Gedanken und Zielpunkten in einer Kleinstadt, unter einem Chef und mit Collegen, wie wir sie charakterisirt haben, sich wohl fühlen konnte, mögen Erfahrene beurtheilen. Eines Abends erwog Otto seine Lage ernstlich. Aushalten — Wegmelden — oder der Praxis überhaupt den Rücken kehren? — Er entschied sich nach reiflichem Bedenken für das Erste. Entschlossen wollte er einen neuen Anlauf nehmen, gewissenhaft arbeiten, dem System sich fügen, so weit es mit seiner Ehre verträglich war, und wenigstens das zweite Jahr hier zu Ende bringen. Speciell machte er mit sich aus, Geduld zu haben, so viel er aufbringen konnte, und kein anderes Glück zu wollen, als das in resignirter Pflichterfüllung liegt. — Alles dieß aus einem gewissen Stolz des Charakters,

und um der Mutter Freude zu machen, die eine ernſt=
liche Mahnung, gegründet auf die fortdauernden zuver=
ſichtlichen Erwartungen des Vaters, neuerdings an ihn
gerichtet hatte.

Geduld in neuer Fülle hatte unſer Auscultant von=
nöthen. Das Vertrauen ſeines Chefs und der herr=
ſchenden Partei war verſcherzt und hätte nur wieder
gewonnen werden können durch eine Sinnesänderung,
wie man ſie von ihm nicht erwarten durfte. Da zur
Ausführung der gebotenen Arbeiten die Luſt und Liebe
fehlte, ſo konnte ihm die bloße Gewiſſenhaftigkeit um ſo
weniger durchhelfen, als die Stimmung des berufenen
Kritikers nur völlig tadelloſe Leiſtungen hätten beſtehen
können — und die nicht immer! In einem Verhältniß,
wie es jetzt die Reſignation Otto's auf die Probe ſtellte,
iſt nicht nur die mit einem gewiſſen Accent ertheilte
Rüge verletzend und die mimiſche Andeutung der Ge=
ringſchätzung, ſondern auch die zuvor ertheilte Mahnung
und das Einſchärfen deſſen, was ſich für jeden nicht
ganz und gar bornirten Menſchen von ſelber verſteht.
Der dirigirende Beamte wandte beides an, nicht ohne
das Bewußtſeyn, daß er dem jungen Herrn damit wehe
thue, und mit bedeutender Genugthuung vor dem ſicht=
lichen Erfolg, wobei er ſich aber ſagte: ſo müſſe man's
derartigen Köpfen machen, und das wäre die einzige
Art, ſie vielleicht noch zurecht zu bringen. — Otto hatte

bei alledem noch das Vergnügen, in schadenfrohem Lächeln nicht nur die conservativen, sondern auch die liberalen Gesichter glänzen zu sehen, wenn sie zufällig anwesend waren.

Zwischen Geistern ähnlichen Schlags besteht ein Gemeingefühl, vermöge dessen sie gegen eine Persönlichkeit, die sich irgendwie von ihnen abhebt, instinktartig zusammenhalten. An wissenschaftlicher Bildung, an theoretischen Kenntnissen war Otto jedem seiner Fachgenossen im Amt überlegen; und dieß kam natürlich bei der einen und andern Gelegenheit auch zum Vorschein. Nun verband die gleichmäßige Eifersucht Alle gegen ihn, und jeder hatte ein besonderes Interesse, die Thatsache constatirt zu sehen, daß der „Gelehrte" praktisch ohne alles Geschick sey. Man theilte sich einzelne Züge mit, die durch Uebertreibung und Hinzudichtung schmackhaft gemacht waren, zuckte die Achsel und lachte und ergötzte sich herzlich an dem neuen Beweis: daß eben Büchermenschen im Leben nicht zu brauchen seyen. Specielle wissenschaftliche Kenntnisse war man geneigt nicht nur für werthlos zu halten, sondern für schädlich, da sie eine hohle Einbildung erzeugten, mit der man sich überall prostituire. Und dieser Mensch trage sich mit aparten Projecten über eine bessere Regierungsweise! „Solchen Herren wenn es nachginge," äußerte eines Tages der Chef zu dem conservativen und dem liberalen Assessor,

als sie zusammen das Büreau verließen, „die Wirth=
schaft möchte ich auch mit ansehen!" Und beide lächel=
ten mit gleichem Vergnügen ihre Beistimmung.

Die Gesinnung, die man gegen ihn hegte, konnte
Otto nicht verborgen bleiben, obwohl es ziemlich lange
dauerte, bevor er von ihrer eigenthümlichen Feindseligkeit
einen Begriff erhielt. Als ihm diese bei Gelegenheit
eines Conflikts mit einem Schreiber einmal klar wurde,
sah er wohl, daß er hier so ziemlich die Rolle eines
Geächteten spielte. Mit Mühe fand er die Ruhe wieder,
um unter kalter Beobachtung der Formen seine Arbeiten
fortzusetzen.

Die Tage des ausgehenden Winters wurden für ihn
eine tieföde Zeit. Wenn die Verstimmung des Herzens
einen gewissen Grad erreicht, ist auch die Erholung in
Lieblingsbeschäftigungen nicht mehr möglich. Zum Be=
fassen mit ernster Wissenschaft fehlte ihm der rechte
Schwung der Seele, und die Poeten waren sammt und
sonders gelesen, wiederholt gelesen. Aus der Gesellschaft
verbannt und außerdem gemahnt, an seine Gesundheit
zu denken, machte er täglich längere Spaziergänge, trotz
des Regens und Schmutzes. Er ging dieselben geh=
baren Wege wiederholt, erstieg dieselben Punkte, sah
dieselben dunkeln oder graugrünen Aecker und fahlen
Gründe und wurde von demselben laublosen Wald
angefröstelt.

Einmal, als er sich wieder dieses Vergnügen machte und seiner Lage sich bewußt ward, überkam ihn eine unwiderstehliche Traurigkeit. Die Zuversicht, die ihn sonst getragen hatte, verließ ihn; der Gedanke, daß er sich in seinem Vertrauen zu sich selbst, im Glauben an seine Bestimmung geirrt haben könnte, durchschauerte ihn. Die Zukunft erschien ihm trostlos. Er hatte keine Hoffnung, sich in seinem Beruf hervorzuthun, und also die Aussicht, mindestens zehn Jahre zu dienen, bevor er einen selbstständigen Posten erlangte. Und welch einer war dieß für einen Menschen seiner Gesinnung? Er sah eine Reihe von widerwärtigen Arbeiten, von beschä= menden Zumuthungen, von Angriffen auf seinen Cha= rakter, von Demüthigungen voraus. Wenn er von diesem Zukunftsbilde hinweggewendet die Augen wieder über die Gegend schweifen ließ, dann wußte er nicht, welcher Anblick abstoßender, entmuthigender sey. Die Verzweiflung wollte ihn anwandeln. Aber gegen ihr beginnendes Dröhnen erhob sich ein Geist des Trotzes, der ihm Ausdauer, entsagende Ausdauer gebot. Er wollte bleiben, dem Ungemach die Stirn bieten, und sehen, welche Prüfungen für ihn noch aufgespart wären. Müde, düster, aber entschlossen ging er nach Hause.

Der Frühling kam, und seiner lindernden Wirkung konnte das deutsche Gemüth auch dießmal nicht wider= stehen. Wie die Landschaft erfreulicher, so erschienen ihm die Menschen leiblicher, das Leben erträglicher. Auf dem Gericht trat überdieß eine Pause von Ruhe und ungestörter Erledigung der Geschäfte für ihn ein. Er konnte hoffen, das Aergste hinter sich zu haben, das schönere Halbjahr besser zu verleben und nach dem Bestehen der zweiten Prüfung mit dem Willen der Eltern in ein angenehmeres Verhältniß zu treten. — Der Feind, der dem jungen Mann nachzustellen und ihm keine Ruhe zu gönnen schien, machte jedoch seine Hoffnung zu Schanden.

Wir können nicht sagen, daß die Anlässe zu den Scenen, die ihn erwarteten, sehr bedeutend waren. Das erstemal handelte es sich um eine Tanzmusik. In einem Dorf, das an der Gränze des Gerichtsbezirks lag und erst vor anderthalb Jahren in Folge einer neuen Eintheilung zu diesem gekommen war, feierte man das Kirchweihfest altem Herkommen gemäß am ersten Sonntag des Mai. Dem gnädigen Herrn (wie ihn die Bauern zu nennen pflegten) war die Feier der Kirchweih an verschiedenen Tagen des Jahres überhaupt ein Dorn im Auge, und er hätte für dringend nöthig erachtet, daß man, einem Nachbarstaate folgend, alle Gemeinden des Landes dieses Fest nur an Einem und demselben Tag begehen ließe. Eine solche Verordnung existirte indeß nicht, und der Beamte mußte den Unfug jetzt noch dulden. Glücklicherweise setzte ihn ein jüngstes Ausschreiben der obersten Behörde in den Stand, das Vergnügen, welches er nicht hindern konnte, wenigstens tüchtig zu beschneiden. Angewiesen, vor allem die Sittlichkeit des Volks im Auge zu behalten und die Gelegenheiten zu Ausschweifungen thunlichst zu entfernen, ertheilte er dem Wirth, der um die Erlaubniß zur Abhaltung der Tanzmusik einkam, dieselbe mit dem Bemerken, daß zwei Stunden vor Mitternacht Alles vorbei seyn müsse. Der ländliche Gastgeber wendete bescheiden ein, daß es voriges Jahr bis Morgens zwei Uhr hätte dauern dürfen; und als der Chef sich darauf zu besinnen schien, erlaubte sich der eben anwesende Otto dieß zu bestätigen. Der Wirth führte noch an, daß bei ihm alles in der Ordnung abgehe und Jahrelang keine Prügelei vorgekommen sey; der strenge Herr war jedoch entschlossen. „Bis zehn Uhr, und keine Minute weiter," entschied er. Der Wirth mit dem dahin lautenden Zettel entfernte sich.

Während Otto seine Arbeit vorlegte, wollte der Beamte die Gelegenheit benutzen, dem jungen, sich so weise dünkenden Vetter wieder etwas zu Gemüthe zu führen. Er sagte mit Ernst: „Das Landvolk wird fortwährend vergnügungssüchtiger und macht Ausgaben, die seine Kräfte übersteigen. Man muß ihm die Anlässe dazu nach Möglichkeit benehmen!" — Otto, zu einer Erwiderung herausgefordert, bemerkte: „Ich fürchte nur, dießmal wird die Maßregel ihren Zweck nicht erreichen!"

— „Wie so?" fragte der Chef mit dem Ausdruck des Nichtverstehens. — „Die Bauern werden sich an die Stunde nicht kehren und bleiben, so lang es ihnen beliebt." — Der Beamte sah ihn mit Unmuth an. „Wie können Sie glauben, daß sie einen Befehl von mir nicht respektiren werden?" — „Zum wenigsten," versetzte Otto, „haben sie voriges Jahr eigenmächtig noch zwei Stunden hinzugefügt und erst nach vier Uhr das Wirthshaus verlassen. Ich weiß es von einem Stadtkind, das mit ihnen aushielt." — „So unverschämt, so liederlich sind diese Kerle?" — „Verzeihen Sie," erwiderte Otto bescheiden, „das kann ich nicht finden. Die Leute haben früher zu diesem Fest eine Freinacht gehabt, und wollen sich nach altem Brauch das einemal am Vergnügen sättigen. Das ist die Art des Bauers. Nicht oft will er sich erlustigen; aber wenn es geschieht, muß es gründlich seyn. Ein tüchtiger Schlaf die Nacht darauf macht Alles wieder gut; das weiß er und sieht nicht ein, warum er sich in der Freude Einhalt thun soll, wenn er einmal daran ist. Ist es mir erlaubt, eine Meinung zu äußern, so glaube ich, daß man dem Landvolk dieses Fest ganz freigeben müßte; um so mehr als die Vorschriften, wodurch man es einzuschränken sucht, doch nicht befolgt werden."

Auf dem Gesicht des Chefs hatte sich eine bedeutende Wolke gelagert; mit scharfem Ton und entsprechendem

Blick des Auges erwiderte er: „Herr Auscultant, Sie reden, wie Sie's verstehen! Diese alten Bräuche sind Mißbräuche, die wir abstellen müssen. Ordnung zu machen, das Volk zum Fleiß, zur Sparsamkeit, zur Moralität anzuhalten, ja zu nöthigen, das ist die Pflicht der Regierung! Wie kommt denn ihr Herren, die ihr immer von Fortschritt redet, zu dieser zärtlichen Eingenommenheit für hergebrachten Unfug? Fortschreiten muß das Volk und der Bauer auch; aber fortschreiten, wie sie sollen, werden die Lümmel nur unter strenger Aufsicht. Die Unterthanen in der Zucht zu halten, daß endlich auch der uncultivirteste Kerl ein gesitteter Mensch wird, das ist unsre Aufgabe! Wenn wir sie gewissenhaft erfüllen, dann gedeiht der Staat, und wenn wir sie vernachlässigen, dann geht er zu Grund. Sie glauben, daß die Kerle die Vorschrift, die ich gegeben habe, nicht achten werden? Gehen Sie selbst hin und sehen Sie, was geschehen wird! —

Der gewissenhafte Beamte sorgte dafür, daß eine ungewöhnliche Zahl von Wächtern der öffentlichen Sicherheit bei dem Kirchweihtanz anwesend war. Punkt zehn Uhr erklärte der Anführer die Lustbarkeit für geschlossen und forderte die Gäste in befehlendem Ton auf, nach Hause zu gehen. Die jungen Bursche, nicht mehr ganz nüchtern, wurden grimmig, schimpften, widersetzten sich, standen zusammen und drängten die bewaffnete Macht zum Hause hinaus.

Als dieser Ausgang dem gnädigen Herrn gemeldet wurde, gerieth er in große Wuth. Er leitete augenblicklich die strengste Untersuchung ein, und diese endete natürlich damit, daß über die Delinquenten die empfindlichsten Strafen verhängt wurden. Das Dorf, das seine Jugend auf's übelste behandelt sah, erging sich dafür in den gröbsten Schmähungen wider den Urheber.

Der Oberbeamte, nachdem Alles gründlich beigelegt war, triumphirte gleichwohl. Als er sich mit Otto an einem der folgenden Tage allein befand, konnte er sich nicht enthalten, auf die Vereinigung dieser Angelegenheit zurückzukommen. „Nun," begann er mit einem eigenen Ausdruck, halb eitel, halb schadenfroh, „jetzt haben wir die Bestien Mores gelehrt? Es ist mir ordentlich lieb, daß sie den Streit angefangen haben — sie hätten mir keinen größern Gefallen thun können! Das nächste Jahr werden sie nach Hause gehen, wann ich's befehle!"

Otto, den das ganze Verfahren tief angewidert hatte, wagte zu sagen: „Das kommt doch darauf an! Die Leute sind auf's Höchste gereizt — vielleicht trotzen sie noch einmal!" — „Dann," entgegnete der Obere, „werden sie's noch empfindlicher büßen müssen. Sie sollen gehorchen, und wenn sie darüber zu Grunde gingen!"

— „Fiat justitia, pereat mundus!" bemerkte Otto mit einem gewissen Lächeln. — „Ein Dorf," entgegnete der Chef, „ist noch lange nicht die Welt, und so weit kommt's nicht. Der Bauer fürchtet die Strafe und fügt sich." Nach kurzem Innehalten setzte er mit Würde hinzu: „Das ist die Art, das Volk zu behandeln. Die Autorität muß Recht behalten; und wenn sie zuletzt ihren Willen durchsetzt und Ordnung macht, ist Alles zufrieden."
— Otto, durch dieses Pochen auf Herbeiführung eines immerhin odiösen Handels innerlich aufgebracht, erwiderte: „Von meinem Standpunkt möchte man freilich sagen, es wäre besser gewesen, die Leute mit der Einschränkung ihres Tanzvergnügens gar nicht zu behelligen. Der Bauer hätte sein unschädliches Pläsir gehabt, der Friede wäre nicht gestört worden, und statt der Verwünschungen und Lästerungen, die jetzt, wie ich höre, das Dorf erfüllen, würden die Leute von dem Amt nur das Beste, jedenfalls nichts Uebles reden."

Die Wahrheit, die in dieser Entgegnung lag, verletzte den strengen Herrn tief. „Um den Dank und den Beifall des Pöbels," rief er, „hat sich der gewissenhafte Beamte den Teufel zu kümmern! Fürchten soll man ihn und thun, was er befiehlt! Ein Richter und Polizeichef, der vom Pöbel gelobt wird, taugt nichts; denn wenn er seine Pflicht erfüllt, wird er geschimpft. Ihr jungen Herren seid Phantasten! Ihr würdet die Leute

so viel selbst regieren lassen, bis sie endlich sagten: wir brau=
chen überhaupt keine Regierung mehr!" — Als Otto sich
anschickte, diese Insinuation zurückzuweisen, setzte der Herr
mit allem Nachdruck hinzu: „Genug jetzt! Ich kenne Sie!"

Das Haupt der Justiz und der Verwaltung machte
sich's unter Anderem zur Ehrensache, den Bettel in seinem
Bereich völlig auszurotten. Da dieser Zweck löblich war,
so verfolgte er ihn mit der größten Ungeduld und hielt
alle Mittel für gut, die ihn bald zu dem Punkte füh=
ren konnten, wo der Minister sagen würde: „In dem
Bezirk *** gibt es keinen Bettel mehr: der Gerichtsvor=
stand kann allen übrigen zum Muster dienen." Bald
nach dem Erlaß der Specialverordnung hatte er gegen
die Zuwiderhandelnden und Aufgegriffenen diejenige Strafe
angewendet, die er für die wirksamste hielt; nach etwelchen
Executionen wurde längere Zeit niemand mehr eingebracht,
weil die Leute sich vorsahen oder Glück hatten, und der
Beamte konnte sich sagen, daß ihm das Werk schon so
ziemlich gelungen sey. Da begegnete es ihm, daß er
eines Nachmittags, als er vor dem Thor spazieren ging
— er selber! — von einem Handwerksburschen um
einen Zehrpfennig angegangen wurde! Der hübsche
junge Mensch, ein Tischler, hielt ihn für einen wohl=
habenden Bürger und motivirte seine Bitte durch den
Umstand, daß er eben lange Zeit keine Arbeit gefunden
habe und ihm das Geld ausgegangen sey), so gutmüthig

und zugleich so artig, daß jeder Andere ein menschliches Rühren gefühlt und einmal Gnade für Recht hätte ergehen lassen. Unserm Todfeinde des Bettels konnte man das aber nicht zumuthen. Er sah in dem armen Burschen, der von dem Gerichtsvorstand selber eine Gabe zu heischen vermochte, den frechsten aller Menschen, warf ihm einen grimmigen Blick zu, und ließ ihn von einem in der Nähe befindlichen Gerichtsdiener stracks auf's Amt schaffen. Dorten selbst angelangt hielt er dem Frevler das non plus ultra von Unverschämtheit vor, ihn selber anzubetteln, ließ keine Entschuldigung gelten und sprach erbarmungslos die Strafe aus. Der Bursch, der Ehrgefühl besaß, fuhr zusammen, als er hörte, was ihm geschehen sollte, und rief mit halb flehendem, halb indignirtem Ton: „Das werden Sie mir nicht thun — das kann nicht seyn!" — „Was," schrie der Vertreter der Gerechtigkeit, „du bist nicht zufrieden? Du mokirst dich noch? — Du sollst fünfe mehr haben!" — Die Execution wurde arrangirt und der Bursch mußte die Schläge in Empfang nehmen.

Otto kam just dazu, als der Gezüchtigte wieder auf seinen Beinen stand. Er sah den jungen Menschen zittern und mit glühenden Wangen, in den Augen die Thränen der Wuth, sich zum Abmarsch bereiten. Auf den ersten Blick erkannte er den wackern, auf sich selbst etwas haltenden Burschen, der sich durch die entehrende

Strafe für geschändet hielt, und, erklärtester Gegner solcher Justiz ohnehin, konnte er sich nicht versagen, mit einem Ausdruck des Abscheus vorüberzugehen. Der Chef, der in diesem besondern Fall die Vollstreckung selbst überwacht hatte, nahm die Miene wahr, folgte dem in sein Zimmer Abgehenden mit einem Blick tiefen Argwohns und ließ ihn, als er wieder in seinem Kabinet war, zu sich rufen.

„Herr von Ehrenfels," begann er mit großer Strenge, ich muß ein ernstliches Wort mit Ihnen reden. Wie konnten Sie sich so eben unterstehen, eine Miene zu machen, aus der Jeder die vollkommenste Mißbilligung einer Amtshandlung herauslesen mußte?"

Otto war nicht leicht gereizt und vermochte namentlich in Dingen, die ihn persönlich angingen, mehr zu ertragen als mancher Andere; aber methodisches, mit Prätension auftretendes Unrecht, die summa injuria als summum jus, konnte ihn außer sich bringen. Durch den richterlichen Accent der Frage und durch den Ausdruck entrüsteten Vorwurfs auf dem Gesicht des Fragers in eine Stimmung versetzt, in der man keine Rücksicht mehr nimmt, versetzte er: „Weil ich diese Strafe unter allen Umständen für eine Barbarei halte — für eine doppelte und dreifache aber, wenn sie gegen einen Menschen gerichtet wird, dem jeder die Ehrenhaftigkeit ansehen muß und der sich offenbar nur in der Noth ein

Vergehen zu Schulden kommen ließ, das, mit der Strafe verglichen, gar nichts ist!"

Der Chef, durch die Entschiedenheit dieses Urtheils getroffen, durch die Anmaßung des Auscultanten, der ihm so etwas in's Gesicht zu sagen wagte, ordentlich bestürzt, schwieg einen Moment. Bei allem Glauben an sein politisches Dogma hatte er doch eine Ahnung davon, daß auch für die gegentheilige Ansicht Gründe sprachen, und vor allem drängte es ihn jetzt, sie in ihrer Nullität hinzustellen. „Diese Zärtlichkeit," versetzte er mit der Miene geringschätzigen Unmuths, „paßt für sentimentale Frauenzimmer und Poeten, nicht für Männer, die Recht sprechen und das Volk regieren sollen. Vagabunden, die dem Verbote zum Trotz betteln, sind nicht ehrenhaft und haben noch weniger Ehrgefühl; ihnen ist die körperliche Züchtigung gesund, denn aus allem Andern machen sie sich nichts. Der Bettel ist ein Schandfleck, der beseitigt werden muß; das kann man aber nur durch rücksichtslose Consequenz, nicht durch die armselige Schwäche, die sich von einem flennenden Handwerksburschen das Herz weich machen läßt!"

Otto, der das, was er für wahrhaft gerecht und human hielt, auf diese Art mit Verachtung behandelt sah, und in dem ein Gefühl sich zu regen begann, daß der Moment einer Entscheidung gekommen sey, entgegnete hierauf mit aller Energie der Indignation: „Die körperliche Züchtigung ist ein Mittel roher Zeiten und roher Zustände; wer ohne sie nicht regieren kann, der beweist, daß er um einige Jahrhunderte zu spät auf die Welt gekommen ist, und stellt seiner eigenen Bildung ein testimonium paupertatis aus. Den erwachsenen Menschen heutzutage prügeln lassen, heißt ihn ehrlos machen und zum Handeln eines Ehrlosen selber hindrängen. Culturzeiten haben andre Mittel, Ordnung zu machen, als barbarische Jahrhunderte, und wenn die bestehenden nicht ausreichen, so denke man auf neue! Aber dazu braucht man freilich Geist und Ideen! Und wo diese fehlen, da schwört man lieber zu der rücksichtslosen Consequenz, die sich der Prüfung und Unterscheidung im Einzelnen überhebt, um blind auf dem eingeschlagenen Weg fortzugehen. Das ist das rechte Ideal der Gedankenlosigkeit, der Herzlosigkeit und der regierenden Schulmeisterei!"

Der Chef hatte diese geschlossene Erwiderung, bei der Otto freilich den Untergebenen vollkommen bei Seite setzte und dem jugendlichen Kämpen der Wissenschaft das Wort allein ließ, mit Erstaunen und wallendem Ingrimm vernommen. Vor Otto hintretend entgegnete er mit bebenden Lippen: „Ich habe Sie bisher für einen phantastischen Thoren und ungeschickten Arbeiter gehalten; jetzt aber seh' ich, daß ich es mit einem Menschen zu thun habe, der die Unverschämtheit selbst ist. Wissen Sie, mit wem Sie reden?" —

Otto, durch diese Frage herausgereizt, erwiderte nach dem Bedürfniß seines Herzens: „Ja wohl weiß ich's. Mit einem von jenen Despoten, welche die Menschen zu Maschinen machen wollen, um sie handhaben zu können nach ihrem Belieben! Mit dem Vertreter einer Gesinnung, die ich für gemeinschädlich, für verwerflich halte, die ich zu bekämpfen auf der Welt bin, und die ich bekämpfen werde — — aber allerdings nicht hier, wo Sie zu befehlen haben!"

Die letzten mit verachtend ironischer Höflichkeit gesprochenen Worte brachten die Wuth des Beamten zum Ueberlaufen. „Gehen Sie," rief er auf die Thüre weisend. „Was ich Ihnen sonst noch zu sagen habe, werde ich Ihnen zu wissen thun! — Gehen Sie!"

Der junge Mann, mit einem Gefühl der Freude, daß es nun aus und die Fessel abgeworfen sey, machte eine tiefe Verbeugung, öffnete die Thüre und schritt nicht ohne sichtlichen Stolz durch die Vorstube, die er nie mehr zu betreten gedachte. Zwei darin befindliche Herren, die den Lärm gehört hatten, sahen sich curios lächend an und zuckten die Achseln.

Otto ging nach Hause. Auf dem Wege hatte er einen Entschluß gefaßt. Er wollte ausscheiden — nicht nur aus dem Verhältniß zum hiesigen Gericht, sondern aus dem Verbande der Beamten überhaupt. Im stillen Gemach ruhig geworden, überdachte er seine ganze Lage. Der Kampf mit der Wirklichkeit erschien ihm zu schwer, er konnte ihn nicht mehr fortführen. Das System der Landesverwaltung stand fest, eine Aenderung war nicht abzusehen, — und was hatte er im Verfolg seiner Laufbahn so für eine Aussicht? Den herrschenden Grundsätzen, die er innerlich verwarf, Organ zu seyn — in widerstrebenden Arbeiten sich abzumühen und zu verkümmern! Thorheit, bei dem Streben seiner Seele und bei seinem Charakter auf Glück — auf die Möglichkeit zu hoffen, seinen Ideen praktische Geltung zu verschaffen! Geister wie er kamen nicht empor, sie hielt die Welt nieder, denn in der Niedrigkeit wurden sie unschädlich gemacht. Oben zu stehen, zu leiten nach edlern, humanern — befreienden Grundsätzen, dazu war er geboren, dazu hatte er den Willen und traute sich die Fähigkeit zu! Aber welche Schwachheit, zu glauben, daß er auf diesem Wege je dazu gelangen werde! Was ihn erheben sollte — der Wille des Bessern — das war bei dem herrschenden Geist eben der Grund, ihn hinabzudrücken. Das vergebliche Ringen mit der Allmacht der großen Maschine, das unvermeidliche Schicksal, in ihr mit ohnmächtigem Knirschen selber ein Rad umtreiben zu müssen, stellte sich ihm als Höllenpein dar.

Wie lockend erschien ihm dagegen die Wissenschaft,

das Leben eines Gelehrten, die Thätigkeit eines Docenten! Zu forschen, zu denken und das als wahr und gut Erkannte auszusprechen in Wort und Schrift! Ungehindert vorwärts zu gehen in der Sphäre des Geistes, niemals einem Obern gegen besseres Wollen und Wissen gehorchen zu müssen, und den Samen der Bildung auszustreuen in die Herzen unverdorbener Jugend! — Was sind gegen diese Freiheit, gegen diese schöne und geliebte Thätigkeit alle äußeren Erfolge, alle Ehren der Welt? Und eben der Wissenschaft selber und ihrer Lehre sich widmend konnte er hoffen, seine Ideen fruchtbar zu machen und eine ersprießliche Ordnung im Vaterlande, wenn nicht mitzugründen, so doch mit vorzubereiten. Seinem innersten Triebe that er genug, seine wahre Lebenspflicht erfüllte er — das Uebrige konnte er der Macht überlassen, welche den Geschicken der Nationen vorsteht.

Der Stolz entsagenden Ausharrens war in dem gegenwärtigen Fall eine Thorheit! Ihm kam es zu, die Kraft des Willens zu heilsamen Leistungen zu gebrauchen, nicht im Kampfe mit unheilbaren Gegnern zu verzehren; — diesen sterilen Ruhm sollten sich Andere erwerben, die zur Erlangung des Bessern keine Fähigkeit besaßen! — Der Wunsch des Vaters mußte seinen Gründen weichen. Der Fall, den dieser selber vorher bedacht, war eingetreten; er hatte, ihm zu gehorchen, die Probe ge=

macht, und sie war mißlungen. Nun mußte er zu rechter Zeit umkehren und ohne alle Zögerung auf die Studien sich werfen, im Vergleich zu deren Ausdehnung ein Menschenleben doch nur kurz und das Vermögen des Einzelnen gering erscheint.

Mit dem frohen Athemzuge der Entschlossenheit setzte er sich an den Pult und schrieb an seinen Vater. Er meldete, was ihm widerfahren, schilderte seine Stimmung und motivirte zuletzt seinen Vorsatz mit den Gründen, die auf den Verstand und das Herz des Empfängers wirken mußten. Seine Sprache war zugleich dringend und bittend, dem Vater die Entscheidung überlassend, aber auf's zuversichtlichste die Bestätigung erwartend. Die Trennung von dem hiesigen Amt war für ihn unwiderruflich geschehen, darum kündigte er sein baldigstes Erscheinen im elterlichen Hause an, wo er die Lage der Dinge weiter besprechen und den Vater gänzlich überzeugen zu können hoffte. — Vorsichtig trug er diesen Brief selber auf die Post und kehrte nach seiner Abgabe mit einer Heiterkeit zurück, die man lange nicht an ihm wahrgenommen.

Zu Hause fand er ein Schreiben von dem Oberbeamten, das eben eingegangen war. Er las es, und lächelte zufrieden.

Es war ein „vertrauliches" — nicht von dem Vorgesetzten, sondern von dem Verwandten. Eine Stunde

Ueberlegung, die Besprechung mit einer älteren Schwester, welche die Familienklugheit repräsentirte, hatte den beleidigten Herrn von dem ersten Entschluß abgebracht und ihm ein milderes Abthun der Sache räthlich erscheinen lassen. Demgemäß kündigte er dem jungen Mann an, daß er gegen ihn wegen seines höchst unziemlichen Benehmens strenge verfahren könnte und eigentlich sollte! — aber aus Rücksicht gegen seine Eltern wolle er Nachsicht üben. Der stattgehabte Auftritt solle ohne Folgen bleiben — ihm, einem gewissenhaften, von seinen Obern mit Anerkennung geehrten Beamten, könne es gleichgültig seyn, was ein überspannter Jüngling von ihm denke. Indessen werde er wohl daran thun, den Platz hier zu verlassen, da sein Benehmen im Allgemeinen bekannt geworden und das ganze Personal über ihn empört sey. Er rathe ihm, überhaupt eine andere Carriere einzuschlagen, denn zu einem tüchtigen Geschäftsmann fehlten ihm nicht weniger als alle Eigenschaften. In der Voraussetzung, daß sie einander nicht mehr sehen würden, nehme er die ordnungsmäßige Abbitte für empfangen an und wünsche ihm wohl zu leben.

Nachdem Otto diesen Brief zum zweitenmal gelesen, regte sich etwas wie Bedauern in ihm. Er sagte sich, daß der Mann es in seiner Art doch gut meine und sich eben reizen lasse, auf die Herrschaft loszukündigen wie so mancher Andere auch. Er erinnerte sich seiner

Ausdrücke, die einem älteren Herrn gegenüber stark
waren, und freute sich eine Gelegenheit zu haben, ihn
wieder einigermaßen zu begütigen. In der Antwort, die
er schrieb, erklärte er, daß ihm die stattgehabte Scene
herzlich leid thue, daß er die guten Absichten des Herrn
Chefs nie bezweifelt habe und ihm gegenwärtig für die
humane Beilegung der Sache von ganzer Seele danken
müsse. Bei der Unverträglichkeit ihrer Ueberzeugungen
habe er schon selber den Entschluß gefaßt, sich zurück=
zuziehen, und es sey ihm höchst angenehm, daß ihm die
Ausführung so großmüthig erleichtert werde. Den Rath
wegen Einschlagens einer andern Laufbahn hoffe er dank=
bar befolgen zu können.

Nach Absendung dieses Schreibens begann er sogleich
mit den Vorbereitungen des Abzugs; und am zweiten
Tage darauf sehen wir ihn auf dem Weg nach Hause.

Als er im Postwagen auf der sonnebeglänzten Straße
dahin und dem Ziele der Fahrt näher und näher rollte,
ward ihm doch eigen zu Muthe. In Otto lag ein Hang,
sich selbst zu richten, und in gewissen Stimmungen war
er strenger gegen sich als gegen Andere. Wie er nun
an dem schönen Sonnentag neben einem schlummernden
Gefährten an Feldern und Waldstücken vorüberfuhr, in
der Träumerei des Nichtsthuns, gingen an seiner Seele
die letzten Zeiten vorüber; und seltsam, ein Leben, das
in Wahrheit für ihn so wenig Angenehmes hatte, klei=

dete sich dem Gedenkenden in eine freundlichere Gestalt, die Menschen kamen ihm weniger schuldig vor, dagegen wollte es ihm bedünken, als ob er selber an den Eigenschaften, die zum Umgang mit Andern gehörten, eben keinen Ueberfluß besäße. Die Wahrnehmung, wie die Menschen das Leben sich verleiden und die Schuld davon auf alle sich vertheilt, — das Gefühl, wie unmöglich es ist, das eigentlich Rechte, über alle Anfechtung Erhabene zu thun und wahre Genugthuung zu finden, tauchte sein Gemüth in eine stille, tiefe Melancholie. Er dachte an seine Eltern, sah ihren Tadel voraus, sagte sich, daß er dem Vaterherzen die erste Betrübniß bereite, erkannte, daß er sie ihm trotz alles Leidwesens nicht ersparen könne, und sah mit Resignation den Raum zwischen sich und den Seinen kleiner und kleiner werden. Recht eigentlich mit banger Empfindung hörte er in der Nacht das Poltern des Wagens auf dem wohlbekannten Pflaster der Stadt.

Die Eltern begrüßten ihn mit ernsten Gesichtern. Als er mit ihnen allein im Zimmer war, sprach er mit aller Bescheidenheit sein herzliches Bedauern aus, dem Wunsche des Vaters nicht nachkommen zu können, und fragte den stumm Dasitzenden, ob er zu dem neuen Vorhaben seine Beistimmung gebe. „Ich muß es wohl," versetzte der alte Herr mit verdrossenem Ausdruck und merklicher Bitterkeit; „denn mit einem Widerwillen, wie

du ihn mir schilderst, kannst du im Dienst nie vorwärts=
kommen." Der Sohn drückte die unbewegliche Hand
des Vaters und rief „Ich danke dir! Der Verdruß,
den ich dir mit meinem Brief gemacht habe, — sehr
ungern, wie du mir glauben wirst! — soll der letzte
seyn!" — „Wird mich freuen," erwiderte der Alte. „Wer
steht mir aber gut dafür, daß dir nicht auch an der
Universität Unannehmlichkeiten zustoßen und dann auch
dieses Leben dir unerträglich vorkommen wird?" — Otto,
der aus diesen Worten die ganze Verstimmung des
Vaters erkannte, schwieg. Die Mutter, deren ernster
und halb strafender Ausdruck dem des Mitgefühls ge=
wichen war, sprach ihre Zuversicht aus, daß dieß nicht
seyn werde, und gab dem Gespräch durch eine häusliche
Frage eine andere Richtung.

Das zürnende Herz des in seiner Hoffnung betro=
genen Vaters war aber noch nicht gesättigt. Nach einer
Zeit des Schweigens und Vorsichhinsehens begann er:
„Dein Freund Eduard hat das Examen glänzend be=
standen und die erste Note mit Auszeichnung erhalten;
— hast du's erfahren?" — „Die Mutter," erwiderte
Otto, „hat mir's geschrieben." — „Gegenwärtig," fuhr
der Alte fort, „ist er Auscultant in **, und sein Vor=
stand kann gar nicht sagen, wie fleißig er ist und wie
gut er sich anläßt!" — „Das freut mich," versetzte
Otto mit ernstlicher Theilnahme. — „Sein Vater," be=

merkte der alte Herr nicht ohne Spott, „kann sich auch freuen!" — Ernst setzte er hinzu: „Es ist ein Glück, einen Sohn zu haben, der sich in's Leben zu schicken weiß, dem Lande zu nutzen und den Eltern Ehre zu machen verspricht."

Wie Otto sich überzeugte, daß seine Anwesenheit dem Vater nur zu Bemerkungen des Unmuths Anlaß gab, erklärte er sich für müde und begab sich in sein Zimmer.

Die Unannehmlichkeiten des jungen Mannes waren aber so schnell nicht vorbei. Als er an einem der folgenden Tage den Herrn Direktor besuchte, empfing ihn dieser mit einem Lächeln der Schadenfreude, das hinter der Maske freundlichen Ernstes, die er vornehmen wollte, siegreich durchbrach. „Ei, ei, Herr von Ehren=fels," bemerkte er nach der ersten Begrüßung, „Sie sind ein Abtrünniger? Ist's wirklich so?" — Otto erklärte, daß er eine Carriere einschlagen wolle, die seiner Nei=gung und seinen Fähigkeiten besser zusage. Der be=freundete Herr sah bedenklich für sich hin und entgeg=nete: „Sie hätten es doch mit der Praxis noch länger probiren sollen! In der Welt muß man etwas er=tragen lernen, und besonders junge Leute, die erst ihre Schule durchzumachen haben! Sie — verzeihen Sie einem alten Freunde diese Aufrichtigkeit! — wollen zu früh, daß es nach Ihrem Kopfe gehe!"

Auf diese Rede war es schwer, die richtige Antwort zu geben, und Otto sah daher gern, daß die Frau Direktorin in den Salon trat. Seine Lage wurde aber dadurch nicht besser. Derselbe Blick des Bewußtseyns, einen bessern Sohn zu haben, dieselben Fragen und Bedaurungen mit derselben theilnehmend boshaften Miene. Zu dem jetzigen Vorhaben meinte sie, er müsse das wohl am besten verstehen, und wünschte Glück mit einem Gesicht, das den Unglauben kaum zu verbergen suchte. Otto griff endlich zu dem Mittel, nach Eduard zu fragen und durch den Ausdruck seiner Freude über dessen berichtete Erfolge und das Bekenntniß großer Hoffnungen, die er auf den Jugendfreund setze, das Ehepaar menschlicher und höflicher zu stimmen. Nachdem er so gezeigt hatte, daß er doch auch etwas zu ertragen vermochte, empfahl er sich, indem er sich gelobte, dieses Haus so selten als möglich zu betreten.

Nicht viel besser erging es ihm bei andern Besuchen, die er zu machen gezwungen war. Er konnte überhaupt bemerken, daß man sich wenig vor ihm genirte, weil man eben wenig von ihm erwartete. Immer wieder die Lehre, daß man sich fügen müsse, in einer Weise vorgetragen, die jede Gegenbemerkung unnütz erscheinen ließ! Die Artigsten waren noch die, welche den Streit mit seinem Vorstand ernstlich bedauerten. Ein alter Hagestolz aber bemerkte zu dem Entschluß, Universitätslehrer zu werden, kopfschüttelnd, daß zu einem rechten Professor ganz ungewöhnliche Gaben gehörten, ließ merken, daß er dem Ex-Auscultanten diese ganz und gar nicht zutraue, und sprach endlich mit impertinenter Biederkeit den Wunsch aus, daß der junge Herr nie in eine Lage kommen möchte, wo er seinen Entschluß bereue!

Otto bekam in diesen Tagen eine üble Meinung von den Menschen. „Wie Wenige gibt es," sagte er sich, „die dem Kitzel, Unrecht zu thun und spottbillige Vortheile zu benutzen, widerstehen können! Ich sehe wohl, daß es den Leuten Bedürfniß ist und daß sie gar nicht wissen, was sie thun, wenn sie sich Unhöflichkeiten gestatten, da wo es ihnen ungefährlich erscheint. Aber das dünkt mich eben das Armselige!"

Mitten unter diesen nicht sehr tröstlichen Erlebnissen traf (aus der verlassenen Kleinstadt ihm nachgeschickt) eine Sendung von dem Poeten ein, das endlich vom Stapel gelassene Werk enthaltend. Otto las es mit größter Theilnahme, freute sich an den gelungenen, ächten Stellen, erkannte aber zu seinem Bedauern, daß das Ganze weder durch seinen Gehalt, noch durch die Form in die Reihe der Leistungen sich stellte, wie sie dem Publikum nachhaltiges Interesse abgewinnen. Er sah für den so muthigen Freund eine neue Enttäuschung voraus, fühlte die ganze Schwierigkeit seiner Laufbahn und konnte sich nicht enthalten, in seinem Antwort- und

Dankschreiben, unter warmer Anerkennung dessen, was ihm Freude gemacht hatte, das wahrscheinliche Loos der Dichtung wenigstens anzudeuten.

Die Erfahrungen, die er in der Gesellschaft machte, hatten das Gute, daß sie ihm die jetzt nothwendige Einsamkeit und den fast ausschließlichen Verkehr mit den Büchern doppelt wünschenswerth erscheinen ließen. Wenn er in seiner Stube saß, umgeben von Werken seines Fachs, fühlte er sich wie in einem Kloster — hinweggehoben über den Lärm des Säculums und sich weidend an der Stille, die er so schön auszufüllen vermochte. Studirend und producirend fühlte er: das ist mein Beruf — in dieser Stellung zum Leben findet mein Geist seine Befriedigung!

Die Menschen, wie sie gewöhnlich sind, haben keine Ahnung von dem Glück des wahren Lernens im consequenten Betreiben einer Wissenschaft; daher die traditionellen Reden von der Trockenheit gewisser Disciplinen, worüber die Beherrscher derselben nur lächeln können. Die Aufführung eines Baues von Erkenntnissen — die Begierde nach neuem Material, die Forderung der Organisation und die stete Befriedigung beider — alles das erweckt und nährt das lebendigste Interesse. Die fortgehende Bewältigung erregt das männliche Gefühl der Machtvollkommenheit, und die Wahrnehmung, daß immer noch unendlich viel zu thun übrig bleibt, erhält das

Verlangen und das Streben wach. Man gewinnt endlich die Ueberzeugung, daß man bei aller menschlichen Unzulänglichkeit jedenfalls **das** in die Hand bekomme, was die Bedürfnisse der Gegenwart zu stillen vermag; und dieß gibt endlich eine Genugthuung, ein Behagen, womit der Mann der Wissenschaft den Kämpfen, die ihm drohen, und den vorauszusehenden Unbilden des Lebens mit frohem, stolzem Muth entgegensieht.

Wochen, Monate schwanden dahin. Otto hatte seinem Vater beigebracht, daß er zur Promotion und Habilitation noch ein Jahr gründlicher Vorbereitung bedürfe, und der alte Herr ließ ihn gewähren. Durch ein von ihm provocirtes Schreiben des Gerichtsvor= standes und Vetters ermahnt, den Sohn ja Professor werden zu lassen, weil er zu den Geschäften, wie man sich nur allzusehr überzeugt habe, nicht die mindeste Geduld und auch kein Talent besitze — durch die An= schauung des Fleißes, den Otto zeigte, beruhigt und zu neuen Hoffnungen ermuthigt, war der ehrenwerthe Mann ganz zu seiner alten Freundlichkeit zurückgekehrt und machte dem Eigenwilligen höchstens noch scherzhafte Vorwürfe; das Vertrauen der Mutter hatte der Sohn in der ersten herzlichen Unterredung vollständig wieder gewonnen — und so des Friedens im Hause sich er= freuend konnte er die Anerkennung von außen entbehren und hie und da an ihn gelangende Widerlichkeiten un=

berührt zurückweisen. In der Meinung der Gesellschaft hatte ihn nun einmal der glückliche Eduard, der nach seiner Heimkehr aus Berlin und dem länger bereisten Norddeutschland als der unbestritten erste junge Mann des Ortes erschienen war, den Rang bei weitem abgelaufen! Otto konnte bemerken, daß einer und der andere den Jugendfreund gegen ihn nur zu dem Zwecke rühmte, um ihn verdrießlich zu machen. Dieser Erwartung entsprach er aber nicht, half den Gerühmten vielmehr mitrühmen, und es gelang ihm ein paarmal, denjenigen, der ihn hatte ärgern wollen, selber zu ärgern.

Im Beginn des Frühlings erschien Eduard auf Besuch bei seinen Eltern, und die alten Freunde sahen sich wieder. Die Begrüßung war herzlich, und die Unterhaltung im Austausch der bisherigen Erfahrungen bald sehr belebt. Als Mann von Welt lobte Eduard den Entschluß Otto's, verhieß ihm als Lehrer Glück und Succeß und ermangelte nicht, die unangenehmen Seiten der praktischen Thätigkeit auch von seiner Seite herauszukehren. Dabei konnte Otto freilich bemerken, daß die Reden des gewandten Freundes nicht wörtlich zu nehmen, daß er mit seiner Lage vielmehr ganz zufrieden sey und seine innersten Gedanken darauf richte, bald und erkleckich emporzukommen. Allein dieß gönnte er ihm, freute sich darüber, und sie schieden als die besten Freunde.

Der Sommer und ein Theil des Herbstes war dahingegangen, als in die Häuser der beiden Familien nach einander frohe Meldungen gelangten. Otto promovirte mit Ehren und wurde Privatdocent an der Landesuniversität. Eduard bestand die zweite Prüfung rühmlich wie die erste und kam als Regierungsreferendar in die Residenz.

IV.

Der ungewöhnliche Privatdocent. Eine Vorlesung. Erfolge und Folgen.

Otto richtete sich in der Universitätsstadt mit so behaglichen Empfindungen ein, wie er sie lange nicht gehabt. Endlich war er auf dem Wege, der ihm Genugthuung und Erfolg verhieß; und zu seiner innern Zufriedenheit kam noch der Genuß äußerer Achtung, die er sich durch den öffentlichen Erweis seiner Fähigkeiten erworben hatte. Er fühlte tief, wie wohlthuend es doch auch ist, gekannt und nach der Wahrheit angesehen zu seyn!

Die Wohnung, die er sich miethete, war klein, aber am Ende der Stadt angenehm gelegen, und er baute sich in ihr sein Nest mit dem Bewußtseyn, daß er sich auf längere Zeit seiner erfreuen würde. Bald war er rings von Büchern umgeben, die ihm ein Füllhorn waren voll der mannigfaltigsten Gaben und Genüsse.

Bei der Promotion und in der Dissertation, die er verfaßte, hatte er solide Kenntnisse und einen edlen, humanen Sinn gezeigt; die Professoren, die er nun besuchte, nahmen ihn nicht nur höflich, sondern mit allen Zeichen der Anerkennung auf. Da jener alte Herr, der ihm beim ersten Examen eine schlechte Note gegeben, das Zeitliche gesegnet hatte, so konnte er sich sagen, daß ihm die älteren Lehrer, zumal die seiner Fakultät, eben so viele Gönner waren.

Unter so guten Auspicien hielt er seine erste Vorlesung. Sie fiel glücklich aus. Freilich sprach er zu rasch und verzehrte das vorbereitete Material zu früh; auch konnte er die innere Befangenheit, wie sehr er dagegen ankämpfte, nicht ganz verbergen. Aber die noble Erscheinung gefiel den Studenten und der herzvolle Ton, die tiefe Wahrhaftigkeit, die sich in dem Vortrag kundgab, ermangelte nicht ihnen zu imponiren. Von der allerdings nicht großen Anzahl der ersten Hörer blieben ihm die meisten treu — und dieß war ein Erfolg, da das Collegium keines von denen war, die man hören mußte.

Otto, seinem innersten Drange gehorchend, hatte sich als Universitätslehrer eine bestimmte Aufgabe gestellt. Er schätzte die Specialisten, die mit eminenter Gründlichkeit vor allem eine der juristischen Disciplinen ausbilden, auf's höchste, fühlte sich selbst aber zu einer anderweitigen Thätigkeit berufen. Wenn jede Wissenschaft entweder mehr gelehrt oder mehr philosophisch betrieben werden kann, so gehörte unser Freund zu den Philosophirenden seines Fachs. Dabei hatte er praktische — politische und nationale Ziele vor Augen. Er wollte dazu beitragen, daß das öffentliche Leben im Vaterlande sich gedeihlicher gestalte, — unter der studirenden Jugend also nicht nur Kenntnisse verbreiten, sondern die Gesinnung erwecken, die zu ersprießlicher Mitwirkung unerläßlich ist, und für die Zwecke begeistern, die als Ideale vor seiner Seele standen. Alle Collegien, die er vorbereitete, waren nach diesem Absehen gewählt und behandelt; und das gelehrte Material zur Basis und zum Erweis der nach seiner Ueberzeugung heilsamsten Principien auszubeuten, eben der besondere Ruhm, den er erstrebte.

Sein erstes Collegium war darum schon ein ungewöhnliches: ein Ueberblick über die Entwicklung des Rechts und der Rechtswissenschaft, um schließlich die höchsten Aufgaben der letztern festzustellen. Da er Ideen hatte und mit ihnen den Stoff organisirte, so hielt er seine Zuhörer stets gespannt und wißbegierig: und am Ende des Semesters nahm er Abschied unter lauten Zeichen des Beifalls.

Die Leser werden nicht das Gefühl einer getäuschten Erwartung haben, wenn ich mich einer genauen Inhalts-

angabe der von Otto nach und nach gelesenen Collegien
enthalte. Eine allgemeine Charakteristik muß ich aber
doch versuchen, denn sie gehört zum Verständniß der
Schicksale, die zu berichten sind.

Je mehr der junge Docent sich übte und orientirte,
je mehr erkannte er, daß es bei seiner Wissenschaft, wie
bei den geistigen Thätigkeiten überhaupt, vor allem auf
den edeln Willen des Forschers, auf sein unbestochenes
Urtheil und seine Fähigkeit ankomme, das Ideal zu
denken. Welches sind die höchsten Ziele des politischen
Lebens — und welches die unverkennbaren Bedürfnisse
der Gegenwart? Die Beantwortung dieser Fragen gibt
dem Forscher den Maßstab zur gerechten Messung des
Ueberlieferten in die Hand, und sie zu erstreben ist
daher seine höchste Pflicht. Nachdem aber in neuerer
Zeit einseitige Ideale schon aufgestellt und als solche
erkannt worden sind, ist es dem reinen Willen und
dem gesunden Sinn um so leichter, die wahren und in
der That annähernd realisirbaren zu erkennen — eben
mit Hülfe des Ueberlieferten.

Geschichte und Philosophie in einer Gemeinschaft,
wobei die Rechte keiner gekränkt werden, — das sind
die Mittel des Fortschritts auch auf diesem Gebiete.
Der Fortschritt ist geboten aus allen Gründen; aber der
wünschenswertheste ist nur möglich auf Grund der ge=
recht beurtheilten Ueberlieferung und im Hinblick auf

das Ideal der Entwicklung. Die Leistungen der verschiedenen Zeiten und Völker müssen also dargelegt, im Zusammenhange betrachtet, nach ihren Vorzügen und Mängeln genau gegen einander abgeschätzt werden; und wenn dieß in Wahrheit geschieht, so wird der Fortschritt, den die Geschichte verlangt, der nämliche seyn, welchen die Philosophie gebietet. Denn wie die bisherige Entwicklung ihren jetzt natürlichen und nothwendigen Fortgang heischt, so verlangt die Philosophie, welche die Art des Gewächses und die Methode seiner Entwicklung begriffen hat, eben diesen Fortgang als denjenigen, der den idealen Zielen entgegenführt.

Das Ziel der Menschheit, das Ziel vornehmlich der germanischen Nationen und ganz besonders des deutschen Volkes ist das harmonische Zusammenwirken selbstständiger, freier Glieder. Sollen wir diesem Ziel näher und näher kommen, so müssen alle geistigen Thätigkeiten das Ihre thun, hauptsächlich aber die Wissenschaft des Rechts und die Politik im edelsten Verstande des Worts. Das Ziel und die Bedürfnisse der Gegenwart im Auge müssen Gesetze gegeben, muß Recht gesprochen, muß der Staat regiert werden. Und welchen Irrthümern der menschliche Geist auch ausgesetzt seyn — wie oft in Bezug auf das rechte Maß von Strenge und Milde fehlgegriffen werden möge — der Wille, der das Rechte sucht ohne Vorurtheil, ohne Ansehen der Person, wird es auch unzweifelhaft immer mehr finden, und jedes Experiment wird dem wirklichen, gedeihlichen Fortschritt Bahn brechen.

Der Wille des Rechten, der uneigennützige Charakter, ist die erste Voraussetzung beim Forscher, beim Staatsmann — bei jedem, der berufen ist, an der Verwaltung der öffentlichen Angelegenheiten sich zu betheiligen. Wer das Rechte will, der hat bei übrigens gleichen Fähigkeiten und Kenntnissen einen unendlichen Vorsprung vor dem, der, aus irgend welchen Gründen, den Vortheil einer Person oder einer Partei erstrebt. Es ist schwer, in Urtheilen und Handlungen immer gerecht zu seyn, auch wenn man es will; aber wenn man es nicht einmal will, ist's unmöglich.

Gerechtigkeit, die Würde und der edle Stolz des gerechten Mannes, ziemen sich für niemand mehr als für den, der vom Recht seinen Namen trägt. Es gibt Gattungen von Menschen, denen man gewisse Abweichungen von der strengen Regel nachsieht, ja die dabei liebenswürdig erscheinen können; aber nichts Widerwärtigeres kann unser Auge treffen, als ein Mann, der, berufen, das Recht geltend zu machen, aus Eigennutz oder Feigheit der Anmaßung zum Organ sich bietet und die Sprüche der Arglist mit dem richterlichen Ernst der Wahrheit verkündet!

Nach diesen Grundsätzen hielt Otto Vorträge, die

das einemal Themata der Rechtsgeschichte behandelten, das andremal einen mehr philosophischen Charakter trugen. Wenn er die Leistungen einer bestimmten Epoche darlegte oder die zweier Nationen vergleichend entwickelte, versäumte er nicht, über die Brauchbarkeit des Erörterten für die Gegenwart sich zu erklären. Wiederholt las er über die Staatskunst, wie er sie verstand. Er beleuchtete die verschiedenen Thätigkeiten derselben und ihr Zusammengreifen, erwog das Vermögen der negativen und der positiven Mittel zur Herbeiführung des allgemeinen Wohls und schilderte mit beredter Zunge die Vorzüge der letztern — den Segen der Volkserziehung und Bildung im weitesten Sinne des Worts. Eben hier, wo er dem Willen so viele Freiheit gegeben sah, sprach er mit Begeisterung von dem edlen Willen, der nicht nur das materielle, sondern noch mehr das geistige Wohlseyn und die Ehre der Beherrschten zum Absehen hat — dessen Ideal die in Selbstständigkeit und Freiheit blühende Bevölkerung ist. In diesen Willen setzte er das Princip des Staates, wie ihn die Gegenwart erstrebt. Ihn statuirt sey Alles nur eine Frage der Zeit; und wenn es dem despotischen Willen gelungen sey, die ihm gemäßen Einrichtungen zu gründen, und mit ihnen Großes zu leisten, so müsse es dem befreienden Willen, sobald er sich aller seiner Mittel bewußt werde, noch ungleich besser gelingen.

Bei Darstellung und Prüfung der Staatsformen erwies er als die gegenwärtiger Cultur entsprechendste die monarchisch-constitutionelle. Die Maschine sey die complicirteste, gewähre aber die besten Schutzmittel gegen die menschliche Unzulänglichkeit und stimme zu der Grundrichtung der Zeit, welche auf Arbeitstheilung, wechselseitige Controle und harmonisches Zusammenwirken abziele. Die wahre und wahr erhaltene Constitution diene in der That gleichmäßig den Interessen des Fürsten und des Volkes. Sie beschränke die Machtvollkommenheit des Fürsten auf ein Maß, das Menschengeister zu ertragen vermögen; und indem sie unrechtmäßiger Willkür entgegentrete, weise sie ihn um so dringender auf erfinderische Thätigkeit im Guten. Das Volk, zur Mitwirkung berufen, könne frei sein Haupt erheben, und eben auf der Sicherung der beiderseitigen Rechte gedeihe das Vertrauen zwischen ihm und seinem Fürsten. Die Ausscheidung dessen, was der eignen Thätigkeit der Bevölkerung überlassen werden dürfe, gelinge in der constitutionellen Monarchie am besten, und für gesetzmäßiges Fortschreiten überhaupt sey bei wechselseitigem Anstoß, bei dem natürlichen Wetteifer der Gewalten, die meiste Bürgschaft gegeben. Wenn der Autokrat und Despot erkläre, außer der absoluten Alleinherrschaft nur die republikanische Staatsform begreifen zu können, so liege darin nicht die schlechteste Empfehlung der constitutionellen Monarchie. Für Deutschland, für Europa sey die Monarchie historisch gegeben — ein tiefwurzelndes Gewächs, das sogar da, wo man den Stamm gefällt, neue Schößlinge getrieben habe; mit ihr nun sich zu verständigen, sie zu durchdringen und mit ihr die Aufgaben der Zukunft zu lösen, darauf sey die Freiheit angewiesen. In diesem Betracht wolle jener Spruch des Despoten also nur sagen: die republikanische Staatsform begreife ich, denn ich halte ihre Durchführung in Europa für unmöglich; die constitutionelle Monarchie muß ich für ein Unding erklären, denn sie, in ihrer Reinheit durchgeführt, ist mir gefährlich!

Otto bediente sich der Freiheit, die ihm der an der Universität geltende Usus einräumte, indem er lehrte, was ihm vor allem am Herzen lag, und das Material der Fachkenntnisse hauptsächlich zum Vehikel seiner Ideen benutzte. Immer erfreute er sich einer zwar nicht großen, aber aufmerksamen Zuhörerschaft. Die Masse der Studenten hörte ihre Collegia natürlich bei den älteren Professoren, die das praktisch Wissensnöthige vortrugen und Examinatoren waren. Mit diesen im Punkte der Anziehungskraft rivalisiren zu wollen, lag indeß nicht im Ehrgeiz unsres Docenten, er that sich genug, wenn er Keime der Gesinnung und Bildung in die Herzen edler Jünglinge senkte, und er durfte sich sagen, daß ihm dieß schon bei manchem gelungen sey. Wenn die

Collegiengelder nun die ihm von den Seinen jährlich bewilligte Summe nur wenig vermehrten, so hatte er dagegen auch wenig Bedürfnisse und blieb immer im Stande, sie zu befriedigen.

Sein äußeres Leben war sehr einfach. Zum geselligen Verkehr genügte ihm die Familie eines pensionirten Beamten, die er von seinen Studentenjahren her kannte und mit der er zuweilen die Abende verbrachte oder sommerliche und winterliche Vergnügungsorte besuchte. Da die Leute einem ernstern Gespräch nicht auswichen, so wurde Otto, der sich gern darauf einließ, von ihnen unterhaltend genug befunden; und ihm, der nun seine eigenste Befriedigung hatte, war es auch angenehm, die Menschen zu beobachten, die sich in größerer Gesellschaft dem Genusse des Tages hingaben. Konnte er nicht immer mit den Gründen ihres Vergnügens sympathisiren, so freute er sich doch ihrer Freude und gestand sich, daß diese stets verschönt, auch da, wo sie an's Kindische streift!

Einen Herzensfreund, einen Vertrauten, dem er seine innersten Gedanken hätte mittheilen mögen, fand er doch auch hier nicht. Zuweilen besuchte ihn ein und der andre seiner Zuhörer; aber wenn er im Gespräch mit einem besonders talentvollen sich erwärmte, an seinem Streben, seiner Gesinnung herzlichen Antheil nahm, so war doch der Aufenthalt des Studirenden von zu kurzer

Dauer, als daß ein näheres Verhältniß zwischen ihnen hätte reifen können. Seine eigentlichen Confessionen konnte er daher nur schriftlich machen, und zwar ausschließlich in Briefen an seine Mutter; — denn den Poeten mußte er für untreu halten. —

Auf das Schreiben, worin er diesem sein Urtheil über die zugesandte Dichtung mittheilte, hatte er keine Antwort erhalten. Verdroß den Autor die bedingte Anerkennung — oder war er beschämt und entmuthigt durch den geringen Erfolg seines Products? Denn was Otto vermuthet, war leider eingetroffen. Die Kritik hatte sich mit ihrem bekannten Eifer an die schwachen Seiten des Werkchens gehalten und dasselbe möglichst vernichtet; das Publikum nahm nur sehr wenig Notiz davon, und wenn auch über den rührenden Ausgang sporadisch Thränen vergossen wurden, so hatten doch jene dankbar Ablehnenden einen sichern geschäftlichen Takt bewiesen, und der muthige Verleger auch das unhonorirte Wagniß zu bereuen. Otto erfuhr dieß von einem Studenten, der mit dem Verleger bekannt war und ihm zu guter Letzt noch sagen konnte, daß das mit so vielen Hoffnungen in die Welt geschickte Product dermalen in Leipzig „fest liege". Gern hätte er den schmerzlich Enttäuschten getröstet und auf's Neue ermuthigt; aber nachdem er so lange vergebens auf einige wieder anknüpfende Zeilen gewartet, schien ihm die Be=

rührung des wunden Punktes nicht mehr passend. Endlich erfuhr er, daß der junge Mann, weit entfernt, durch die erste Niederlage abgeschreckt zu seyn, vielmehr den Rathschlag wegen Habilitirung an der Universität seines Landes nicht befolgt, sondern sich nach Norddeutschland begeben habe, um dort sein Glück als Autor weiter zu versuchen.

Otto bedauerte dieß und hielt das Verhältniß nun für abgeschnitten. In Momenten einsamer Erinnerung that es ihm herzlich leid, den strebenden Genossen verloren zu haben. Doch nahm er ihm sein Verhalten nicht übel. Er wußte, daß wir in einer Welt leben, wo jeder seine eigenen Zwecke zu verfolgen genöthigt ist, und uneigennützige Verbindungen in der Regel dem Drange des Tages weichen müssen.

Ihn selbst nahmen jetzt die Arbeiten des Forschens und Lernens fast ganz in Anspruch, da sein Eifer von außen her eine Schärfung erhielt. Seine Beziehungen zu den älteren Fachlehrern hatten nach dem freundlichen Beginn keinen eben so günstigen Fortgang genommen. In der ersten Zeit besuchte er sie hin und wieder; als er aber sah, daß sie, von ihrem eignen Thun und Treiben eingenommen, dem, was ihm zumeist am Herzen lag, nur geringen Antheil schenkten, blieb er endlich weg. Dieß nahmen ihm zwei davon, der Pandektist und der Criminalist, übel und warfen von da an auf sein Verhalten als Lehrer die prüfenden Blicke des Mißwollens. Otto hatte keine Ahnung von dieser unliebsamen Stimmung, als ihm eines Tages ein Bekannter mittheilte, wie die beiden Professoren in öffentlicher Gesellschaft sich kritisch über ihn vernehmen lassen und übereinstimmend das Votum abgegeben hätten: daß auch er nicht gehalten, was er zuerst versprochen habe, indem er, anstatt gründliche juridische Gelehrsamkeit sich anzueignen und der studirenden Jugend durch Mittheilung von positivem Wissen nützlich zu werden, den Beifall derselben durch den Liberalismus des Tages zu gewinnen suche. Die Stichworte der Partei schmeichelten freilich ihrem Ohr, könnten ihnen aber nur schaden, weil sie einen Dünkel erzeugten, wie er im Leben übel ankomme. Dergleichen politische Meinungen zu verbreiten, solle man den Journalen überlassen; der Universitätslehrer sey berufen, das Material der Wissenschaft zu verarbeiten und den Studirenden die realen Kenntnisse beizubringen, die ihnen im praktischen Leben unentbehrlich wären und in denen sie ein Gegengewicht besäßen gegen den Wind der Parteiphrasen. Aber die Gunst des Tages zu verschmähen und nur die Sache im Auge zu haben, das werde eben heutzutag immer seltener!

An diesen Urtheilen verdroß Otto nichts mehr, als das Zusammenwerfen seiner Grundsätze mit liberalen Deklamationen des Tags und die Unterlegung des

Motivs, daß er um die Gunst der Studenten buhle.
Diese grobe Ungerechtigkeit (zu der aber die Menschen
bekanntlich so leicht kommen, ohne daß sie deßwegen
schlecht seyn müssen!) empörte ihn im Innersten.
Er war sich bewußt, die Gelehrsamkeit als solche durch=
aus zu würdigen und sich vor den großen Namen der=
selben bescheiden zurückzustellen. Nie hatte er erklärt,
daß er seine Art von Ausbeutung des erforschten Ma=
terials für das Bessere halte, sondern nur bemerkt, daß
sie das ihm Entsprechende sey — daß er für seine
Person nur auf diese Art wirken könne und wolle.
Und nun wurde von Männern, die er um ihrer Lei=
stungen willen verehrte, despettirlich über ihn gesprochen
und seiner Thätigkeit eine gehässige Deutung gegeben!
„Ich sehe wohl," sagte er nach dem ersten Ausbruch
des Unmuths zu dem Ueberbringer der Nachricht, „daß
man ein großer Gelehrter seyn kann, ohne zugleich
nobel denken zu müssen! Man muß sich freilich für
die Mühe, die man gehabt hat, entschädigen, indem man
Andere, die sich's vielleicht nicht so sauer haben werden
lassen, geringschätzt und in übeln Ruf bringt! — Doch),
ich werde mich durch solche Expektorationen der Miß=
gunst nicht irre machen lassen! Ich weiß, was ich will
— weiß, daß es nothwendig und gut ist, und werde
dociren, wie ich docirt habe — so lange ich das Ka=
theder besteigen darf!" — Der Bekannte — ein Haus=

freund der Familie, mit der Otto verkehrte — billigte
diese Gesinnung, rieth ihm aber im Lehren freisinniger
Ideen zur Vorsicht; denn er wolle ihm nur sagen, daß
er auch von Andern als Professoren über seine Vorträge
schon ernstliche Bedenken habe äußern hören! — Otto
sah ihn an, wie man einen Freund ansieht, dessen wohl=
gemeinten Rath man nicht befolgen kann, und schüttelte
den Kopf. „Ich laborire nicht an dem Egoismus des
Parteigeistes, und vor den Excessen seiner Leidenschaft
bin ich sicher. Als ehrlicher Mann kann ich sagen,
daß ich das Beste des Landes will, daß Wahrheit und
Gerechtigkeit meine einzige Richtschnur sind; und diese
sollen auch meine einzige Vorsicht seyn!" —

Unser Freund war nun einmal so geartetet, daß er
den Erweis der edelsten politischen Grundsätze für das
Ziel der Wissenschaft, das Verfahren nach ihnen für die
oberste Aufgabe der Regierung halten mußte. Seinem
tiefsten Wollen nach eine praktische Natur sah er in
der theoretischen Erkenntniß nur das Mittel zum Zweck,
und alle seine Untersuchungen sollten schließlich nur
dazu dienen, das rechte Handeln möglich zu machen.
Durch das mißwollende Urtheil gereizt, faßte er seine
eigenste Richtung nur um so fester in's Auge. Den
Ereignissen der Zeit folgend und Geschichte studirend
hatte er erkannt, daß in Deutschland alles auf die Art
ankomme, wie das Oberhaupt des Staates seinen Beruf

und die Pflichten desselben auffasse. Ideen strömten ihm zu, er ordnete sie, und las über den Gegenstand unter einem annehmbaren Titel ein eigenes Collegium.

Die wesentlichsten der Sätze, die er entwickelte und durch Beispiele aus der Vergangenheit und Gegenwart erläuterte, gehören zu unsrer Geschichte. Wir theilen sie im Auszug mit, weil sie in das eigentliche Wollen des Mannes den besten Einblick gewähren. — — —

„Der Fürst ist der oberste Wille des Staats, die höchste und letzte Instanz in allen Beziehungen. Gar Vieles geschieht und muß geschehen ohne sein Wissen und Wollen; aber wenn er es wirklich ist und keinen Stellvertreter für sich herrschen läßt, trägt das Wesen des Staates das Gepräge seines Geistes und Charakters.

Daß dieser Geist und dieser Charakter das Beste erkenne und das Beste wolle, ist ein Ziel, auf's höchste zu wünschen.

Der Fürst hat, wie man sagt, seine Gewalt von Gott, er ist Fürst von Gottes Gnaden, d. h. der Besitz der Gewalt ist nicht zurückzuführen auf einen Act der Uebertragung von Seiten des Volks, sondern auf eine Reihe von Ereignissen, deren letzter Grund in Gott gesehen wird. Dagegen ist historisch und philosophisch nichts einzuwenden. Wenn man aber nun den Schluß ziehen will, daß der Fürst auch nur Gott verantwortlich sey, so erfordert das eine nähere Beleuchtung.

Die Geschichte zeigt uns Fürsten, denen der Satz: „Ich bin nur Gott verantwortlich," so viel hieß als: „Ich kann thun, was mir beliebt." Sie thaten nun auch wirklich, was ihnen beliebte, thaten zum Theil die unverantwortlichsten Dinge, glaubten jedoch entweder, daß ihr Belieben göttlich sey, oder fanden sich, wenn ihr Gewissen diese Annahme bestritt, auf ihre Weise mit Gott ab. Das Volk hatte davon den Schaden, der Fürst desgleichen, indem er sich selbst verdarb und einen übeln Namen hinterließ — und schon in diesem Betracht muß uns jenes Dogma höchst gefährlich erscheinen.

Der Fürst, der einen Gott hat, welcher das Princip der Gerechtigkeit ist, und ihm sich verantwortlich fühlt, wird nothwendig erkennen, daß dieser Gott nicht hinter'm Berge halten kann, sondern sich in der Menschheit fortwährend bezeugen muß; er wird die Geister und Institutionen erkennen, in denen sich Gott bezeugt, und sich auch diesen verantwortlich fühlen — wie ihrem Urheber und Erleuchter. — Wem ich in Wahrheit will verantwortlich seyn, von dessen Willen muß ich bestimmte Kunde haben. Woher erhält nun aber der Fürst die hier geforderte Kunde? Aus den Lehren der Religion, ergänzt, begründet und ausgeglichen durch die Wissenschaft. Der Fürst, der Gott verantwortlich zu seyn behauptet, ist eben damit der Menschheit, in der sich

Gott erweist, er ist den höchsten Offenbarungen ihres Geistes verantwortlich. Wende man nicht ein, daß diese Erweisungen ja nicht vollendet seyen und selber irre führen könnten! Die Ideale der Wissenschaft sind immer das für jetzt Beste und Verläßigste. Ein Fürst der sie vor Augen hat und seinen Willen mit ihnen auszugleichen sucht, wird Glück und Ehre finden wie gründen; derjenige aber, der ihnen zuwider handelt, indem er sein eigenwilliges Belieben für göttliche Eingebung hält, wird sich zu Grunde richten.

Nehmen wir an, ein Fürst befände sich im ererbten Besitz absoluter Gewalt und hielte sich von Gott, dem Gerechten und Heiligen, über sein Volk gesetzt. Was wird er als Organ dieses Gottes wollen und erstreben müssen? Das größtmögliche leibliche und geistige Wohl= seyn des Volkes. Also auch die Ehre des Volkes; also die Erziehung desselben zur Freiheit und die wirkliche Befreiung des erzognen — also ein Verhältniß der freien Mitwirkung des Volkes bei der Pflege seiner eignen Angelegenheiten. — Wer sich für einen Stell= vertreter Gottes hält, der muß sich auch Gott zum Muster nehmen. Gott aber, wenn er nicht gerade jeden läßt, wie er ist, begabt und leitet doch nur zur Frei= heit; er will keine Knechte, sondern Kinder — selbst= wollende, zur Mündigkeit bestimmte und in Mündigkeit freie Geschöpfe.

Derjenige, der sich für einen religiösen Herrscher gibt und gleichwohl sein Volk in Unmündigkeit zu erhalten strebt, ist entweder ein Thor oder ein Heuchler.

Wenn es jedem Menschen nahe liegt, sich über sich selbst zu verblenden, so liegt es dem Fürsten am nächsten. Geboren mit dem Trieb, erzogen zu dem Willen der Herrschaft, wird er in dem Glauben, daß sein Wille befolgt werden müsse schon darum, weil es der seine ist, bestärkt werden durch die Menge derer, die von ihm abhängen und sich ihm durch Gefügigkeit und Schmeichelei zu empfehlen suchen. Groß und mannigfach sind die Versuchungen eines Fürsten zur Selbstvergötterung! Dieß muß auf der einen Seite zur Milde stimmen in der Beurtheilung desselben und zur doppelten Verehrung des thatsächlich edlen Herrschers, andrerseits aber die Aufstellung von Gegenmitteln als die höchste Pflicht erscheinen lassen.

Nichts Wichtigeres für diejenigen, die es im Stande sind, als das Ideal eines Fürsten zu malen — das Ideal des Herrschers für ein Culturvolk der Gegenwart! Nichts Wichtigeres, als das Heil anschaulich zu machen in der fortgehenden Verwirklichung dieses Ideals, und die Strafe, die das gegentheilige Verhalten unausbleiblich treffen muß! Nichts Wichtigeres, als das unerschrockene, ausdauernde Festhalten am Recht, wofern es angetastet werden will! Nichts Wichtigeres endlich, als

ein Staatsgrundgesetz, das den Uebergriffen der Selbst=
sucht geheiligte Schranken setzt und den Fürsten mit ge=
waltigem Finger auf die edelsten Mittel des Herrschens
weist!

Constitutioneller Fürst seyn heißt ganz besonders
gemahnt seyn, gottähnlich zu werden — ähnlich dem
Herrn der Herren, der Alles daran gesetzt hat, selbst=
ständige und in Selbstständigkeit sich vollendende Ge=
schöpfe zu haben. Ein Fürst, der keine Herrscherfähig=
keiten besitzt, regiert auch als absoluter entweder gar nicht
oder schlecht; besitzt er sie aber, dann kann er als con=
stitutioneller seine Gedanken eben zum höchsten Nutzen
des Volkes in Thaten wandeln: nämlich so, daß das
überzeugte Volk die Ausführung selber verlangt und
mitbewirkt. Ein constitutioneller Fürst, der zeitgemäße
und heilsame Ideen hat, wird immer im Stande seyn,
sie zu verwirklichen; hat dagegen auch das Volk, haben
seine Vertreter solche Ideen, dann wird der edle Fürst
sich freuen, sie adoptiren und sanctioniren zu können.
Nur die Selbstsucht ist eifersüchtig; das Wohlwollen ist
glücklich, sein geistiges Vermögen durch das Vermögen
Anderer ergänzen zu können.

Das Heil der Welt hängt davon ab, daß eben dieses
Heil von den Einzelnen über Alles gewollt wird. Die
Gesetze sind ihrer Qualität nach verschieden; und wenn
es keine absolut besten gibt, so gibt es doch relativ beste

— solche, die einer Zeit und einem Volk am gemäßesten sind. Aber auch die Wirksamkeit dieser verhältnißmäßig besten Gesetze hängt von dem Wollen des Fürsten und des Volkes, von dem Wollen der Staatsgewalten ab. Ist der Fürst und seine Regierung auf der einen, die Volksvertretung auf der andern Seite von dem egoistischen Triebe nach bloßer Vergrößerung der Macht erfüllt, und setzen sie, gleich feindseligen Parteien, ihre höchste Aufgabe darein, sich möglichst viel davon abzukämpfen, abzulisten, so gewährt dieß zwar oft ein interessantes, vom höhern Standpunkt aber stets bedauernswerthes und unter Umständen höchst klägliches Schauspiel. — Vor dem Schaden eines solchen Kriegszustandes bewahrt nur die Selbstüberwindung in der Erkenntniß und dem Wollen des allgemeinen Wohls. Diese Erkenntniß zu suchen, dieses Wollen in sich zu erwecken, ist die höchste Pflicht des Fürsten; ihre Erfüllung aber nicht nur die höchste Tugend, sondern zugleich die höchste Klugheit. Denn in Erweisung dieser Erkenntniß und dieses Wollens allein wird er Herrscher seyn im vollsten Sinn — Herrscher nicht nur durch den Besitz des Throns, sondern durch die begeisterte Liebe und Dankbarkeit des Volkes; und, auf anerkannten Leistungen ruhend, wird er alle Stürme der Zeit siegreich bestehen.

Es ist nicht abzuläugnen, daß gegenwärtig ein Geist sich regt, der dem Fürsten die Last der Regierung lieber

ganz und gar abnähme und ihn, wo er noch bestehen
bliebe, auf die Rolle des bloßen Zustimmens beschränkte.
In den Fürsten erhebt sich die Sorge, daß ihre ererbte
Macht dadurch zum bloßen Schatten, sie selber zu ge=
krönten Puppen herabsinken würden, und sie sträuben
sich dagegen, wie billig. Bei deutschen Fürsten ist aber
diese Sorge nicht begründet. Vorübergehend wohl kön=
nen sie in solchen Zustand der Unbedeutendheit gebracht
werden, dauernd nicht, weil es dem Grundcharakter der
Nation widerspräche.

Der Deutsche setzt seine Ehre in seine eigene Frei=
heit, nicht in die Leitung Anderer. Er will den con=
stitutionellen Staat, den Rechtsstaat, um dieser Freiheit
und der ersprießlichsten Verwaltung der allgemeinen An=
gelegenheiten sicher zu seyn; aber er hegt nicht den lei=
denschaftlichen Ehrgeiz, als Mitglied einer regierenden
Partei das Land zu regieren. Das politische Herrschen
ist dem Deutschen nicht die allein höchste Thätigkeit.
Productiv zu seyn in andern Sphären, materiell oder
geistig, dünkt ihn eben so gut; die Erleuchtung und Bil=
dung des Volks durch Werke der Kunst und der Wissen=
schaft wetteifern in seinen Augen mit der Thätigkeit der
Staatsverwaltung. Da nun diese nicht für das Man=
neswürdige par excellence gehalten wird, so besteht bei
uns kein so vorwiegender Drang zu ihr und wir haben
nicht den Sieg einer Partei zu fürchten, welche die

Macht des Fürsten sich aneignete, um ihrerseits davon despotischen Gebrauch zu machen. Auch nicht den fortgehenden Kampf zweier gleich mächtigen Parteien mit wechselndem Sieg und wechselnder Herrschaft. Denn obwohl bei uns die beiden Hauptparteien — die conservative und die liberale — bestehen und bestehen müssen, so verhindert doch schon der Mangel an überwiegendem, leidenschaftlichem Regierungstrieb eine schädliche Ausdehnung ihres Kampfes. Dazu kommt aber noch der Sinn des Deutschen für Gerechtigkeit und gerechte Ausgleichung im Hinblick auf das Ideal des politischen Lebens. Dieses Ideal wird die deutsche Wissenschaft immer klarer und überzeugender darstellen, und sein gleichmäßiges Bekennen wird die Parteien vergleichen; es wird die Partei derer sich bilden, welche die gerechte Vergleichung nach Maßgabe des Ideals wollen, und diese Partei wird die herrschende werden.

In keinem Betracht hat der deutsche Fürst von der Wahrheit des constitutionellen Lebens seine eigene politische Vernichtung zu fürchten. Der Gerechtigkeitssinn der Nation wird auch das Recht der Fürsten ungeschmälert haben wollen, er wird ihn in seiner Stellung wirkend selber verlangen und ihn schirmen in den Tagen der Gefahr. Aber freilich nur unter der Voraussetzung, daß er, der Fürst, das Gedeihen und die Ehre des Volkes selber zum unverkennbaren Endzweck hat!

Die deutschen Fürsten werden keine Figuranten, sondern frei nach ihren Befugnissen wirkende Mächte seyn; aber als solche haben sie dann ihr Schicksal in eigner Hand. Setzen sie ihr persönliches Belieben oder den Vortheil ihrer Familien über die erkannten Interessen des Vaterlandes, erweisen sie sich als Hemmschuhe seiner Entwicklung, so werden sie demselben Gerechtigkeitssinn, der gehässige Angriffe von ihnen abzuweisen stets bereit ist, ein Gegenstand des Angriffs werden und unterliegen müssen.

Wer an die constitutionelle Monarchie glaubt, in ihr die entsprechendste Staatsform der Gegenwart und Zukunft erkennt, der kann nichts dringender wünschen, als das Prosperiren der Fürsten, gegründet auf ihr eignes edles Verhalten. Welch ein Wirkungskreis eröffnet sich — welche Glorie winkt ihnen! Schon allein das, was durch solch edles Verhalten geschaffen werden kann, sollte in den Fürsten den Willen dazu anregen und lebendig erhalten! Aber sie sind dermalen durch alle Motive gemahnt, ihre Aufgabe im höchsten Sinne zu fassen.

Die Presse ist bei uns noch nicht frei, aber sie wird und muß es immer mehr werden, und schon jetzt ist sie ein gewaltiges Organ der öffentlichen Meinung. Wie man ihr auch die Flügel beschneiden mag, die Zustände, die man ehedem verbergen konnte, werden gegenwärtig doch an's Licht gezogen und verfallen dem Urtheil der Nation. Ein Fürst könnte heutzutage nicht egoistisch, herrisch und kleinlich denken und handeln, ohne daß es allgemein bekannt und von der ganzen Nation verwerflich befunden würde. Das ungestörte Fortherrschen also vorausgesetzt — wie abschreckend muß es jeder höhern Denkart erscheinen, der Nation ein Gegenstand übler Nachrede, ja des Hasses und der Verachtung zu werden!

Gegen diesen Haß und diese Verachtung schützt nur die Tugend, und nur sie soll dagegen schützen. Ein Fürst, der in der That egoistisch, herrisch und kleinlich handelte und dennoch von der Nation geliebt und verehrt seyn wollte, frevelte wider Gott und riefe die göttliche Gerechtigkeit gegen sich auf. Der Fürst, wenn er heutzutage das Licht der Oeffentlichkeit bestehen soll, muß edel handeln. Das ist die Situation, das Ergebniß der Geschichte. Er kann aber diese Nothwendigkeit zu seiner eignen höchsten Verherrlichung benutzen, wenn er das Gebotene aus freiem Entschluß, um der segensreichen Folgen willen, und gerne thut!

Wer den Zweck will, der muß das Mittel wollen. Das Volk wünscht den wahren constitutionellen Fürsten, es muß daher auch seinerseits Alles thun, was die Erfüllung dieses Wunsches mit herbeiführen kann. Die Männer der Wissenschaft und des Wortes müssen das Ideal des constitutionellen Fürsten aufstellen, das Heil anschaulich machen, das an seine annähernde Verwirklichung geknüpft ist, die Geister erleuchten und die Herzen entflammen! Das Volk aber als Ganzes muß sich gegen seinen Fürsten benehmen, daß er auf dem Weg zu diesem Ziel ermuthigt, nicht davon abgezogen wird.

Es wäre eine eigene Untersuchung darüber anzustellen, wie das mündige, der Freiheit würdige Volk sich gegen seinen Fürsten zu betragen hat. Der Fürst ist der Höchstgestellte, ihm gebührt die höchste äußere Achtung. Nur eine kleinliche Seele kann in Versagung derselben etwas suchen; ein Volk ehrt sich selbst, wenn es seinen Herrscher ehrt. Aber die Bezeigung dieser Achtung, die Huldigung, die Feier des Fürsten, soll nicht den Charakter der Unterwürfigkeit und der Schmeichelei an sich tragen. Es soll entweder entschiedene äußere Achtung, oder, wenn sie das Gepräge der Herzlichkeit hat, Wahrheit seyn. Die Lüge der Huldigung, die den Fürsten verblenden und auch den ungeliebten glauben machen kann, daß er geliebt sey, ist verwerflich. Wenn der Herrscher in der That nicht geliebt ist und es nicht zu seyn verdient, so muß das Volk sein Gefühl am rechten Ort und zu rechter Zeit in einer Art kundzugeben wissen, daß kein Zweifel darüber bestehen kann. Der Herrscher kommt dadurch vielleicht zur Selbsterkenntniß und zur Aenderung seiner bisherigen Grundsätze; was aber daraus entstehe, das Volk hat seine

Schuldigkeit gethan, und kann hoffen, durch Ausdauer endlich die Früchte seines Verhaltens zu ernten.

Wer will es verkennen, daß den Fürsten ein Zauber umgibt, der auf jedes unbefangene Gemüth seine Wirkung übt! Es ist nicht nur der Zauber der Macht, auch nicht nur des geweihten Hauptes — es ist der Zauber der Idee des Fürsten, die ihre stärkste Wirkung übt, wenn das Volk und die fürstliche Familie das Band gemeinsamer Erlebnisse seit Jahrhunderten umschlingt. Der Idee nach ist der Fürst der liebevolle Herr, der als solcher gar keinen andern Endzweck haben kann, als die höchste Prosperität, die höchste Verherrlichung des Volks; — der Vater, dessen Herz nur dann befriedigt ist, wenn die mündigen Kinder in Freiheit ihren eigenen Gang gehen und mit ihrer eigenen Ehre die Ehre des Ganzen vollenden. Daß der thatsächliche Herrscher der Idee des Herrschers entspreche, ist das Volk zu glauben sehr geneigt; und es bedarf consequenten groben Zuwiderhandelns, um ihm diesen Glauben zu nehmen. Thut aber der Fürst seiner Idee auch nur menschlich Genüge — zeigt er thatsächlich jene achtungsvolle Liebe, durch die man sich allein wahrhaft geehrt fühlt, so kann das Volk in einen Freudenrausch versetzt werden, der es zur förmlichen Vergötterung des Herrschers treibt.

Dem Fürsten ist's leicht, die Macht, die ihm das

Recht gewährt, zu vollenden durch die Macht, welche die Liebe des Volks ihm verleiht. Der in Thaten sich kundgebende Wille des Volkswohls und der Volksehre wirkt unwiderstehlich. Ist er sich dieses Willens bewußt, dann kann er auch um so fester auf seinem Recht bestehen, wenn eine Partei es anzutasten unternimmt. Das Volk will nicht nur den bloß liebenden, es will den durch Geist und Charakter zugleich starken Herrscher. Es weiß, daß nur die Stärke der wahren, heilbringenden Liebe fähig ist, daß die gutmüthige Schwäche, die den Schein der Liebe hat, mit der Macht des Thrones auch den Segen verschleudert, den der mächtige Thron spenden kann; — und es freut sich der Kraft, welche den Weg des Rechtes geht.

Daß der Fürst seiner Idee in Wahrheit entspreche, ist das gleichmäßige Interesse des Fürsten und des Volkes. Das unfehlbare Mittel, zur Ausbildung eines solchen Fürsten beizutragen, ist aber: Einsicht und männliches Vertreten der erkannten Wahrheit. Diese Einsicht hat das Volk — haben die Repräsentanten des Volks, wozu im weitern Sinn auch die Diener des Staats gerechnet werden müssen — sich zu erwerben und mit Charakterstärke geltend zu machen. Der Macht gegenüber gewährt nur der sittliche Wille, der mit Einsicht gepaart ist, einen Halt. Wo dieser Verein besteht, da können unrechtmäßige Forderungen zurückgewiesen werden in würdevoller Art, und die Verblendung selber wird dem Ernst, der Berechtigung der Wahrheit nicht widerstehen können. Anmaßung gegen Anmaßung ist ein schlechter Kampf; aber Geist und männliche Standhaftigkeit bestehen die Anmaßung und überwinden sie." —

„Ich habe" — so schloß der Docent das Collegium — „diese Grundsätze vor Ihnen entwickelt und mit Beispielen zu erläutern gesucht, weil es mir höchst wichtig erscheint, daß in diesen Dingen klar gesehen werde. Und wichtig insbesondere für Sie, die Sie dem Lande und dem Landesherrn als Beamte zu dienen berufen sind! In der Jugend müssen die Erkenntnisse gewonnen und die sittlichen Entschließungen gefaßt werden, die später heilsam werden sollen. In der Zeit reiner Empfänglichkeit müssen Geist und Charakter die Richtung erhalten, die sicher und ehrenvoll durch das praktische Leben zu führen vermag. Es ist darum heilige Pflicht des Universitätslehrers, nicht nur das zu dem bestimmten Lebenszweck unentbehrliche Wissen zu überliefern, sondern zugleich die ehrenhafteste Gesinnung gründen zu helfen, indem er dem strebenden Geist die würdigsten Ziele vorhält. Nicht der Vortheil einer Person oder einer Partei — das allgemeine Wohl herbeizuführen durch den Willen der Gerechtigkeit, der durch die Erkenntniß des Ideals erleuchtet ist — das muß der Endzweck redlicher Männer werden. Daß Ihnen durch meine Vorlesung

Anregungen in diesem Sinne geworden sind, darf ich glauben. Sie haben mir durch treue Theilnahme, durch den Ausdruck des Verständnisses und der Sympathie, die Ausübung meiner Pflicht zur Lust gemacht; — nehmen Sie dafür meinen herzlichen Dank und leben Sie wohl!" —

Otto las dieses Collegium öffentlich. Da schon der erste Vortrag einen guten Eindruck machte und interessante Erörterungen versprach, so war der mittelgroße Hörsaal bald gefüllt; und er blieb es bis zu Ende, ja es war von der zweiten Hälfte des Semesters ein Zunehmen des Besuchs wahrzunehmen. Das Auditorium horchte mit einer Aufmerksamkeit, wie sie auf den Lehrer den wohlthuendsten Eindruck macht, und Otto konnte sich sagen, daß, mit Ausschluß derjenigen, die ihre Studien handwerksmäßig betrieben, die Blüthe der akademischen Jugend um ihn versammelt war. Die unzweideutigen Zeichen der Wirkungen, die er übte, beglückten ihn im Innersten, und er segnete den Tag, an dem er sich entschlossen hatte, Lehrer der Hochschule zu werden.

Nach außen und nach oben machte das Unternehmen Otto's freilich zum Theil einen viel weniger günstigen Eindruck. Aeltere Herren, denen einzelne seiner Aeußerungen mitgetheilt wurden, schüttelten den Kopf und zuckten die Achseln. Jene beiden Professoren, die dem Docenten ihre besondere Mißgunst zugewendet hatten, konnten durch die Vorträge und durch den Zulauf, den sie hatten, ihre Ansicht nur bestätigt sehen, und meinten, daß nun doch wohl über die Absichten des jungen Man= nes kein Zweifel mehr seyn könne! Otto hörte von dieser wiederholten Verdächtigung; aber in der Freude seines Herzens kümmerte sie ihn nicht mehr. Ihm hat= ten auch bejahrte Männer, worunter ein Professor und ein Beamter, ihre Zustimmung ausgedrückt und nur in der Form zur Mäßigung gerathen, wobei der Professor lächelnd bemerkte, daß er vielleicht doch besser thäte, den Tadel auch gestorbener, aber der neuesten deutschen Ge= schichte angehöriger Fürsten etwas weniger leidenschaftlich zu betonen. Otto versprach es; denn reizen und erbit= tern zu wollen, lag ihm fern. Als in der letzten Vor= lesung auf seine Schlußworte mit begeistertem, andauern= dem Beifall geantwortet wurde und er, innerlichst bewegt, durch die geöffneten Reihen der stehenden Hörer schritt, da hatte er ein Gefühl des Glücks, durch das ihm alle übeln Erfahrungen seines Lebens weit aufgewogen schienen.

Nach wenigen Ruhetagen entwarf sein rastloser Kopf einen Plan zu einem ähnlichen Collegium. Dieses sollte jedoch nicht gelesen werden. Otto saß eben am Pult, um die Einfälle, die er hatte, zu notiren, als ihm ein Schreiben von dem Curatorium der Universität über= geben wurde, das im Wesentlichen folgendermaßen lautete:

Schon länger sey mißfällig bemerkt worden, daß der Privatdocent von Ehrenfels in seinen Vorträgen sich Ungehörigkeiten zu Schulden kommen lasse, die auf die studirende Jugend eine schädliche Wirkung üben müßten. Die Regierung habe sich bezüglich der Hochschule ein besonders liberales Verfahren zum Gesetz gemacht, und darum und weil man gehofft, daß der Docent aus seinem Irrthum sich von selber zurechtfinden werde, habe man bisher Nachsicht geübt. Diese hätte jedoch ihre Grenzen, und jetzt sey man genöthigt, eine ernstliche Mahnung an ihn ergehen zu lassen.

Vor allem sey ihm zu bemerken, daß er die Stellung eines Lehrers an der Hochschule ganz falsch aufgefaßt habe. Nicht den Uebermuth der studirenden Jünglinge zu pflegen und ihren beschränkten Verstand zu absprechenden Urtheilen über die Regierung zu ermuthigen, sey der Beruf des Docenten, vielmehr, denselben brauchbare Kenntnisse beizubringen und bescheidenen Sinn einzupflanzen, womit sie später ihren Pflichten als Diener des Fürsten und des Staates nachzukommen vermöchten. Man dürfe nicht gestatten, daß die akademische Jugend zur Opposition gegen den Landesherrn und seine Regierung förmlich erzogen werde, da gegenwärtig dieser böse Geist ohnehin immer mehr um sich greife und die Behörden, die das wahre Wohl des Volks im Auge hätten, zur höchsten Wachsamkeit auffordere. Ganz abgesehen davon habe der Privatdocent seine Sphäre und seine Befugnisse überschritten. Vorträge, wie er sie halte, seyen historischer und philosophischer Art; er sey aber Docent der Jurisprudenz, und ausschließlich in ihrem Kreise habe er sich zu bewegen. Freilich sey es leichter, vom Katheder seine Meinung über politische Tagesfragen zu äußern, als streng juridische Disciplinen gründlich vorzutragen; für den Privatdocenten der Rechte sey dieß aber das einzige Mittel, emporzukommen und endlich auch zu einer Professur zu gelangen! — Man versehe sich nun zu ihm, daß er die hiemit ertheilten Weisungen genau beachten und das Curatorium der Universität nicht zu weitern und strengern Einschreitungen zwingen werde, die betreffenden Falls unwiderruflich erfolgen würden.

V.

Autor-Erfahrungen. Melancholie der Entsagung. Niederlage und Sieg.

Otto las das Schreiben mit Erstaunen — mit tiefem Unmuth, und legte es endlich mit verachtender Bitterkeit bei Seite. In seiner Stube auf und abgehend, sah er aus wie ein Mann, dem das Liebste geraubt worden ist. Aus der Art der ihm ertheilten Rüge mußte er abnehmen, daß man ernstlich entschlossen sey, ihn seine bisherige Thätigkeit nicht länger fortsetzen zu lassen. Er hätte sich nun wohl gegen die ihm gemach=
ten Vorwürfe vertheidigen, hätte zeigen können, daß ihm in Wahrheit nichts mehr am Herzen liege, als die con=
stitutionelle Monarchie, die Herrschaft des constitutio=
nellen Fürsten, und daß er nur den Sinn, der ihr Ge=
deihen fördere, in den Herzen der Jugend anzuregen und zu festigen gesucht habe; allein er fühlte, daß seine Gründe einer Behörde, die ihm ein solches Schreiben

zugehen lassen konnte, nichtsbedeutend, ja lächerlich er=
scheinen würden. Es blieb ihm nichts übrig, als Resig=
nation und geduldiges Warten auf bessere Zeiten —
und dazu entschloß er sich.

Ein Andrer hätte vielleicht dafür gesorgt, daß eine
Charakteristik der Vorträge und ihrer Beanstandung in
die Journale gekommen wäre, was dem „gemaßregelten"
Docenten die öffentliche Theilnahme hätte zuwenden
müssen und, falls es geschickt gemacht wurde, sogar seine
Stellung wieder verbessern konnte. Allein diese Art
von Appellation an's Publikum widerstrebte der Denk=
art Otto's. Auch zur trotzenden Fortsetzung der bis=
herigen Vorträge, wobei er äußerlich sich fügte, aber
seine politischen Ueberzeugungen doch an den Mann zu
bringen wußte, konnte er sich nicht entschließen; denn
er sah bei dem Conflict, wozu es dann unausbleiblich
kommen würde, weder für seine persönlichen Zwecke,
noch für seine Sache irgend einen Nutzen voraus. Er
hatte einen andern Gedanken — und an ihm hielt er
sich. Er wollte specifisch juridische Doctrinen vortragen
und den Beweis liefern, daß ihm das Material der=
selben ebenfalls zur Verfügung stehe. Seine Ideen da=
gegen über die Führung des Staats und die Behandlung
des Volks — über das politisch Seynsollende im deut=
schen Vaterland — wollte er schriftlich ausführen und
der Oeffentlichkeit übergeben.

In der That war dieser Entschluß der beste, den er fassen konnte. Die Regierung hatte schon seit Jahren mit Erfolg auf die Bahn eingelenkt, welche von Seiten der Liberalen als die des „Schein-Constitutionalismus" bezeichnet wurde. Sie suchte die Stärke des Gouvernements in der Schwäche der Volksvertretung; und je mehr diese zum bloßen Gutheißen der Regierungspropositionen vermocht wurde, desto heller strahlte in ihren Augen der Glanz der Krone. Ein solches Verhältniß, wobei die Stände fast die Rolle bloß berathender spielten, erklärte man für wahrhaft deutsch und hielt es deutschen Mittelstaaten um so angemessener, als sich mit dem System der beiden Großstaaten ein anderes nicht wohl vertragen zu können schien. Der Gang der Verwaltung hatte unter diesen Umständen in seiner gesicherten Ruhe für die obersten Behörden etwas Angenehmes, das Regieren war ein Geschäft, dessen großer Reiz nicht durch verdrießliche Kämpfe beeinträchtigt wurde, und es war natürlich, daß man das Bestehende zu erhalten, wo nicht im conservativen Sinne zu verbessern suchte. Da galt es, ein wachsames Auge zu haben auf die im Geheimen wühlende Partei und auf die offene Verbreitung von Grundsätzen, die den Regierungsmaximen entgegen waren und nur verderblich wirken konnten. Man mußte den bösen Geist aus der Tagespresse verdrängen und namentlich auch die dahin neigenden Tendenzen auf der Hochschule energisch zurückweisen. Ein Anstoß von Außen hatte das Ministerium vermocht, den Entschluß rücksichtsloser Schärfe zu fassen, und an die unteren Behörden war die entsprechende Weisung ergangen. Man hatte in der That den ernstlichen Willen, die widerstrebenden Geister zu bändigen.

Demnach war, seine Gedanken und Vorschläge in einem Buche auszusprechen, für Otto jetzt das Gerathenste. Eine Schrift über zwanzig Bogen stark wurde mindestens nicht censirt, und auch sonst konnte man ernsten wissenschaftlichen Erörterungen und Begründungen, wenn sie nicht direkt zu gewaltsamer Selbsthülfe aufforderten oder erhitzten, nicht wohl beikommen. Das Unternehmen versprach seiner Sache den meisten Nutzen, ihm selber den wenigsten Schaden — und der deutsche junge Mann, der aus innerster Seele das Beste wollte, freute sich, in der Klemme, in die er gerathen war, wenigstens noch Einen Ausweg zu sehen und ihn versuchen zu können! — Die Ferien wurden zum Entwurf eines legitimen Collegiums und zur Vorbereitung des projectirten Werkes verwendet. — —

Nach Verfluß zweier Jahre waren die Vorsätze, die er gefaßt, ausgeführt, aber die Wirkungen keineswegs die, welche sich Otto versprechen zu können glaubte.

Es gibt Menschen, denen Alles schwer gemacht wird, gegen die sich die Welt consequent gegnerisch bezeigt und die, wo sie Liebe und Aufmunterung verdienten, nur eine Kritik finden, welche sich an die endliche Seite ihrer Leistungen hält, so daß sie auch bei ähnlich Gesinnten keinen Erfolg zu erringen vermögen. Daß zu diesen Otto gehörte, gewann es immer mehr den Anschein; und er selber begann es zu vermuthen.

Die Vorträge, die er an der Universität hielt, waren schwach besucht, und ein Privatcollegium, das er im Sommersemester ankündigte, brachte er gar nicht zu Stande. Freilich alles aus guten Gründen. Als bloßer Docent ohne Einfluß auf das Loos der Studirenden mußte er seinen Vorlesungen einen ganz besonderen Reiz geben, wenn sie Hörer anlocken sollten. Da ihm aber das, worüber er begeistert und ergreifend sprechen konnte, zu dociren verboten war, so bemühte er sich vergebens, die schöne Wärme und den männlichen Schwung, die aus dem Herzen kamen, durch Klarheit und elegante Form zu ersetzen. Es waren regelrechte Ueberlieferungen der Wissenschaft, denen aber doch das wahre Leben fehlte und zu denen sich ein größeres Auditorium nur dann eingefunden hätte, wenn der Lehrer zugleich bei der Prüfung von Bedeutung gewesen wäre. Otto fühlte selber, daß er nichts Durchgreifendes zu leisten vermochte ohne den Willen der Liebe zur Sache, und er ahnte, daß ihm seine eigenste Begabung, der man den Wirkungskreis entzog, verhängnißvoll werden möchte. Mit Gewalt nahm er sich zusammen und rang und hielt aus; aber im Wesentlichen fruchtete es nichts. Im dritten Semester der veränderten Methode inscribirten sich zu einem Privatcollegium nur fünf Zuhörer. Diese auf einzelnen Bänken in dem Raume sitzen zu sehen, den sonst eine zahlreiche, gespannte Hörerschaft ausgefüllt hatte, war für ihn schmerzlich und tief entmuthigend; er mußte sich Mühe geben, seine würdige äußere Haltung zu behaupten und das Colleg mit Anstand weiter zu lesen.

Doch — er hatte einen Trost und eine Hoffnung. Das Werk, in welches er das Licht seines Kopfes, die Wärme seines Herzens übergeströmt — welches er mit größter Liebe geschrieben von Anfang bis zu Ende und das ihm nach seinem tiefsten Gefühl auch gelungen war, hatte endlich unter Bedingungen, wie man sie Erstlingswerken zu stellen pflegt, einen Verleger gefunden und war der Oeffentlichkeit übergeben. Mit einem Interesse, dessen Lebhaftigkeit er sich selber nicht zugetraut hätte, horchte er auf Urtheile und griff nach den Journalen, die eine Kritik enthalten konnten. Er hörte und las reichlich Anerkennung und Tadel; und wenn er den letztern in der Regel übertrieben und ungerecht fand, so war die Schrift doch bemerkt, hervorgehoben, und er konnte von ihr einen wirklichen Succeß erwarten.

Nach einem halben Jahre schon überzeugte er sich, daß die Woge des Tages darüber hinweggegangen und es eben so gut war, als ob er sie nicht veröffentlicht hätte.

Bücher haben ihre Schicksale. Nicht Wahrheit, ja selbst nicht Schönheit hilft, wenn das, was man bietet, nicht dem Gaumen des Publikums, wie er eben gestimmt ist, entspricht und als mundend jenes Aufsehen erregt, das Nachfrage bewirkt. Die recht und sofort gangbaren Artikel sind immer die, welche einer markirten Neigung der Zeit oder einer wohlvertretenen Partei entgegen kommen — im Grunde also einer Passion schmeicheln und dadurch glücklich und dankbar machen. Im Fach der schönen Literatur sind es leicht eingängliche, gefällige oder stark gewürzte Producte, die den schwieriger zu fassenden, wenn auch ungleich gehaltvolleren — an Geist und Natur gehaltvolleren — immer den Vorsprung abgewinnen. Auf dem Gebiete der Politik finden absolute Parteischriften ohne Weiteres Anklang, während Darstellungen, die, mit gerechtem Geist ausgeführt, den Parteien Selbstbeschränkung und Anerkennung eines höhern Ideals zumuthen, das Nachsehen haben. Daß die Schrift Otto's in die Reihe der letztern gehörte, war vielleicht der Hauptgrund ihres geringen Erfolges. Er hatte sie damit nur Wenigen so recht aus der Seele geschrieben; und diese Wenigen sind bekanntlich eben diejenigen, die sich zu Gunsten einer ihnen zusagenden Erscheinung fast niemals zu rühren pflegen.

Die Urtheile der Journale konnten dem Werk nicht förderlich seyn — weil Anerkennung und Tadel nicht darnach angethan waren, des Publikums Antheil auf= zuregen. Den Radicalen war die Schrift viel zu ge= mäßigt erschienen, und sie deuteten an, wie lächerlich es ihnen vorkomme, daß der Autor den Fürsten auch etwas Gutes zutraue und bei den Zielen, die er stelle, auf ihre Mitwirkung rechne. Den entschlossensten Libera= len sagte es nicht zu, daß dem Gedanken einer rein parlamentarischen Regierung nach dem englischen Muster die Realisirung in Deutschland abgesprochen war; und wenn sie nun Vieles in dem Buche löblich fanden, so vermißten sie in ihm doch das Beste, nämlich Entschie= denheit, und sie gaben zu verstehen, daß die Vorschläge darin ohne praktischen Werth und die Hoffnungen die eines edeldenkenden Phantasten wären. Im Lager der Conservativen stießen die Grundideen auf energischen Widerspruch. Man wolle nicht verkennen, daß sich der Autor von den subversiven Geistern, welche zur Er= reichung ihrer eigenen schlechten Zwecke die bestehende Ordnung einreißen und den allgemeinen Ruin herbei= führen möchten, zu seinem Vortheil unterscheide, und daß überhaupt seine Absichten wohlmeinend seyen; allein er diene, ohne es zu wollen, doch jenen Mächten der

Zerstörung, indem er den Schwerpunkt des Staates verrücken und eine Freiheit des Volkes herbeiführen wolle, die man unvermeidlich zu Gunsten des Umsturzes mißbrauchen würde. Ein hochconservatives Blatt erklärte sogar freimüthig, daß ihm geradezu entgegengesetzte Tendenzen lieber wären, als diese halb freundlichen, halb feindlichen, denen gegenüber man nicht recht wisse, was man anfangen solle; wobei es die Hoffnung aussprach, daß Versuche dieser Art in dem großen Kampfe der Zeit keine Beachtung auf sich ziehen würden.

Ein Buch, dem von allen Seiten Entschiedenheit abgesprochen und nur anerkennenswerthe Einzelheiten zugestanden werden, ist keines, nach welchem der Deutsche, der für sein Geld auch etwas Pikantes haben will, zu greifen pflegt. Rechnet man dazu, daß einige Urtheile, die von Unberufenen gefällt werden durften, Geburten reiner Tadelsucht waren und daß der Leipziger Meßcatalog in selbigem Jahr eine erstaunliche Nummer zeigte, so ist das Loos der Erstlingsarbeit zum Ueberfluß erklärt. Eine einzige Zeitschrift in ganz Deutschland hatte dieselbe rein ehrend hervorgehoben und den Wunsch ausgesprochen, daß mehr solcher Stimmen sich vernehmen lassen möchten; dem entsprechend hatte die Nation von vierzig Millionen den sechsten Theil der Auflage käuflich an sich gebracht und den Rest seinem Schicksal überlassen.

Es ist eine alte Geschichte, die immer neu bleibt. Wenn aber demjenigen, dem sie just passirt, auch nicht immer das Herz entzwei bricht, so kann es ihm doch unter Umständen den Muth der Fortsetzung benehmen. Otto, als ihm sein Verleger nach einem Jahr, mit tiefem Bedauern seinerseits, das nicht mehr zu verkennende Resultat mittheilte, fühlte sich in der Seele gekränkt und war einige Tage innerlichst verdrossen und niedergeschlagen. Aber um dem Publikum förmlich böse zu werden und eine Art von Nachsucht in seinem Herzen zu nähren, dazu war er zu nobel und zu vernünftig. Er dachte nicht geringer von dem Werthe seiner Ideen, als zuvor, und hielt fest an seinen Ueberzeugungen und Hoffnungen; auf der andern Seite konnte er sich aber auch nicht entschließen, ein zweites Werk, in dem er einzelne Themata näher hatte erörtern wollen, dem ersten nachzuliefern. Er arbeitete für sich, sammelte für die Zukunft, that das Mögliche zur Ausstattung seiner Vorlesungen, ging seinen stillen, wenig beachteten Gang und trug das ihm auferlegte Geschick mit ausdauernder Entschlossenheit.

Das Verhältniß zu den Seinen hatte unter diesen Umständen freilich wieder eine mißliche Wendung genommen. Der Vater liebte mäßigen Freisinn, und was er in der ersten Zeit von dem akademischen Wirken des Sohnes vernahm, befriedigte ihn um so mehr, als er erwarten durfte, daß alles jetzt noch zu weit hinaus Gehende später von selbst in die schicklichen Gränzen zurückkehren werde. Da sie dieser Hoffnung widersprach, verdroß ihn die Zurechtweisung, die Otto von dem Curatorium der Universität erhielt, ganz besonders, und er ermangelte nicht, ihm seinerseits die Mahnung zugehen zu lassen, daß er doch ja mit Ehren sich fügen und die Lebensklugheit nicht ganz bei Seite setzen solle. Mit Otto's weiterem Verhalten mußte er zufrieden seyn, und auch die ihm mitgetheilte Schrift konnte er nicht verdammen. Er freute sich, daß sein Fleisch und Blut so human dachte, so schwungvoll sich ausdrückte — ja, ihm schmeichelte die Kühnheit, die sich in dem Werke kundgab. Aber nach seiner Art, die Welt anzusehen, mußte er dem Autor gleichwohl bemerken, daß er damit nicht viel ausrichten würde, und als es nun eintraf und die äußern Verhältnisse Otto's so glanzlos und so unerfreulich sich gestalteten, da konnte er nicht umhin, ihn mit Ausdrücken mißbilligenden Bedauerns daran zu erinnern: daß er ihm alles das vorhergesagt habe!

Das Urtheil der Menschen richtet sich nach dem Erfolg: und wer Unglück hat, darf keine Gerechtigkeit erwarten. Sogar die nächsten Angehörigen und die besten Menschen können dem Reiz nicht widerstehen, dem von einem Mißgeschick Betroffenen dieses als Schuld

anzurechnen und ihn eine gewisse Art von Gering=
schätzung fühlen zu lassen. Es ist dieß freilich eine
harte Probe, auf die rechtlich denkende und ehrliebende
Seelen gestellt werden; und unser Freund hatte alle
ihm einwohnende Manneskraft aufzurufen, um hinzu=
nehmen und zu ertragen, was er von dem grämlicher
gewordenen Vater schriftlich und bei Besuchen mündlich
zu hören bekam.

Von der Mutter erfuhr er keine Ungerechtigkeit;
aber ihn mußte das Bedauern schmerzen, das sie kund=
gab, und das er nicht unbegründet finden konnte. Bei=
nahe in der Mitte der Dreißiger angekommen war er
— Privatdocent; Privatdocent ohne Succeß bei den
Studenten und ohne Hoffnung, in den nächsten Jahren
Professor zu werden. Bei der ungünstigen Meinung,
welche die Behörden von ihm erhalten hatten, war auch
ein heimlicher Versuch des Vaters, durch einen Ver=
wandten, der sonst Einfluß besaß, zu seinen Gunsten
zu wirken, ohne Erfolg geblieben; zu einem Unterkommen
auf einer andern Universität, und nun gar zu einem
Ruf, war keine Aussicht vorhanden — die Situation
also geradezu trostlos. Wie zärtlich nun die Mutter
den Sohn liebte, wie hoch sie ihn schätzte, sie mußte
doch annehmen, daß in seinem Wesen etwas Starres,
Unbehülfliches, allzu Stolzes liege, das ihm die Ver=
hältnisse immer wieder verderbe und ihn mit einem

traurigen Lebensloose bedrohe. Ihre Empfindung konnte sie nicht immer zurückhalten, und der gerechte Sohn konnte es ihr nicht verdenken. Aber diese Thatsache, daß er das Herz der Mutter betrübte, daß er von den Erwartungen, die er in ihr angeregt hatte und die sie mit so schönem Vertrauen hegte, keine erfüllte und vielleicht niemals eine erfüllen würde, das Leidwesen der Glaubenden und Liebenden übte nun eben den peinlichsten Druck auf seine Seele und versetzte ihn in die traurigste Stimmung.

Die Menschen, die sich mit heiterm, verträglichem Sinn an die Wirklichkeit anschließen und denen im Bunde mit ihr alles leicht von Statten geht, haben keine Ahnung, wie schwer Andere, die ihre eigensten Zwecke verfolgen, sich das Leben machen, und wie die Welt ihren selbstständigen Gang, den sie für Anmaßung hält, zu rächen pflegt. Solche Geister fühlen einen speziellen Beruf, und müssen es für ihre höchste Pflicht halten, ihm nachzukommen. Aber in dieser Arbeit begegnen sie den Wünschen und Forderungen der Welt; und wenn die Klugheit räth, irgendwie darauf einzugehen, so widerspricht die Ehre und mahnt, nicht das Schlechtere zu thun, um das Bessere zu versäumen. Die wahrhaft auf das höhere Ziel gerichtete Seele folgt dieser Stimme, bleibt aber darum in fortdauerndem Conflikt mit der Welt, erleidet von ihr wiederholte Kränkungen und muß es hinnehmen, wenn ihre Tugend als Unfähigkeit, ja als Verbrechen behandelt wird. Nicht immer ist auch der stärkste Geist im Stande, den Unbilden gegenüber seine Ueberlegenheit zu behaupten. Nach einer Reihe von Niederlagen kann der stets Zurückgewiesene dem düstern Glauben sich hingeben, daß er zum Leide geboren — daß er die Zahl derer zu mehren bestimmt sey, die ihrem Beruf zum Opfer fallen, ehe sie ihn noch erfüllt haben. Und wenn diese traurigste aller Aussichten ihn in Zwiespalt mit sich selber bringt, indem die Stimme des Versuchers nun mit einem Scheine von Vernunft ihn anliegt, durch Aufgeben unerreichbarer Ziele wenigstens die Existenz zu retten; wenn er ihn nur mehr aus Trotz, nicht zugleich mit Vertrauen auf seine Mission abweist; wenn er von dem äußern und innern Drucke gebeugt wird und die Kraft ihm entsinkt, dann ist der Moment für die Quälerin Welt gekommen, und sie erscheint, um dem Entmuthigten den bittersten Trank einzugeben.

Während Otto sich ohne wahrnehmbaren Erfolg abmühte und im Kampf mit dem Leben auch auf der von ihm selbst gewählten Arena zu erliegen schien, hatte der von Jugend auf mit ihm verglichene Eduard seinen Weg Schritt für Schritt empor gemacht. Nicht allzu rasch, nicht mit einem ungewöhnlichen Sprung — immer in einer Stellung eine entsprechende Zeit verweilend, aber nach ihr zu der nächst höheren aufsteigend. Der Posten, den er gegenwärtig einnahm, war für einen noch so jungen Mann bedeutend, aber seinem Lebensalter doch nicht eigentlich unangemessen, und der Titel immer noch von bescheidenem Klang. Man konnte nicht sagen, daß Eduard allzusehr begünstigt worden sey, indem er ihn erlangte, obwohl helfende Hände dabei im Spiele waren, und mußte ihm zugestehen, daß er ihn schon darum verdiente, weil er ihn ausfüllte. Vielseitig vorbereitet, durch seinen Aufenthalt in der preußischen Hauptstadt und den Verkehr mit angesehenen dortigen Familien gesellig und diplomatisch durchgebildet, hatte er sein angebornes praktisches Talent zu einer Fertigkeit entwickelt, bei der er alle seine Arbeiten mit Leichtigkeit und Sicherheit ausführte und spielend Anerkennung und Lob gewann. Da er eben so viel Ehrgeiz wie Geschick und, wenn es galt, Fleiß bemerken ließ, so warf man von den obersten Spitzen her die Augen auf ihn. Eine Verbindung mit ihm, so oder so, schien sehr versprechend, und der junge Beamte wurde daher nicht nur im Kabinet und Büreau, sondern namentlich auch in den Salons durch gütiges Entgegenkommen geehrt. Die unter ihm Stehenden waren ihm fast ohne Ausnahme ergeben, weil er ihnen durch kluge Freundlichkeit wohlthat, und manche priesen ihn eifrigst hinter seinem Rücken, weil es am Ende doch möglich war, daß er es erfuhr und ihnen bei Gelegenheit erkenntlich unter die Arme griff. Das war allerdings eine andre Situation, als die eines Privatdocenten, wie es Otto war! Kam nun in der Kreishauptstadt zufällig die Rede auf den einen und dachte man dabei an den andern, so sprach man über Eduard mit allen Zeichen der Hochschätzung, ja der Verehrung, über Otto dagegen mit einem Bedauern, das eigentlich nur verschleierte Geringschätzung war. Otto erlangte bei einem erneuten Besuch im elterlichen Hause von der Höhe dieser Stimmung wieder sichere Kunde — und mußte sich entschließen, auf's Neue das Leben eines Einsiedlers zu führen.

Am auffälligsten war ihm das Benehmen eines Vetters gewesen, eines gutmüthigen Mannes, der sich im geselligen Verkehr durch besondere Höflichkeit hervorzuthun pflegte. Bei der Visite, die er dem erst kürzlich in die Kreishauptstadt versetzten, bejahrten Herrn machte, cordial empfangen, sprach er mit ihm über dieß und jenes; der Mann erinnerte sich, Otto als vielversprechenden Knaben gekannt zu haben, und fragte ihn endlich, wie alt er sey. Die Zahl der Jahre mußte ihn frappiren (sie betrug vielleicht ein paar mehr, als er angenommen!) — er schwieg bedenklich. Dann sagte er mit Bedeutung: „Wenn Sie im Staatsdienst geblieben wären und sich tüchtig daran gehalten hätten, könnten Sie jetzt Rath seyn oder einen Posten haben wie Ihr Jugendfreund Horst!" — Otto, durch diese nicht besonders höfliche Erinnerung bei dem sonst so Höflichen überrascht und betroffen, versetzte mit einem gewissen Lächeln: „Wäre denn das besser?" — Und mit jener tiefen Empfindung, womit nur absolute Wahrheiten ausgesprochen werden, erwiderte der alte Herr: „O freilich wär's besser, — freilich!"

Den für ihn immerhin kränkenden Vergleichungen mit Eduard entging aber Otto auch zu Hause nicht ganz. Wenn ihn die Mutter schonte, so begegnete es dem Vater, Anlässe, welche das Gespräch gab, zu benutzen; und schwieg auch dieser, so kam ein Besuch, und Otto war zuweilen wieder dem absichtlichen Lob des andern und einem tiefen Bedauern seiner eignen Lebenslage ausgesetzt, wobei ihn das heuchlerische Hervorheben seiner Kenntnisse, die ein viel besseres Loos verdienten, nur um so verdrießlicher stimmen mußte.

In der letzten Woche, die er noch bei den Seinen zuzubringen Willens war, traf im Hause des Herrn Direktors eine freudige Nachricht ein. Was die Gattin so lange ersehnt und erstrebt hatte, war endlich durchgesetzt: der Direktor war aus irgend einem Anlaß, bei welchem sein Verdienst um den Fürsten und das Land als hervorleuchtend bezeichnet werden konnte, in den erblichen Adelstand erhoben worden. Herr und Frau von Ehrenfels, der Familie dieses so lebhaft gewünschte

Glück von Herzen gönnend, säumten nicht, ihren Gratulationsbesuch abzustatten, wurden auf's liebenswürdigste aufgenommen und hörten von Herrn und Frau von Horst die ernstlich ausgesprochene und glaubliche Versicherung: daß sie von dem Entschluß Seiner Hoheit *) gar keine Ahnung gehabt hätten und darum von dem Gnadenbeweis auf's höchste überrascht worden seyen! Der erste Rath erwiderte halb ehrlich, daß Seine Hoheit mit dieser Auszeichnung nichts gethan als das Verdienst gebührend belohnt hätten! Die nun wirkliche Frau von Horst lächelte darauf erkenntlich, ließ aber, gleichsam hinter diesem Lächeln, eine so tiefe Glückseligkeit bemerken, daß es Frau von Ehrenfels war, als müsse noch eine andere Genugthuung erfolgt seyn und offenbar werden, da ihr jene zur Bewirkung eines solchen Ausdrucks kaum zureichend schien. Doch eine weitere Mittheilung — etwa von einem neuem Avancement des Herrn Direktors — unterblieb, und endlich trennte man sich unter wechselseitigen Höflichkeiten.

Drei Tage nachher machte Frau von Horst allein ihren Gegenbesuch, indem sie den Gatten mit einer Unpäßlichkeit entschuldigte. Diese konnte indeß nicht von Bedeutung seyn, denn das Gesicht der Dame glänzte, die Augen funkelten Triumph und Wonne und nur mit

---

*) Vergl. S. 1—3.

Mühe konnte sie die ersten Reden und Fragen in dem üblichen ernstverbindlichen Tone halten. Frau von Ehrenfels, in Erinnerung ihres neulichen Gedankens wegen möglichen weitern Vorrückens, erkundigte sich, wie sich die Frau Geheimräthin (Schwester und Haupthebel der Frau von Horst in der Residenz) befinde, und ob sie in der letzten Zeit keine Nachricht von ihr erhalten habe. „Das nicht," erwiderte die Frau, indem sie ihrer Miene den Ausdruck der bescheidenen Hinnahme einer allzuhohen Gunst des Schicksals zu geben suchte, — „aber mein Sohn hat mir geschrieben. Eduard hat ein Glück gemacht, das über alle unsre Erwartung geht. Er ist zum vortragenden Rath im Ministerium des Innern ernannt und hat sich mit der einzigen Tochter des Herrn Ministers verlobt."

Wir wollen es nicht verschweigen — diese Nachricht wirkte auf die Familie Ehrenfels (denn auch der Sohn war zugegen!) — mit der Gewalt eines einschlagenden Blitzes. Der Triumph Eduards über Otto war ungeheuer! Die Herzen der Eltern mußten es fühlen, Otto selbst mußte davon frappirt seyn — und alle drei hatten nun in der That große Anstrengung nöthig, um unter lebhaften Glückwünschen das Gefühl eigner Demüthigung zurückzudrängen und die Wirkungen davon auf dem Gesicht nicht allzu merkbar werden zu lassen. Dem Sohn und der Mutter gelang dieß am ersten. Nach dem Bene=

ficium, dessen sich wahrhaft edle Seelen erfreuen, drang ihre innerste Gesinnung wie ein Strom hervor, die menschliche Schwäche nicht nur bezwingend, sondern völlig tilgend; sie wiederholten die ersten abgenöthigten Glückwünsche mit wahrer Theilnahme, mit dem Wohlwollen der auf die Güte und Stärke des Herzens gegründeten Ueberlegenheit — und sahen mit Bedauern, daß der Vater sich über seine Gekränktheit nicht zu erheben vermochte, sondern den Ausdruck der Verdrossenheit und Verlegenheit in seinem Gesichte behielt.

Frau von Horst, dieß nicht bemerkend oder sich nicht daran kehrend, theilte über die gloriosen Ereignisse das Nähere mit. Eduard verdanke das Glück, das er gemacht, einer Arbeit, die Seiner Hoheit vorgelegt worden und mit Ihrem höchsten Beifall beehrt worden sey. Seine Hoheit selber hätten gegen den Herrn Minister den Wunsch ausgesprochen, den Verfasser in Ihrer Nähe zu befördern, worauf ihn der Herr Minister zu der eben vacanten Stelle vorgeschlagen, trotz seines Leidwesens, daß ältere Bewerber dabei übergangen würden. Der Ernennung gewiß, habe Eduard den Muth gewonnen, um die Tochter des Herrn Ministers anzuhalten, die er schon lange im Stillen geliebt; und die Familie habe ihn gütigst aufgenommen, wobei der glückliche Zufall, daß Seine Hoheit fast zu derselben Zeit den Vater in den Adelsstand erhoben, ohne Zweifel auch seinen

Einfluß geäußert habe. Denn der Herr Minister sey vom ältesten Adel und hätte sich doch schwer entschlossen, die einzige, gefeierte Tochter einem Bürgerlichen zu geben, wie sehr er sonst mit ihm zufrieden gewesen wäre. Sie müßten es nun gestehen, sie wären glücklich gewesen über alles Erwarten und könnten nur wünschen, daß das, was die Vorsehung ihnen geschenkt habe, unter ihrem gnädigen Beistand ihnen auch verbleiben möge.

Der Vater hatte diese Erzählung mit einem eigenen, halb schmerzlichen, halb spöttischen Lächeln angehört, das aber durch den Ausdruck höflicher Theilnahme gleichsam nur durchschimmerte. Nach dem an Salbung streifenden Schluß äußerte er: „Dieser Wunsch, Frau Direktorin, wird wohl nicht erfüllt werden — er ist zu bescheiden. Die Stellung, die Ihr Herr Sohn erhalten hat, ist nur ein Anfang. Der Herr Minister, der sich schon in vorgerückten Jahren befindet, wird einen Nachfolger brauchen — und wer könnte dazu passender seyn, als der eigne Schwiegersohn, dessen ausgezeichnetes Talent bewiesen ist und der sich der besondern Gunst Seiner Hoheit erfreut?" — „O," rief die Frau, durch ihre Miene verrathend, daß dieß wörtlich ihre Hoffnungen seyen, „daran denken wir nicht — Eduard selber nicht! Er hat es weit genug gebracht. Auch in dieser Stellung kann er seinem Fürsten dienen und dem Lande nützlich werden — und mehr verlangt er nicht."

Frau von Horst hatte den Zweck ihres Besuches erreicht und empfahl sich.

Als die Familie, die sie höflich hinaus geleitet hatte, wieder in die Stube zurückkehrte, stieß der Vater einen tiefen Seufzer aus. Ein peinliches Schweigen folgte dieser Kundgebung. Frau von Ehrenfels, um nur etwas zu sagen, bemerkte: „Was unsre gute Freundin sagt, darf man nicht immer wörtlich nehmen. Ich kann mir's denken, wie die Sache gegangen ist." — „Nun ja," fuhr der Alte heraus, dem die Gereiztheit nicht nur den Accent schärfer, sondern auch die Zunge behender machte, „das liegt auf platter Hand! Die ganze Geschichte ist gemacht. Die Geheimräthin mit ihrem Anhang wird Alles aufgeboten haben, die Verbindung der jungen Leute zu Stande zu bringen, und ich zweifle nicht, daß man den kinderlosen General endlich auch vermocht hat, zu Gunsten Eduards zu testiren, denn der Minister muß für seine Tochter nicht nur einen hochgestellten, sondern auch einen gehörig bemittelten Gatten haben. Dann hat man dem Fürsten eine Arbeit des jungen Mannes vorgelegt, die ihm gefallen mußte, und sich das, was man selber projectirt hat, befehlen lassen; man hat rechtzeitig dafür gesorgt, daß der Direktor in den Adelsstand erhoben wurde — und so ist Alles von selber gekommen, wider alles Verhoffen und Erwarten der guten Leute!"

Die Mutter, über den ironisch=satyrischen Ton, den ihr Mann anschlug, verwundert, aber zugleich erfreut, daß er für seine üble Laune eine Ableitung gefunden, sagte, an seine Worte anknüpfend: „Die Mittel, welche die Vorsehung anwendet, sind oft recht menschlich, und man begreift, warum gewisse Leute so verhältniß= mäßig schnell emporkommen!" — „Allerdings," erwi= derte der Vater. „Aber aus Nichts wird Nichts. Der Grund, warum Eduard eine so glänzende Carriere ge= macht hat, liegt doch nur in ihm selber. Wäre er nicht so tüchtig, so gewandt, so thätig und in jeder Beziehung zu einem hohen Posten geeignet — der alte Minister würde nie seine Augen auf ihn geworfen, sondern sich einen andern Schwiegersohn ausgesucht haben. Aber wenn etwas an einem ist, dann kann man auch was aus ihm machen. — Ich kenne Leute" — setzte er mit einem Seitenblick auf Otto hinzu — „aus denen die beiden Weiber, der Minister, der General und die ganze einflußreiche Sippschaft mit dem besten Willen nichts hätten machen können!"

Die Mutter, die den Aufgeregten im Begriffe sah, den Sohn zu kränken, rief mit tadelndem und bittendem Ausdruck: „Vater!" — Aber der Alte war fernerer Beherrschung unfähig und mußte sich Luft machen. „Ach," rief er, „ich kann nicht mehr schweigen und muß endlich heraussagen, was mir das Herz drückt.

Man hat meinen Plan verworfen, und ich hab' mich euch gefügt. Der junge Herr hat seinen Kopf durchgesetzt; niemand hat ihn gehindert, weiß Gott was zu leisten und zu werden — und was ist er geworden? Ein armer Docent — ein Schulmeister, und noch dazu einer von den unansehnlichsten —, während der jüngere Horst eine Ehrenstufe um die andere ersteigt! Das ist's freilich nicht, was ich mir gedacht habe von einem Ehrenfels und meinem einzigen Sohn, — von einem Menschen, der in seiner Jugend mehr Talent gezeigt, als dieser Eduard, aber Alles wieder verdorben hat durch seinen Eigensinn, seinen Hochmuth und seine dumme Verachtung des wirklichen Lebens."

Bei dem bisherigen Verhältniß zwischen Vater und Sohn, das auf einer wechselseitigen Achtung ruhte, so daß der alte Herr auch im Affect eigentlich heruntersetzende Ausdrücke instinktmäßig vermied, waren diese Reden stark und wirklich kränkend. Otto fühlte sich schmerzlich getroffen, aber die Entgegnung, die sich ihm auf die Lippe drängte, hielt er zurück. Mit der Haltung der Resignation, mit Augen, die in ihrem feuchten Schein die Gefühle seines Herzens verriethen, entgegnete er: „Vater, du bist nicht in der Stimmung, wo du gegen mich gerecht seyn kannst. Ich entferne mich und warte, bis dir eine bessere kommt!" Er verließ die Stube, um sich auf sein Zimmer zu begeben.

Kaum hatte er die Thüre desselben geschlossen, als sie wieder geöffnet wurde und die Mutter hereintrat. Mit Thränen in den Augen ging sie auf den Sohn zu, schloß ihn in ihre Arme und küßte ihn, indem sie mit liebevollster Zärtlichkeit ihm das Haupt streichelte. „Dein Vater hat dir Unrecht gethan," rief sie, — „du mußt ihm verzeihen!" — „Ich nehm' es ihm nicht übel," erwiderte Otto; „er hat seinen Standpunkt, und von ihm aus kann er mich nicht anders beurtheilen!" — „Du mußt ihm verzeihen," wiederholte die Mutter nachdrücklicher, „denn er ist nicht nur gereizt, sondern krank! Seine Kräfte haben sehr nachgelassen, seine Nerven sind geschwächt, und wenn er sich auch Mühe gibt, mich nichts merken zu lassen, so weiß ich's doch. Er ist für das, was er in der Aufregung spricht und thut, nicht mehr verantwortlich!"

Der Sohn, der in diesen Worten nur ein Bestreben erkannte, Frieden zu stiften — denn er hatte, außer der natürlichen des zunehmenden Alters, keine Veränderung an dem Vater wahrgenommen — erwiderte mit Liebe: „Sprechen wir nicht weiter davon! Ich kann's ertragen, daß man mich verkennt; und es thut mir selber leid, daß ich ihm nicht die Freude machen kann, die er erwartet hat. — Es geht nun einmal nicht!" setzte er mit einem Seufzer hinzu. „Ich kann so wenig mich selbst anders machen, wie die Menschen." — „Du wirst deine Zwecke auch noch erreichen," tröstete die Mutter. „Du bist noch jung; und für deine Rechtlichkeit, dein Talent und deinen Fleiß muß es einen Lohn geben in der Welt." — „Es ist möglich," versetzte Otto. „Wenn es aber nicht so kommt, wenn die Welt in ihrer Feindseligkeit gegen mich beharrt, so wird mich's doch nicht reuen, zu seyn, was ich bin. Warum will man immer Lohn haben, wenn man seine Pflicht thut, und noch dazu gerne thut? Das Glück, nach seiner Neigung zu arbeiten, und das Bewußtseyn, Lohn zu verdienen, ist auch ein Lohn!"

Die Mutter sah ihn forschend an; denn sie wußte nicht, ob es ihm damit völliger Ernst sey. Dann, ihn beim Worte nehmend, entgegnete sie: „Man muß aber doch auch wünschen, etwas zu erreichen und eine Stellung zu erhalten, wie sie den Fähigkeiten, die man sich erworben hat, gebührt? Und wenn man darin seinen Beruf noch besser erfüllen und der Welt noch nützlicher werden kann, soll man nicht darnach streben?" — „Ohne Zweifel," erwiderte der Sohn mit Ernst, — „wenn man es kann, ohne seine Grundsätze aufzuopfern!" — „Es wäre schlimm," versetzte die Mutter, „wenn man das nicht könnte! Wie viele Männer von Geist und Charakter sind emporgekommen und haben gerade auf dem errungenen Posten ihre Pflicht gegen die Mitwelt am schönsten erfüllt!" — „Aber auch wie viele, liebe

Mutter, sind hintangesetzt und unterdrückt geblieben, weil ihnen ihr Geist und ihr Charakter bei den Menschen im Wege stand! Es gibt hier keine Regel. Der Erfolg ist möglich, oft wahrscheinlich, aber nicht nothwendig und gewiß. Dem Einen wird seine ehrenhafte Gesinnung Grund der Erhöhung und des Glücks, dem Andern bereitet sie ein Leben der Entbehrung. — Die Geschichte" — setzte er mit resignirt melancholischem Lächeln hinzu — „erzählt uns auch von Märtyrern, liebe Mutter! Das darf man nicht vergessen!"

Frau von Ehrenfels schwieg und schaute den Sohn an, der mit ruhiger Entschlossenheit vor ihr stand. Dann schüttelte sie den Kopf und sagte endlich mit dem Ausdruck mütterlicher Rüge: „Du machst dir zu traurige Gedanken, Otto! Wir leben nicht mehr in solchen Zeiten. In unserm Jahrhundert führt die Rechtlichkeit, wenn sie mit Verstand und Klugheit verbunden ist, nicht in's Elend; dazu ist man jetzt doch zu aufgeklärt und zu gebildet!" — „Andre Zeiten," entgegnete der Sohn, „andre Sitten. Andre Zeiten, andre Martyrien." — „Geh," versetzte die Mutter, indem sie ihn mit dem Vorwurfsblick der Liebe ansah, — „geh, und schlage dir diese Gedanken aus dem Kopf! Du sollst nicht gegen deine Ueberzeugungen handeln; aber du sollst den Weg suchen, auf dem du mit ihnen zu etwas gelangen kannst; und wenn du ihn suchst, wirst du ihn finden."

Und indem sie mit zärtlichem Lächeln seine Hand ergriff, fuhr sie fort: „Soll ich meinen liebsten Hoffnungen entsagen? Kannst du dir nicht denken, was eine Mutter wünschen muß von ihrem einzigen Sohn?

Ein Anflug von Humor erhellte das Gesicht Otto's und er sagte: „Ich kann mir's denken, liebe Mama. Was soll ich dir aber sagen? Wenn das Glück mir will und sonst nichts im Wege steht, soll dein Wunsch erfüllt werden!" — „Man muß nicht nur das Glück wollen lassen, man muß auch selber wollen," versetzte die Mutter ernstlich. „Man muß der Welt auch ein gutes Wort geben, wo es mit Ehren geschehen kann, und nicht seine Ehre darein setzen, spröde zu thun, die Menschen, die vielleicht guten Willen hätten, zurückzustoßen und sein Leben selber zu verderben. Man muß nicht dem Glück aus dem Wege gehen, um die Märtyrerkrone zu erlangen!" — „Diese Anklage, wenn die Rede so gemeint ist, trifft mich nicht," erwiderte Otto mit gleichem Ernst. „Ich bin mir bewußt, gegen die Welt nicht nur gerecht zu seyn, sondern billig. Und nach dieser Gerechtigkeit und dieser Billigkeit will ich reden, schreiben und handeln. Ich bin nicht so hoffärtig, wie du anzunehmen scheinst, und was mir zusteht, wie Andern, werd' ich nicht versäumen. Aber mir selbst und meinen Ueberzeugungen werd' ich nichts vergeben — um keinen Preis der Welt! Dieses bißchen Leben ist nicht werth), daß man um seinetwillen auch nur ein Jota von seinen Grundsätzen weiche, und es gibt Menschen, für welche die Pflicht, auf ihren Ideen und Idealen zu bestehen, heiliger ist als jede andere. Wenn mir die Gerechtigkeit und die Billigkeit, deren ich mich rühmen kann, nicht zum Glück verhelfen, dann will ich überhaupt keins. Ich kämpfe mit der Welt — ich will es nicht läugnen. Ich habe Gedanken für sie, die ich für besser halte, als die ihrigen; und ich werde sie vertreten und ausharren bei ihnen und sehen, wer das Feld behauptet. Auch verzweifle ich nicht im Voraus und denke nicht an den Untergang. Im Gegentheil, ich habe eine Hoffnung und eine Zuversicht, daß meine Zeit noch kommen muß, wie lang es auch dauern möge. In dieser Zuversicht leb' ich und streb' ich; und indem ich meine Pflicht thue, ziehen die Ehren und Eitelkeiten der Welt wie Rauch an mir vorüber. Ist das Hochmuth? Kannst du mich tadeln? Willst du, daß ich anders handle?

Die Mutter hatte dem Sohn, der ihr zum erstenmal mit leidenschaftlichem Ernst sein Innerstes öffnete, ernst und bewegt zugehört; ihre Augen füllten sich mit Thränen der Erhebung und der Freude. „Nein," rief sie, den Sohn in die Arme schließend, — „du sollst nicht anders handeln! Wenn du emporkommst mit dieser Gesinnung, wird es mich freuen; und wenn du um ihretwillen Unglück findest, will ich's für Glück halten!"

VI.

Innere Fassung und Lust der Entsagung. Höchstes Glück, Herzeleid. Veränderter Lebensplan.

———

Die Ferien waren abgelaufen, Otto kehrte in die Universität zurück. Den Tag nach der geschilderten Scene hatte sich der Vater wieder mit ihm versöhnt. Er erklärte selber: es thue ihm leid, wenn er ihm weh gethan; der Verdruß, die Aufregung hätten aus ihm gesprochen, aber er sehe wohl ein, daß dadurch nichts gebessert werde; die Wahl sey einmal getroffen und er solle jetzt den Weg nur fortgehen, hoffen könne man ja noch immer! Otto, der beim Wiedersehen ruhig gewesen war, als ob nichts vorgefallen, drückte dem alten Herrn mit einem Blick des Dankes und — der Nachsicht die Hand, und der Abschied war herzlich, obwohl auf dem Vater ein trüber Hauch von Kümmerniß lag.

Jede Zurückstoßung von der äußern Welt trieb

unsern Freund in tiefere Tiefen der innern. Er begrüßte seine einfach heimliche Wohnung mit neuer Freude, und in Kurzem vergaß er sich und die Welt im Umgang mit den größten und anmuthigsten Geistern aller Zeiten. Schöne Literatur, Philosophie und Geschichte, deren Studium er mit den Arbeiten seines Metiers verband, erquickten ihn, schlossen ihm neue Sphären auf und stärkten seinen Muth durch erhabene Beispiele der Ausdauer. Der Glaube an sich und seinen Beruf wurde völlig herrschend in ihm, wie immer, wenn er forschend und producirend mit sich allein war.

Indem er seiner Pflicht als Docent genügte, fühlte er einen neuen Trieb, dem Publikum, dem Volk etwas zu werden. Er hatte ein Buch veröffentlicht, und war übel damit angekommen. Jetzt, nachdem er von der letzten Antwort des Verlegers durch einen hinreichenden Zeitraum geschieden war, betrachtete er seine Niederlage mit Humor und zuckte lächelnd die Achseln darüber. Am Ende — sagte er sich — kann man es den guten Zeitgenossen nicht verdenken, daß sie nach ihrem Geschmack urtheilen und nur kaufen, was ihnen mundet. War's zu schlecht oder zu gut, kam's zu spät oder zu früh — sey dem, wie ihm wolle! Die ersten Welteroberungspläne pflegen überhaupt nicht durchzugehen; fangen wir's dießmal bescheidener an, versuchen wir

einzelne Seelen zu haschen ,durch schlichte Arbeiten —
die aber gelesen werden!

Der Genius, der sich so viele Jahre mit Reform=
Ideen getragen, und diese nur auszusprechen gedacht
hatte in einem wissenschaftlichen Ganzen, welches Audi=
torium und Publikum unwiderstehlich aufklären sollte,
— er freute sich jetzt, kleine Aufsätze und Recensionen
zu fertigen und sie in Zeitschriften zu geben. Sie
wurden angenommen, gedruckt, und von Einzelnen mit
Anerkennung beurtheilt, obwohl der Autor darin nur
sachlich zu Werke ging und auf alle Reizmittel, wovon
der Parteigeist so viel Nutzen zieht, Verzicht leistete.
Die einzelnen Fragen, um die es sich handelte, in's
Licht zu setzen und eine motivirte Entscheidung zu geben,
nahm er sich vor, und es gelang ihm in der Regel.
Als er von zwei Redactionen die ersten Abdrücke mit
dem freundlichen Ersuchen um Fortsetzung erhielt, fühlte
er ein tiefes Behagen. Es war freilich wenig gegen
das, was ihm ehedem vorschwebte; aber dieses Wenige
fand Leser, Freunde! Urtheilen, im Urtheil Gerechtig=
keit und Wohlwollen zu vereinigen und unter Hervor=
hebung des Guten, das in einem Buche sich fand, auf
das Bessere hinzudeuten, welches ihm sich darstellte, das
entsprach seiner eigensten Natur, und er genügte daher
dem Verlangen nach Fortsetzung mit Lust. Freilich
mußte er sich gestehen, daß er Einer von Hunderten,

wo nicht von Tausenden war, und daß die Arbeiten
gelesen wurden, um nach kurzer Zeit vergessen zu seyn.
Doch — vergessen schien ihm zu viel gesagt. Wer
konnte ermessen, wie viele Leser durch solche Arbeiten
Anregungen, ja Keime in sich eingesenkt erhielten, die
in ihnen fruchtbar wurden? Und wenn sie den, der
die Keime in sie gelegt hatte, auch vergaßen, was scha=
dete das? Daß das Gespendete wirkt und heilsam wird,
darauf kommt es an; und Wahrheit, in Klarheit aus=
gesprochen, muß immer wirken!

Eine eigne Genugthuung hatte er, wenn er, der so
oft für einen einseitigen Theoretiker erklärt worden war,
praktische Vorschläge machen konnte. Es ward ihm
selbst immer klarer, daß er allerdings keine praktische
Natur war, in so fern es galt, sich vor allem dem
Bestehenden zu fügen, wohl aber vorzugsweise in dem
Wollen thatsächlicher Umformung des Bestehenden. Da
ihm gegenwärtig jede andere Gelegenheit dazu abgeschnit=
ten war, so wünschte er sich Glück, durch wiederholte
Darstellung solcher Gedanken die Weiterbildung des
Volkes, seiner politischen und socialen Institutionen
mit vorbereiten zu helfen. Die Artikel, worin ihm
dieß gelungen schien, machten ihn mit sich am zufrie=
densten.

Resignation allein kann nicht zur heitern Ruhe
führen, wohl aber Resignation mit consequenter Thätig=

keit. Wenn man nichts erwartet, nichts mit leidenschaftlicher Sehnsucht herbeiwünscht, dann erfüllt das, was über Erwarten kommt, mit doppeltem Genügen. Man lernt die große Kunst, am Kleinen sich zu freuen, das flüchtige Glück mit Dank zu genießen; und wer das kann, der findet auf einmal, daß das Leben reich ist an einzelnen Ergötzungen, die zusammen eine schöne Summe ausmachen und wohl für seine Mängel, für die Entbehrungen, die es auferlegt, entschädigen können.

Um dieselbe Zeit kamen ihm auch, mündlich und brieflich, einzelne freundliche Stimmen über sein Buch zu, das er gänzlich verschollen glaubte. Es hatte doch gewirkt — Beistimmung gefunden, Ueberzeugung hervorgerufen; und zwar in der That eben bei solchen, die sich am wenigsten öffentlich auszusprechen pflegen! Otto erinnerte sich der Parabel vom Sämann, und der Gedanke an die Körner, die auf gutem Boden gleichwohl aufgegangen waren, goß ein ermunterndes Licht auch auf größere und gewagtere schriftstellerische Pläne.

Und wie nicht nur kein Unglück, sondern auch kein Glück allein zu kommen pflegt, so wurde er bei einer neuen ersten Vorlesung angenehm durch eine größere Anzahl von Zuhörern überrascht. Das Auditorium war immer noch bescheiden; aber es war doch gewachsen, und neue Hoffnungen konnten dem Herzen des Docenten schmeicheln.

Unser Freund ward sichtlich heiterer, und auch wieder ein besserer Gesellschafter, als er die letzten Jahre her gewesen war. Er frischte eine Art von Humor in sich auf, die eine schöne Zugabe zu seinem ernsten Naturell war. Frei geworden gegen die Verhältnisse des Lebens konnte er damit spielen; und das erspart viel Verdruß und schafft manches Vergnügen. Von Oben, von den älteren Professoren, die ihn früher übel beurtheilt hatten, blieb er noch dazu unbelästigt. Er hatte sich gefügt und war nicht mehr zu beneiden — wie sollte man gegen ihn einen Reiz zur Mißgunst empfinden? Einer seiner früheren Gegner meinte sogar, es könne, wenn er so fortfahre, am Ende noch was aus ihm werden!

Ein sanftes Behagen, ein stiller Frohsinn nahm die Seele des Mannes ein. Er hörte von dem Emporkommen dieses und jenes Schulgenossen, ohne durch die Erinnerung an sein eignes Zurückbleiben irgend betrübt zu werden — mit reiner, heitrer Theilnahme. Als ihm seine Mutter schrieb von der Hochzeit Eduards, von der Pracht, die dabei entfaltet worden, von der unendlichen Freude der Eltern und besonders der Mutter, die, heimgekehrt, ihr Alles beschrieben habe, — da erfüllte ihn die Consequenz in dem Lebensgange des Jugendfreundes mit wahrem Vergnügen; der Contrast seines eignen äußern Geschicks mit den Erfolgen Eduards ergötzte ihn, denn ein tiefes Gefühl sagte ihm, daß er

trotz alledem und alledem das bessere Theil erwählt
habe. Er ließ den glücklichen Gatten und Eltern durch
seine Mutter Glückwünsche melden, die durchaus von
Herzen kamen.

Wer sich selbst gefunden hat und mit seinem Ge=
wissen, mit seinem Gott in Frieden lebt, für den tritt
die Welt in ihr gebührendes Verhältniß zurück; und
was früher als übermächtige, drängende Realität vor
ihm stand, das gewinnt den fügsamen und erfreulichen
Charakter eines Schauspiels.

Aufmerksam, wie immer, folgte er dem Gang der
öffentlichen Angelegenheiten. Er erwog die Zustände,
Vorfälle und Conflicte, wovon die Journale Bericht
gaben, mit Rücksicht auf seine Ideale, und suchte über
die Mittel, die eine gesunde Entwicklung fördern möch=
ten, klar und klarer zu werden. In seinem Innern
fühlte er sich als eine Art Mitordner der öffentlichen
Dinge, indem er sich die politischen Strebungen zurecht=
legte, wie sie sich fügen und zusammengreifen sollten.
Und er hatte eine tiefe Zuversicht, daß die Zeit auch
des Mithandelns für ihn noch kommen und das Wesent=
liche seiner Ideen in That übergehen werde.

Mitten in den Frieden dieses Lebens brachte eine
Nachricht, die er von seiner Mutter erhielt, einen Zwie=
spalt und eine nicht geringe Aufregung, der er
aber mit Entschlossenheit ein Ende machte. Frau von

Horst nämlich meldete nach ihrer letzten Rückkehr aus der Residenz Grüße von Eduard und sagte der Freundin im Vertrauen, daß ihr Sohn gern bereit wäre, für seinen alten Schulkameraden etwas zu thun; allein wie er bemerkt habe, sey dieß nur möglich, wenn Otto sich entschließe, der Regierung irgendwie entgegen zu kommen. Man erwarte nichts, was seinem Charakter zu nahe träte; eine loyale, freundliche Kundgebung, wie sie ihm bei seinem Standpunkt wohl möglich sey, würde genügen. Bei der übeln Ansicht, die man in den obern Regionen leider von ihm gewonnen, sey es aber nothwendig, daß Eduard sich auf eine Thatsache berufen könne, wenn er die maßgebenden Persönlichkeiten ihm günstig stimmen und ihn in die Bahn bringen solle, auf der er vorwärts kommen werde. Die Mutter fügte dieser Meldung hinzu, daß sie es dem Sohn anheimstelle, ob und wie er auf den Vorschlag eingehen wolle, konnte aber nicht unterlassen, ihm eine ernstliche Erwägung anzuempfehlen. Ginge es in der That nicht an (sie habe ja in diesen Dingen eigentlich kein Urtheil!), so solle er dafür danken; wäre es aber möglich, ohne daß er sich etwas vergäbe, so möchte er dabei auch bedenken, welche Freude er dem Vater machen könnte!

Otto fühlte nach Lesung dieser Zuschrift sein Innerstes aufgerührt. Er hatte entsagt, die Ruhe des Herzens wieder gefunden und war in seiner Thätigkeit,

seinen Hoffnungen glücklich. Auf der andern Seite war
ihm aber nun die Aussicht eröffnet, einen Schritt em=
por zu thun und dadurch dem Vater die Genugthuung
zu geben, nach der er so dringend verlangte. Bei der
innigen Liebe zu seinen Eltern that ihm der Gedanke,
ihre Lieblingswünsche nicht erfüllen zu können, wieder
und wieder leid; er hatte mitten in dem Frieden seines
Lebens bedauert, daß ihm kein Erfolg geworden, der
dem Vaterherzen schmeicheln konnte, — und er prüfte
sich nun doch ganz ernstlich, ob nicht eine Form sich
ermitteln lasse, worin die gewünschte Kundgebung in
ehrenhafter Weise geschehen möchte. Aber er fand keine.
Er überdachte Alles, was er früher gelehrt, was er hatte
drucken lassen — er empfand es tief, daß der Fortschritt,
den er wollte, eben im eigensten Interesse des Fürsten
und des Landes wäre, und er sagte sich: wenn das nicht
loyal genug ist, so bin ich außer Stande, etwas Loyales
zu bieten! Bei der Feinheit seines Ehrgefühls erschien
es ihm nun auch unrecht, etwas zu producieren, das
völlig seine Ueberzeugung ausdrückte, aber in seinem
Alleinstehen zu unrichtigen Folgerungen Anlaß geben
konnte. Er hatte eine Empfindung, daß er verlockt
werden solle zur Partei=Ergreifung, wie sie dem Kern
seines Wollens entgegen war, — eine Art von Indig=
nation stieg in ihm auf, daß der versuchende Geist wie=
der und wieder an ihn komme und ihn irritire, der

Trotz des Ausharrens erhob sich in ihm, und er entschied sich im Moment.

Er schrieb der Mutter, daß und warum er auf die Proposition nicht eingehen könne, und bat sie, der Gönnerin mit herzlichem Dank für Eduards Freundlichkeit die Erklärung zu geben: daß er loyaler, als er bisher docirt und geschrieben habe, sich in der That nicht auszusprechen vermöge, zuversichtlich aber hoffe, man werde die wahrhaft rechtliche Gesinnung in seinen Veröffentlichungen noch erkennen und er werde dann ihr seine Beförderung danken. Bis dahin wolle er geduldig wartend seine bisherige Thätigkeit fortsetzen.

Als er das Schreiben abgesandt hatte, ward ihm wohl; er schlug sich alle störenden Gedanken aus dem Kopf und richtete seine ganze Sorge auf den Plan eines neuen größern Werkes, das er dem ersten folgen lassen wollte.

Aber der Mensch, der selbstständig seinen Gang zu gehen gedenkt, wird immer wieder daran erinnert, daß es auf Erden ein Schicksal gibt, welches mitbestimmend in seine Bahn eingreift; und das Leben erfindet Situationen, die auch den entschiedensten Charakter bewegen können, von seinen ersten Entschließungen abzugehen.

Was Otto dazu vermochte, war das größte Glück seines Lebens, zu dem sich ein großes Leid gesellte.

Unser Freund stand in der zweiten Hälfte der Dreißiger, und noch hatte kein Weib einen ernstlichen und tiefen Eindruck auf ihn gemacht. Er war zum schnellen Auflodern nicht geschaffen; und ein Mädchen, deren Erscheinung und Eigenschaften ihn im Innersten ergriffen hätten, war ihm nicht begegnet. Als Student verehrte er im Geheimen eine um wenig Jahre ältere, schöne Wittwe, die aber, mit einem zweiten Gatten den Ort verlassend, nur ein liebliches Andenken in ihm zurückließ. Weiterhin überschritten die Gefühle, die von dieser und jener Schönheit in ihm angeregt wurden, nicht die Gränzen eines frohen und herzlichen Wohlgefallens. Von seinen Ideen und wissenschaftlichen Projecten leidenschaftlich in Anspruch genommen, suchte er freilich auch nicht nach einer Lebensgefährtin, und so kam es denn, daß er auch keine fand. Er lebte namentlich in der letzten Zeit so herzensruhig dahin, daß der Verdacht in ihm aufstieg, als ob ihm die Gemüthsbedingung zu einem ernsten Verhältniß gänzlich fehlte und er sich auf eine Junggesellen=Existenz einzurichten hätte. Allein hierin that er sich unrecht, und er sollte bald eines Bessern belehrt werden.

Im ersten Jahr seines Docirens hatte er bei der ihm befreundeten Familie hie und da ein Ehepaar getroffen, mit dem er sich gern unterhielt. Der Mann war Lehrer der Philosophie und sein Fach eigentlich die Geschichte dieser Wissenschaft in Verbindung mit der klassischen Philologie; die Frau lebhaft, geistreich, und so eingenommen für die Wissenschaft und im Verkehr mit dem Manne so gebildet, daß sie an einer philosophischen Unterhaltung sich förmlich betheiligen konnte, ohne daß der Anmuth ihres Wesens dadurch Eintrag geschah. Diese Leute hatten einen Sohn, der sich eben auf einer auswärtigen Universität befand, und eine Tochter, die etwa zwölf Jahre zählen mochte — ein sinniges Kind, dessen ganze Erscheinung eine scheue Innerlichkeit verrieth und mit welcher Otto gelegentlich ein freundlich neckendes Gespräch führte. Indessen der ausgezeichnete Lehrer erhielt einen Ruf an eine norddeutsche Universität, und das Verhältniß konnte nicht weiter gedeihen. Otto hörte noch mit Vergnügen von seinen Erfolgen in dem neuen Wirkungskreis, und verlor ihn endlich aus den Augen.

Da meldeten eines Tages die Blätter den Tod des Gelehrten, der, obwohl er auch schon in höheren Jahren stand, doch eigentlich ein Opfer seines Fleißes geworden war! Nicht lange, so hörte man, daß die Wittwe sich in die Universitätsstadt, ihren Geburtsort, zurückziehen wolle; und einige Wochen später traf sie mit Sohn und Tochter ein. Otto säumte nicht, sie zu begrüßen.

Wie die geistvolle, würdige Frau in ihrer häuslichen Trauerkleidung, in dem Ernst ihres durch die Zeit kaum gemilderten Leides ihm entgegenging, regte sich in ihm ein Gefühl der Hochachtung, wie es bis dahin wenige Frauen in ihm erweckt hatten. Ein kurzes Gespräch genügte, ihn zutraulicher zu machen, und er hatte gerade über seine eigene Lebensstellung Auskunft gegeben, als die Tochter in's Zimmer trat. Ihre edle Schönheit füllte ihn mit Staunen und traf ihn in die tiefste Seele.

Das ehemalige Klärchen war zweiundzwanzig Jahre alt, körperlich auf's anmuthigste gereift, und von einer Schlankheit, die sich dem Stattlichen näherte. Sie hatte dunkelbraune Haare und den Grundton ihres Teints konnte man als bräunlich, in's Goldene spielend, ansprechen. Aber das war nur äußerlich. Das Gesicht der Grüßenden, den alten Bekannten Wiedererkennenden, glänzte in einem Licht, das aus der besten und liebevollsten Seele floß, und Otto sagte sich, daß er noch in keinem jungfräulichen Antlitz Gemüthstiefe mit Klarheit des Geistes so wunderbar vereinigt gesehen habe.

Die ersten Reden, die er mit ihr wechselte, hatten einen Hauch von Verlegenheit, der sich auch ihr mittheilte; aber mehr von lieber und holder Art, löste er sich endlich in reine Freundlichkeit auf.

Schon in dieser ersten Unterredung wurde Otto im tiefsten Innern gewiß, daß sein Herz gewählt habe, sein Loos entschieden sey.

Die Mutter forderte ihn zum Abschied freundlich

auf, bald wieder zu kommen; und es begreift sich, daß er dieser Einladung folgte. Er konnte der Familie beim Suchen einer eigenen Wohnung und beim Einrichten derselben Dienste leisten, die ihn rasch mit allen ihren Gliedern vertraut machten; und bald sah es fast so aus, als ob er selber zu ihr gehörte.

Die Frage, die seine wirkliche Aufnahme zur Folge haben konnte, wagte er indeß nicht zu stellen. Er scheute sich, das schöne Leben, das in ihm erblüht war, zu berühren; er fürchtete sich vor einer Entscheidung, welche die Süßigkeit der Hoffnung vernichten konnte. Er hoffte, träumte und ließ sich gehen und kostete alle Seligkeit der hoffenden Liebe, alle Lust einer Unentschiedenheit, der in dämmernder Ferne das Licht möglicher Erfüllung blinkte.

Liebe ist Poesie, Verklärung des Geliebten. Der Liebende sieht Alles schön; er findet Alles so, wie er es geträumt, ersehnt, und gießt auf Alles den magisch-weihenden Schein seines huldbeglückten Innern. Liebe bewirkt das Wunder der Verschönung auch da, wo nach dem Urtheile ruhiger Betrachter eine verschönende Umformung nöthig — um wie viel überschwänglicher aber, wo sie durch die in sich vollendete Erscheinung so leicht gemacht ist! Otto sah die Geliebte nach und nach in allen Stimmungen, wie sie der Tag und zufällige Erlebnisse bringen können: ernst und traurig in Erinnerung an die letzterfahrene, leidvolle Zeit; in sich versunken und tiefruhig; sanft heiter und freundlich scherzend, ja aufgeregt und unmuthig bei Beweisen menschlicher Ungerechtigkeit und Anmaßung; — und immer entsprach sie dem Bild seiner Seele! Für ihn war es, um von ihrem Anblick entzückt zu werden, nicht nöthig, daß sie eben, wie man zu sagen pflegt, ihren schönen Tag hatte, — daß bei völligem Wohlbefinden aus dem Gesicht eben die holdesten Regungen des Innern strahlten: ihm war sie ein liebes, ein süßes Bild, wenn sie scheinbar theilnahmlos bei einer weiblichen Arbeit saß und die Unterhaltung der Mutter oder dem Bruder überließ; ja, als sie einige Tage leidend war und blaß und ermattet auf dem Sopha saß, glaubte er sie nie schöner und rührender gesehen zu haben.

Alle Schätze des Gefühls, die in ihm geruht hatten ihm selber unbewußt, brachen jetzt hervor, umströmten ihn und wiegten ihn auf Wogen glückseligen Lebens.

Er war von den neuen Empfindungen, von dem Umgang, der sie wieder und wieder in ihm anregte, so berauscht, daß er früher gar nicht gelebt zu haben und kühl und seicht durch's Leben gegangen zu seyn meinte. Was ehemals in den schönsten Augenblicken als Ideal über ihm stand, das war ihm jetzt wonnige Gegenwart und Besitz; er sah es mit seinen Augen, — er umschloß es mit seinen Armen: in liebendem Denken aller=

dings nur, aber doch in Wahrheit! Selbst die Momente ernster, männlicher Begeisterung verkannte er in dieser trunkenen Aufgeregtheit. Was er leisten wollte, schien ihm jetzt erst leistenswerth, hatte jetzt erst wahren Sinn und Zweck: denn Sie sollte ihm dabei zur Seite stehen und Sie sollte an dem Vollendeten sich weiden! Wenn ihm etwas Edles, Gemeinnütziges gelang — welche Götterlust, daß sie sich daran erfreute und ihm Dank und Beifall aussprach! Und seltsam — so seltsam, daß er bei der ersten Wahrnehmung über sich lächeln mußte: Haus und Wohnung, Geräthschaften und Zierrathen des Hauses gewannen jetzt erst Bedeutung für ihn, da Sie sich darin bewegte und sich ihrer bediente; sie erhielten einen eigenen trauten Schein, eine poetische Weihe — ähnlich der, welche die Reliquien großer und gefeierter Persönlichkeiten umfließt! — Bisher als unsteter Wanderer, als träumender Sucher und Fremdling durch die Welt gegangen, hatte er jetzt seine eigene Welt — seine kleine Welt — seine Heimath gefunden.

Aber durfte er auch wirklich eintreten in diesen Kreis? Kam das Gefühl der Geliebten dem seinigen entgegen? Empfand sie nicht nur Freundschaft und Wohlwollen gegen ihn (denn das war über allen Zweifel erhaben!) — empfand sie Liebe, wahre, herzliche, hingebende Liebe, mit der sie den Entschluß fassen konnte, ihr Loos an das seine zu knüpfen und mit ihm durch's Leben zu gehen?

Je tiefer und inniger der Mann liebt und verehrt, um so scheuer ist er, sich auf solche Fragen eine zuversichtliche Antwort zu geben. Der Werth der Geliebten erscheint ihm so unendlich, das Glück ihres Besitzes so wunderbar groß, so über alle Maßen hold, daß er sich nicht erkühnt, es sich zuzusprechen. Dem Glauben, je mehr er beseligt, tritt der Zweifel entgegen, der, unerschöpflich an Gegengründen, seine günstige Auslegung gewisser Worte und Handlungen immer wieder zu entkräften weiß.

Allerdings, Klara betrachtete ihn mit Güte, mit Liebe. Ein Lächeln umspielte ihren Mund, wenn er kam, und heitere Zufriedenheit, wenn er blieb, zu längerem Bleiben von ihr sich bereden ließ. Sie zeigte zuweilen ein eigenes Vertrauen gegen ihn in der Art, wie sie ihm irgend einen Rath ertheilte oder einen Auftrag gab. Sie rechnete auf ihn und verfügte über ihn mit der Zuversicht halb einer Schwester und halb —. ja, halb fast mit der Zuversicht einer Geliebten. Einmal, als ihre Blicke sich trafen, goß lichtes Roth sich über ihre Wange, sie sah weg, und um ihren Mund floß ein Ausdruck holder, holdseliger Wehmuth — die wundersüße Blüthe eines Gefühls, das ihr selbst unbewußt in ihrem Herzen erstanden war!

Aber — konnte das nicht Alles Täuschung seyn? War es nicht möglich, daß er sah, was er zu sehen über Alles wünschte: in dem Wohlwollen der Freundschaft die Güte der Liebe — in dem natürlichen Vertrauen zu einem nähern Bekannten entgegenkommende Traulich=
keit — in den Zeichen einer augenblicklichen Verlegen=
heit den Ausdruck eines tieferen Gefühls? Unstreitig war das möglich, und er konnte sich irren. Mußte denn auch gerade er der einzig Glückliche seyn, den sie vor Allen erwählte, um ihm zu gehören mit aller Schönheit des Leibes und der Seele, mit allen Schätzen des Gemüthes?

Und doch — ja, auch das Glück war möglich! — und zuweilen meinte er nicht zweifeln zu können, daß es zu ihm kam in allem Glanz und Duft und eine Welt von Wundern erschließend endlich den Lohn brachte für so langes, leid= und mühevolles Ringen und Ent=
behren! — Er schwankte hin und her zwischen Ja und Nein, Nein und Ja: es war auch eine Lust, ein wogen=
des, bangsüßes Leben der Seele. Er glaubte, zweifelte, und harrte.

Die Gespräche, die Otto mit der Familie pflog, waren so begabter und gebildeter Personen würdig. Der Sohn, Albert, hatte sich dem Fach des Vaters gewidmet und dachte, nach mehrjährigen Reisen und Studien in den europäischen Hauptorten der Wissenschaft, sich an der Universität zu habilitiren, da er unter den gegenwärtigen Verhältnissen Hoffnung hatte, bald eine Professur zu erlangen. Wenn sie nun alle vier beim abendlichen Thee zusammen saßen, wendete sich die Unterhaltung nicht selten auf politische, culturhistorische und philosophische Fragen; wobei sich alle mit Freuden überzeugten, daß sie auch hier in den Hauptsachen übereinstimmten.

Für den gebildeten Mann ist nichts wohlthuender, als zu sehen, daß die Erwählte seines Herzens tiefern Antheil nimmt an seinem Streben und selbst mit frohem Glauben an den Idealen seines Geistes hängt. Wie unser Freund an Klara nicht nur dieß wahrnahm, sondern auch die natürliche, anmuthig weibliche Art, womit sie, als das Ebenbild der Mutter, fragend, selbsturtheilend und beistimmend sich ausdrückte, — da fühlte er sie doppelt und dreifach sein — ihm vorbestimmt zum Weibe, zu einer treuen und selbstständigen Gefährtin in einer Ehe, die wahrhaft im Himmel geschlossen worden.

Es waren schöne Stunden, welche die kleine Gesellschaft entweder allein oder mit wenigen nähern Bekannten verbrachte. Die Mutter hatte Trost angenommen und im Hinblick auf ihre Kinder neuen Lebensmuth geschöpft. Sie gedachte mit ihnen des Verstorbenen in Ernst und Liebe, und wollte ihn ehren durch ein Verhalten, das seinen Beifall hatte. Die Tüchtigkeit Alberts war erprobt, über seine Zukunft konnte sie ruhig seyn. Die

Tochter (das war ihr klar geworden!) hatte das Herz eines in jeder Beziehung hochachtbaren Mannes gewonnen. Liebte sie ihn wieder? Konnte sie sich entschließen, die Seine zu werden? Klara sprach sich darüber nicht nur nicht aus, sie vermied auch eine Andeutung zu geben, und die Mutter bedachte sich, die Frage zu berühren; aber sie hoffte, was ihr lieb war, und glaubte ihrer Sache gewiß zu seyn. Hatte nun Otto noch keine Stellung, wie sie seinem Verdienst gebührte, so mußte er diese doch nothwendig finden, und die Erfahrene durfte annehmen, daß er eben jetzt sich selber mehr darum bemühen würde. So konnte sie von Herzen einstimmen in die Hoffnungen der jungen Männer — in die Hoffnungen auf eignes Glück und auf ein schöner gestaltetes Vaterland, in welchem sie allein ihr eignes Glück sich denken mochten.

Geist und Gemüth und Phantasie haben eine wunderbare Macht. Wenn sich im wärmeren Gespräch eins am andern begeisterte und die Männer ausführten, was geschehen sollte und müßte, da vergaß man die Welt und ihre Hindernisse; was man wünschte und hoffte, war schon geschehen, die deutschen Völker und Staaten waren einig, weil sie selber einig waren: noch einige muthige Schritte und die deutsche Nation war in erhöhter Ausbildung, was sie ehedem gewesen und was sie ihrer Begabung nach seyn mußte: der Mittelpunkt der europäischen Völkerfamilie, das Musterbild der vorwärts und emporgehenden Menschheit!

Hatte das Gespräch zu einer Erschöpfung des Gegenstandes — zu einer Uebereinstimmung geführt, bei der die Gemüther sich vorläufig beruhigen konnten, so besaß Klara das Mittel, die eintretende Stille auf die anmuthigste Weise auszufüllen durch ihr Pianospiel. Sie war durch einen Meister unterrichtet, der ihrem natürlichen Sinn für das Ernstschöne und Tiefe entgegenkam und einen Geschmack in ihr ausbildete, der die ächten Schöpfungen musikalischer Genien liebte und mit voller Hingebung wiederbelebte. Der Flitter des Tages, wie reizend und modebeliebt er seyn mochte, war fast ganz ausgeschlossen von ihren Vorträgen; dafür spielte sie aber das Inhaltsvolle, Tiefgehende, Markige, mit einer Fertigkeit und einer Glut der Empfindung, daß sie die Hörer zur Bewunderung hinriß. Oft stand Otto neben ihr; und wenn sie, nach einem freudigen Ausruf, der aus seinem tiefsten Herzen kam, durch das Spiel selbst im Innern erregt ihn ansah, da glaubte er nicht nur Dank, nicht nur Freude glänzen zu sehen in dem schönen Aug', sondern Liebe — besondere Freude, eben ihm zu gefallen, eben ihn entzückt zu haben. Die Hoffnung ergoß sich in sein Herz wie ein Strom, und er ließ sich fortführen zu den beglückendsten Vorstellungen.

Der gereifte Mann hatte sich völlig wieder verjüngt; die edeln patriotischen Träume der Jugend erwachten wieder und kleideten sich in bezaubernde, herzerquickende Farben. Was bedurfte es denn, sie in Wirklichkeit zu führen, als die Kraft und den Willen, deren er sich rühmen konnte? Und er traute diese Kraft und diesen Willen dem ganzen deutschen Volke zu. Alles, was er liebte, trat zusammen und einigte sich zur schönsten Harmonie. Die Jungfrau, die er gefunden, das Vaterland, die Menschheit — der Allliebende, der Alles hatte werden lassen — abwechselnd stellten sie sich vor seine Seele, und er fühlte sich mit allen im tiefsten Einklang. Wie glücklich war er! Die Geliebte erfüllte ihn ganz; es bedurfte nur einer flüchtigen Berührung — und wäre es das Streifen ihres Kleides gewesen — nur eines Blickes auf sie, eines Blickes von ihr, eines unmerklichen Lächelns auf ihrem Antlitz, um die Freude wogen zu machen in ihm und sein ganzes Herz zu erregen. Und doch hatte er noch mehr — überschwänglich viel mit ihr und für sie! Er hatte die Ideen, die in ihm aufstiegen und sich verbanden, frei und leicht, wie Gebilde himmlischer Geister; — er hatte den Manneswillen, zu schaffen und zu vollenden, und zu der Wonne des Lebens die Würde des Handelns, das Licht der Ehre sich zu erobern! — —

Wundersame Trunkenheit, wenn der bewußten und

unbewußten Sehnsucht des Herzens mit einemmal Erfüllung wird und die Gluten wonnigen Gemüthsbesitzes durch alle Adern sich gießen! Wenn Alles im Leben übereinzustimmen scheint, weil die erhobene, glaubende und liebende Seele Alles übereinstimmend denkt und schaut! Die Wogen können freilich nicht dauernd in erster Höhe gehen; sie sinken endlich, und der glühende Taumel der Leidenschaft entflieht. Aber in dem Glücklichen und Starken doch nur, um in siegreicher Thätigkeit edlern Gefühlen Platz zu machen und später, mitten in den Arbeiten des Mannes, wiederzuerstehen und aufzublühen zu jugendduftigem Leben! —

Doch die Zeit schwand hin, Woch' um Woche verging — Otto fühlte und sagte sich, daß er eine Entscheidung, daß er Gewißheit haben müsse, wäre es auch auf die Gefahr hin, alles Glück der liebenden Seele zerstört zu sehen. Er nahm sich vor — nicht eines der gangbaren Mittel anzuwenden und geradezu eine Anfrage an die Geliebte oder die Mutter zu stellen; aber doch den ersten guten Anlaß, die erste Gelegenheit zu einer Erklärung zu benützen.

Und darin hatte er Glück — die Gelegenheit kam.

Es war im schönen Monat Mai, die Familie wollte an einem Feiertag ein freundlich gelegenes Dorf besuchen und schlug dazu den entfernteren, seltner begangenen, aber hübschern Weg über die bewaldeten Höhen ein.

Die Beiden, die zusammen gingen und sich unterhielten, blieben eine Strecke zurück. Amseln und Grasmücken stimmten einzelne Töne an und brachten es in der Wärme des frühen Nachmittags, wie halb schlafend und träumend, nur zu Bruchstücken ihrer Lieder, die aber einen um so zauberhaftern Eindruck machten. Das Paar ging horchend und schweigend langsamer. An einer kleinen freien Stelle im Walde angekommen, von der aus der Weg rechts ablenkte, sahen sie sich ganz allein. Eine Gruppe von Sträuchern des Schwarzdorns, die auf einem Anhang eben in schönster Blüthe standen und deren jeder aussah wie ein rein weißer Strauß, lenkte die Aufmerksamkeit des Mädchens auf sich. Mit einem Ruf der Bewunderung wollte sie darauf zugehen, aber ihr Fuß rutschte über einen glatten Stein und sie wäre vielleicht gefallen, wenn Otto sie nicht schnell um den Leib gefaßt und gehalten hätte. Der Glückliche vergaß, den Arm wieder zurückzuziehen; er zog die reizende Gestalt vielmehr unwillkürlich an sich, und Klara bewegte sich, als ob sie sich losmachen wollte. Otto, plötzlich entschlossen, rief aber mit inniger Herzlichkeit, die erstandene glühende Aufregung in seinem Innern bemeisternd: „Lassen Sie sich halten, Klara — entziehen Sie sich mir nicht! Muß ich Ihnen erst noch sagen, daß mein Herz, daß Alles, was ich bin, Ihnen gehört? Sie haben das schon selber gesehen und wissen es! —

Wollen Sie mein seyn — wollen Sie mir Herz und Hand schenken? Reden Sie! — entscheiden Sie mein Loos mit Einemmal!"

Bei den letzten Worten hatte Otto die Hand von der Jungfrau, deren Zittern er fühlte, sinken lassen; — er stellte sich vor sie und sah sie an, stand aber alsbald selber betroffen, bestürzt vor ihr.

Klara, von dem Arm des Mannes umfangen und gehalten, war glühend erröthet. Die Worte, die sie dann vernahm, wirkten erschreckend auf sie, und in dieser jähen Empfindung wich die Farbe für einen Moment gänzlich aus ihrem Angesicht. Sie hatte freilich in den letzten Tagen gesehen, daß es zu einer Erklärung kom= men würde; doch jetzt, da sie urplötzlich und im Augen= blick vollkommen überraschend an sie gelangte, in drän= gender Wirklichkeit vor ihr stand und Entscheidung heischte, da fühlte sie mit einemmal das Ungeheure der völligen, unwiderruflichen Hingabe, und dieses Gefühl überwältigte sie gänzlich. Auf die Blässe ihres Ange= sichts folgte dunkles Erröthen und ein Ausdruck tiefster Befangenheit; ihr bebender Mund blieb stumm, ihre Augen von Otto weggewandt.

Dieser, der aus dem Schweigen, der Haltung der Geliebten eine Weigerung lesen mußte, und doch nicht daran glauben konnte, rief mit erstaunt=schmerzlichem

Ton: „Wie! hab' ich mich ganz und gar getäuscht? Sie wenden sich weg — Sie verschmähen mich?"

Das Mädchen zuckte, ein Wort schien sich auf die Lippe zu drängen, aber diese versagte den Dienst.

Otto warf einen Blick tiefer Trauer auf sie und sagte: „So verzeihen — vergessen Sie meine Anfrage! Ich werde Sie künftig als ein Freund lieben; und wenn ich Sie noch anders lieben sollte, so werden Sie nichts davon wahrnehmen! Hab' ich mich geirrt — ich bin ein Mensch! Aber ich bin auch ein Mann, und kann mich beherrschen. — Sie sollen auch nicht wahrnehmen, was ich sonst noch fühle" —

Weiter konnte er nicht. Er schwieg und drückte die Zähne zusammen; denn seine Lippen, die zitterten, und seine Augen, die sich trübten, waren im Begriff, alles Weh der Seele zu verrathen!

Nun war aber die Erstarrung, die tiefe, bannende Scheu der Jungfrau überwunden. Der Ton der Stimme, der ihr das tiefste Herzeleid offenbarte, das dem Thränenerguß nahe Verstummen des edeln, stets verehrten Mannes, ließ die Liebe siegen über alle Hemmnisse, und mit heroischem Entschluß, der ihr Angesicht mit einemmal in Licht verklärte, rief sie: „Nein, Otto! Mißverstehen Sie mich nicht! Ich liebte Sie von dem ersten Tag an, wo ich Sie wiedergesehen! Sie sollen Alles wissen! — Mein Herz gehört Ihnen seit meiner Kindheit" —

„Ah," rief Otto, die sich bietende Hand ergreifend und mit naßgewordenen Augen lächelnd, — „das ist etwas Anderes! — Dank, Liebe, Liebste!" Er umschlang sie und drückte auf die Lippen, die ihm so holde Wahrheit verkündet, einen entzückten Kuß, der mit hingebender Zärtlichkeit und Thränen der Freude geduldet, erwiedert wurde. Ringsum Schweigen, zauberhaftes Wehen und Säuseln des einsamen Gehölzes. Die weißen Blüthen glänzten himmlischrein in die Augen der Glücklichen, und die Flötentöne einer Amsel drangen wie Klänge aus einer andern Welt in ihre Ohren. „Komm," rief endlich Otto, indem er ihren Arm ergriff und sie fortführte, — „komm, und laß uns zur Mutter gehen!"

In dem Garten des Dorfwirthshauses trafen sie die Gesellschaft um einen Tisch versammelt und grüßten sie mit so glückseliger Heiterkeit, daß die Ihrigen gleich ahnten, was vorgefallen war. Als Klara die Mutter dann am Arm ergriff und sie in die Baumpartie des Gartens führte, wäre bei dem Zittern ihres Armes ein Bekenntniß gar nicht mehr nöthig gewesen. Aber dieses erfolgte gleichwohl, und das ausgesprochene Wort erfüllte das Mutterherz mit der innigsten Zufriedenheit. Herzlich umfing die gerührte Frau das liebe Kind und erwiderte auf die Bitte um ihre Einwilligung: „Ich gebe sie mit Freuden, — und Gott wird seinen Segen dazu geben!"

An demselben Abend noch wurde Otto förmlich als Sohn in die Familie aufgenommen. Des andern Tages war die Verlobung der ganzen Stadt bekannt. Wundern konnte sich Niemand darüber, denn dieser Ausgang war keinem Antheilnehmenden zweifelhaft gewesen; aber die Wohlwollenden freuten sich doch nicht weniger und fingen an, dem Gelehrten und Ehrenmanne, dem ein solcher Wurf gelungen war, auch weiterhin praktische Thatkraft zuzutrauen und Success im Leben für ihn zu erwarten.

Dazu war freilich zunächst keine besondere Aussicht gegeben. Der Bräutigam vergaß die Welt; und auch einigermaßen seine Studien. Mit seiner Lehrerpflicht fand er sich durch Lesung Eines Collegiums ab, das er überdieß nicht neu auszuarbeiten hatte. Kam es ihm doch vor, als müßte er nach so vielem Streben endlich auch einmal leben und rein glücklich seyn in der Leidenschaft des Herzens! Und er that es und kostete die Schönheit seines neuen Verhältnisses von Grund aus; er freute sich des liebefreundlichen Verkehrs in der Familie, und nicht minder der Glückwünsche und der Berühmungen, die er von alten und neuen Bekannten zu hören bekam. — Endlich mußte er aber doch sich

besinnen und mit ernsterer Sorge die gemeinsame Zu=
kunft in's Aug' fassen. —

Seiner Mutter hatte er die Verlobung noch in der=
selben Nacht geschrieben. Er schilderte die Geliebte und
sein Glück mit dem Schwunge der bewegten Seele, in=
dem er die Eltern in den herzlichsten Worten um ihre
Zustimmung und baldigste Meldung derselben bat. „Dein
Wunsch" (lautete der Schluß) — „Dein Lieblingswunsch,
theure Mutter, ist nun erfüllt. Dein einziger Sohn
ist glücklich — unendlich glücklich. Bist Du nun mit
mir zufrieden — hab' ich's endlich recht gemacht? Siehst
Du nun mit Vertrauen in unsre Zukunft? Baue darauf:
nun wird Alles kommen, was Deine gütige Seele ge=
glaubt, was der Vater gewünscht und in seinem Herzen
doch auch gehofft hat! Liebende Kinder werden zu
euren Füßen sitzen — die Zeit wird unsre Freude nur
erhöhen — rosiges Leben wird euch umspielen — die
spätgekommene Erfüllung wird um so reicher und um
so beglückender seyn! — Wir senden beide die zärt=
lichsten Grüße und erwarten mit vollstem Vertrauen die
Besiegelung unsres Glücks."

Die Mutter konnte durch diese Meldung freilich
nicht mehr überrascht werden. Otto hatte ihr von Klara
und ihrer Familie schon seit Wochen in einem Tone
geschrieben, daß sie wohl sah, was in seinem Herzen
entschieden war. Sie hatte sich bei einer bekannten

Dame nach der Familie erkundigt; und als ihr nur Gutes gemeldet und sogar hinzugefügt wurde, daß die Wittwe sich durch eine gewisse Aehnlichkeit mit ihr auszeichne, hatte sie dem Vater ihre Vermuthung mitgetheilt. Nach allem, was er hörte, konnte dieser einer solchen Verbindung nicht entgegen seyn; es wäre ihm, der selbst die Tochter eines geringen Beamten zur Frau genommen, schlecht angestanden, an Klara den Mangel adeliger Abstammung zu rügen — und beide freuten sich der nahegelegenen Möglichkeit und knüpften daran ernstliche Hoffnungen für die Zukunft des Sohnes. Als die Nachricht eintraf, waren beide glücklich, gerührt und recht eigentlich befriedigt. Die Mutter erwiderte sofort mit liebendem Beifall Alles, was das Sohnesherz erwartet hatte; schloß indeß nicht ohne eine Hindeutung auf die Hoffnungen, die sie nun beide in Bezug auf sein Fortkommen hegten.

Einige Wochen später erhielt Otto durch den Vater eine Meldung, die ihn hoch überraschte. Der Direktor von Horst war plötzlich gestorben, — todt im Bette gefunden worden, das er Abends in der Fülle der Gesundheit bestiegen hatte, — und die betrübte Wittwe traf Anstalten, den Ort zu verlassen und in die Residenz zu ihrem Sohn überzusiedeln. Der brave Mann fügte seinem herzlichen Bedauern noch hinzu, daß er selber Hoffnung habe, in die vacante Stellung vorzurücken, und ermahnte den Sohn in kurzen und kräftigen Worten, nun doch endlich die Lage der Dinge ernstlich in's Auge zu fassen, seine Wahl zu treffen und, was er als das Verständigste und Beste erkannt habe, unverweilt auszuführen.

Es ging nicht anders — Otto mußte sich um eine Stellung bemühen, um einen Boden für sich und die Geliebte. Wie sollte er's aber anfangen? Was sollte er thun, um die Inhaber der Macht wieder zu begütigen und durch ihre Gunst emporzukommen? Wie er es überlegte, er sah kein anderes wirksames Mittel, als zu thun, was Eduard ihm vorgeschlagen — in Wort und Schrift sich dem herrschenden System zu nähern, gefällig zu erweisen. Dagegen aber sträubte sich und kämpfte sein Innerstes — die Stimme der Ehre verdammte dieses Mittel eben jetzt am entschiedensten! — Er konnte seinen Ueberzeugungen nicht untreu werden, nachdem er im Familienkreis der Geliebten sie mit erhöhter Begeisterung ausgesprochen und begründet — sich ihnen feierlich gelobt hatte! Er konnte Sie, deren nur der ehrenhafteste Mann werth erschien, nicht erwerben wollen mit Aufopferung eben seiner Ehrenhaftigkeit! Sie wäre nicht die Seine und er nicht der Ihre, wenn sein Gewissen die That verklagen müßte, wodurch er sie zu der Seinen gemacht!

Und doch! — Entsagung, andauernde Entsagung

war hart, und, Ihr zugemuthet, grausam! — Er prüfte
sich, ob es ihm nicht möglich wäre, sich mit aller Kraft
auf die Tagesliteratur zu werfen und als Führer eines
Journals die Gründung einer Häuslichkeit zu ermög=
lichen. Aber er mußte sehen, daß er in dieser Stellung
sich nicht minder dem Eigenthümer oder der Partei zu
accommodiren — seinem innersten Wollen, seinem eigen=
thümlichsten Ideal der Gerechtigkeit entgegenzutreten
hätte, ganz abgesehen davon, daß er durch einen solchen
Schritt den Vater tief betrübte und durch die Art des
auf den Tag bezogenen Arbeitens der Neigung und
dem Interesse seines Herzens Gewalt anthun mußte.

Auch das war keine Auskunft! Es gerieth ihm
nicht, und wenn er es trotzdem gleichwohl durchführte,
es fruchtete ihm nicht! Er war im Dienste der Welt
und verzehrte seine Kraft zum Ewigen und Unvergäng=
lichen in mühsamster Pflege des Vergänglichen! Er
opferte die Freiheit und Reinheit seines Blickes dem
Rauch und Qualm der Tagesleidenschaften, in deren
Sphäre er hinabstieg! Aber hier, wo ihn der Ekel er=
fassen mußte, konnte er doch nicht ausharren, und so
verlor er mit dem Lohn der Standhaftigkeit zugleich die
Früchte seines Abfalls!

Schwere Prüfung — peinlicher Zwang des Lebens!
Otto war in tiefster Seele darauf gerichtet, zu forschen,
die großen Fragen des Jahrhunderts zu untersuchen,

gewissenhaft, langsam, gründlich vorwärts zu gehen;
dann aber das als zeitgemäß und heilvoll Erkannte
selber in's Leben zu führen — in einem Wirkungskreise
die Probe zu machen und geistige Saaten zu herzer=
quickendem Flor entstehen zu lassen! Nun sollte er nicht
nur das schon Gefundene, sondern das noch zu Findende
hingeben an die selbstsüchtigen Willensmeinungen An=
derer — weil diese Andern im Besitze der Macht und
der Glücksgüter waren! — Hätte er von diesen nur
einen höchst bescheidenen Theil — hätte er nur ein
Zwanzigstel von dem, was sein Urgroßvater besaß und
im Geiste seines Jahrhunderts toll verschwendete — er
wäre über jeden Wunsch hinaus glücklich gewesen! Aber
er hatte nichts, als was ihm von der aufopfernden
Güte seiner Eltern wurde und was er sich, mühsam und
dürftig, selbst erarbeitete; den Beitrag von Seiten der
Braut konnte er nach Allem, was er sah, nur für ge=
ring halten — — er durfte es nicht wagen, es hieß
nach seiner tiefsten Ueberzeugung Gott versuchen, wenn
er auf die bloße Hoffnung hin eine Familie gründete
und Ihm die Sorge dafür überließ!

Was manchem Andern, und wahrlich auch manchem
ehrenwerthen, aber fügsamern Charakter möglich gewesen
wäre, das war ihm — nach seiner Natur und tiefsten
Gewohnheit — unmöglich. Er gab sich Mühe, Tage
hindurch, einen Ausweg zu finden; aber es gelang ihm

nicht. Und endlich — der Unruhe, der Qual, die sein Innerstes hin und her warf, ein Ende zu machen —, entschloß er sich, vorläufig zu resigniren und zu warten; zu warten, ob nicht vielleicht doch sich etwas ereignete, das ihm die prädestinirte Bahn offen legte. Gährte es doch fortwährend in deutschen Landen, strebte doch die Partei, mit der er am meisten gemein hatte, in dem großen Staate des Nordens ausdauernd zum Siege, zur Erlangung der Macht empor! Unerwartet — auch durch einen Anstoß von außen, wie schon öfter geschehen — konnte die Nothwendigkeit einer Aenderung des Systems vor die Thüre der Herrscher treten und mit unerbittlichem Angesicht fordern, was ihr kein Sterblicher, auch der gewaltigste nicht, verweigern kann. — Es war, ob auch nicht wahrscheinlich, doch möglich, daß die Verhältnisse mit der Zeit sich ihm günstiger gestalteten; — und warum nun sofort eine Wahl treffen, da ihm auch ohne sie ein so schönes Leben in Freundschaft und Liebe, eine rosige Zeit verheißen war, die er wahrlich über sich verhängen lassen konnte, da es ja doch immer in seiner Macht stand, ihr Ende zu beschließen!

Ihm war dabei sein Universitätsgenosse Bernhard eingefallen und die jugendliche Prophezeihung einer baldigen Umgestaltung der Dinge in Deutschland. Diese hatte sich freilich nicht erfüllt; und wenn der Journalist selber darauf gerechnet hatte, so war er schmerzlich betrogen, da er unlängst, wie die Zeitungen meldeten, aus einem norddeutschen Staat ausgewiesen und in seine Heimath zurückzukehren war genöthigt worden. Aber ein Vorgehen in dieser Richtung unter dem intelligenteren Theile der Nation war gleichwohl Thatsache, und irgend eine Wendung zu Gunsten dieser Bestrebungen, irgend ein Eintreffen der Vorhersagungen des armen Burschen (der ihm jetzt als ein Opfer seiner consequent verfolgten Zwecke recht eigentlich respektabel erschien!) lag gar wohl im Reiche der Möglichkeit.

Ruhig und entschieden, wie immer, wenn er mit seinem Gewissen im Reinen war, meldete Otto dem Vater, daß er als Universitätslehrer Alles aufbieten werde, um Studenten und Behörden zu befriedigen und zunächst wenigstens eine außerordentliche Professur davonzutragen. Dazu habe er Hoffnung, weil seine Zuhörer sich mehrten und die Stimmung unter den älteren Professoren ihm günstiger geworden; auch sey es für's Erste genug. Von der sichern Basis aus werde er weiter zu kommen suchen, und der Vater solle ihm nur vertrauen, daß er die rechte Gelegenheit, wenn er sie als solche erkannt habe, nicht versäumen werde.

Auf diese Art gewann er noch eine frieblich ungestörte Zeit, die er in stillem Glück, in zusammenhängender Thätigkeit, als Lehrer und Mitarbeiter wissenschaftlicher Blätter verbrachte. Im Genuß der Gegen=

wart erschien ihm die Zukunft auf's Neue hoffnungs=
reich: die Erfüllung lebte vorausgenommen in ihm
und stärkte und beflügelte seine Seele.

Im Herbst besuchte er mit der Geliebten und den
Ihrigen seine Eltern, und sah mit inniger Freude, wie
sich die Familien gleich bei der ersten Zusammenkunft
überaus gefielen und sich wechselseitig mit Blicken des
herzlichsten Wohlwollens und Vertrauens betrachteten.
Der Vater lächelte zum erstenmal wieder ganz glücklich
und fast schelmisch, zeigte der holdseligen Tochter eine
ritterliche Aufmerksamkeit und machte dem Sohn sein
spezielles Compliment über diesen ersten großen Succeß,
der hoffentlich andre nach sich ziehen werde. Von seinen
Bekannten im Ort sah sich Otto lebhaft beglückwünscht
und mit um so mehr Achtung geehrt, als das Vor=
rücken seines Vaters an die Stelle des Direktors,
dessen Geschäfte er bereits versah, nicht mehr zweifel=
haft erschien.

In die Universitätsstadt zurückgekehrt, that er neue
anbahnende Schritte zur Erlangung der Professur und
glaubte sich überzeugt halten zu dürfen, daß ihm Rektor
und Senat nicht entgegen seyn würden. Die Bewer=
bung durch die gesetzliche Eingabe, die in seinem be=
sondern Fall durch vertrauliche Gesuche zu unterstützen
war, verschob er indessen von Woche zu Woche — ein
Säumen, das wir nicht für löblich erklären wollen.

Nach der Art, wie er sich bei der obersten Behörde an=
gesehen wußte, nach der nicht befolgten Mahnung Eduards
war es ihm eben schwer, den rechten Ton, die wirksame
Begründung des Gesuchs zu finden — und er tem=
porisirte. — Da erhielt er, mitten im Winter, von
seiner Mutter ein Schreiben: er möge augenblicklich nach
Hause kommen, der Vater sey von einer gefährlichen
Krankheit befallen worden!

Er nahm Extrapost, langte in kürzester Frist an,
und betrat, von der bleichen Mutter geführt, mit beben=
dem Herzen das Krankenzimmer. Der wackre Herr litt
an einer heftigen Brustentzündung. Als er den Sohn
erblickte, lächelte er schmerzlich liebevoll; aber erschreckt
bemerkte Otto in dem Gesicht die Zeichen der Resignation,
jenen Ausdruck, der uns sagt, daß der Kranke gegen
den verderblichen Feind nicht die nöthige Kraft des
Gegenkampfes mehr aufbringen werde. Er tröstete und
sprach die Hoffnung auf Wiedergenesung um so leb=
hafter aus, je mehr Widerspruch sie in seinem Innersten
fand. Der Vater ergriff seine Hand und sagte schwer=
athmend, in gebrochenen Worten; „Wenn ich sterbe —
hast du die Sorge für die Mutter und — unsern
Namen. Versprich mir, deine Pflicht zu thun — unter
allen Umständen!" Otto, gegen die Gefahr protestirend,
gab mit thränenden Augen eine feierliche Zusage. Der

Vater zog seine Hand zurück und zeigte mitten in seinen Schmerzen ein beruhigtes Gesicht.

Wenn die Seinen darauf eine Hoffnung gegründet hatten, sahen sie sich bald grausam enttäuscht. Drei Tage darauf lag das Haupt der Familie im Sarge. —

Wir übergehen die Zeit des ersten heftigen Schmerzes der Hinterlassenen. Als Otto, ruhiger geworden, über sein Geschick nachdachte, fühlte er eine wehmüthige Trauer darüber, daß er dem Herzen des Geschiedenen niemals eine wahre volle Genugthuung verschafft hatte, niemals jenes stolze Gefühl, das ein Vater empfindet bei dem thatsächlichen Erfolg des Sohnes, bei der öffentlichen Anerkennung, die ihm gezollt wird. Eben er hätte sie verdient, eben ihm wäre sie am süßesten gewesen, — und er sollte hinübergehen mit der bloßen Hoffnung, die vielleicht nur auf Augenblicke seine Seele erhellt hatte!

Das herztiefe Leid, das der Sohn empfand, erzeugte in ihm einen Vorsatz. Er selbst war nun das Haupt der Familie, der einzige Repräsentant, wenn nicht des ganzen alten Geschlechts, doch einer Linie desselben. In dieser Eigenschaft fühlte er gleichfalls eine Mahnung, die ihm ernstlich vor die Seele trat: die Hoffnungen zu erfüllen, welche die Vorfahren über den würdigen Fortbestand der Familie zu hegen das Recht gehabt hatten. Zuletzt kam noch die liebevolle Rücksicht auf die Mutter und der innige Wunsch hinzu, wenigstens ihr in dem rühmlichen Emporkommen des Sohnes eine Befriedigung zu verschaffen; — und so wirkte Alles zusammen, um den Erschütterten und neu Gekräftigten Welt und Weltverhältnisse mit andern Augen betrachten zu lassen. Sein Widerstreben, irgend einen entgegen= kommenden Schritt zu thun, erschien ihm jetzt unge= bührlich starr und stolz; die Scheu, die sich jeder Be= rührung entzog, kam ihm ängstlich, ja kleinlich vor; die Versäumnisse der letzten Zeit empfand er geradezu als eine Schuld — und er nahm sich vor, mit con= sequent energischem Handeln Alles wieder gut zu machen und die Pflichten gegen die Seinen und gegen sich selbst mit einander zu erfüllen.

Aber nicht auf Eduards Vorschlag wollte er ein= gehen, nicht durch die gewünschten Aeußerungen als Lehrer und Autor dem Einflußreichen einen Anhalts= punkt geben zur Beförderung an der Hochschule; dieß war seiner unwürdig und blieb es! Ein anderes Mittel hatte sich ihm dargestellt! Er wollte den Freund auf= suchen, mit eigenen Augen sehen, offen und klar sich aussprechen, die Klugheit, die mit Rechtlichkeit Hand in Hand ging, anwenden, und so eine Stelle zu erlangen suchen, in welcher er dem Lande dienen konnte, ohne seinen Ueberzeugungen zuwiderhandeln zu müssen.

Er athmete auf, als er diesen Gedanken so recht

klar gedacht und den Entschluß gefaßt hatte. Sonderbar erschien es ihm, daß er nicht früher darauf gekommen war! Es lag so nahe, mit dem Jugendfreund sich mündlich auseinanderzusetzen; es war so möglich, daß beide gemeinschaftlich eine Auskunft fanden, die sich vorher keinem von ihnen dargestellt hatte! Im Lande, in der Hauptstadt selber gab es Posten, denen sich Otto gewachsen glaubte und deren Obliegenheiten ihn mit seinem Streben keineswegs in Conflict bringen mußten. Er stellte sich vor, daß dieß, wenn er als Beamter wirken sollte, in der Verwaltung der Kirchen= und Schulangelegenheiten recht wohl anginge. Und wenn es ihm nun beschieden wäre, in der Residenz Fuß zu fassen, konnte er seine Ideen nicht eben in den höheren Regionen zu verbreiten suchen? Waren sie nicht klar — waren sie nicht heilsam, ja rettend für die Macht= haber selber, und sollte es ganz und gar unmöglich seyn, diese — mit Geschick und mit Klugheit freilich — davon zu überzeugen?

Seiner durchaus guten Absichten auch in dieser Beziehung sich bewußt, erschien ihm sein Vorhaben jetzt nur noch als Pflicht. Er schrieb an den Freund und Schwiegersohn des Ministers. Der Meldung seines großen Verlustes, der Beziehung auf die Aehnlichkeit ihrer beiderseitigen schmerzlichen Erlebnisse fügte er den Wunsch hinzu, gegen den alten Bekannten sich vertrau=

lich aussprechen zu können, und die Anzeige, daß er zu diesem Zweck ihn in Kurzem besuchen werde. Er sey als Bräutigam eines liebenswürdigen Mädchens (die, wie er bemerken müsse, von seiner verehrten Frau gekannt sey!) und als der Sohn einer Wittwe in eine Lage gebracht, wo er seine freundschaftliche Hülfe werde in Anspruch nehmen müssen. Seine Wünsche seyen nicht unbillig; und was man ihm zugestehen werde, er hoffe Alles durch seine Leistungen aufwiegen zu können.

Als er die Zuschrift vor ihrer Absendung der Mutter vorlas, entfachte sich zum erstenmal nach der Krankheit und dem Tode des Gatten wieder ein leises hoffendes Lächeln auf ihrem Angesicht. Sie mußte es loben, daß Otto an eine Anstellung bei der obersten Behörde dachte. Der Wittwengehalt, der ihr zukam, war gering und auch bei sparsamster Einrichtung kaum für sie allein hinreichend. Die außerordentliche Professur, die man besten Falls ihm verschaffen konnte, trug wenig ein; — und wer konnte vorhersagen, ob er auf das nächste Emporrücken nicht eine Reihe von Jahren warten mußte? Als Ministerial-Beamter dagegen, wenn er auch mit der untersten Stelle begann — an der Quelle der Macht, in der Nähe einflußreicher Freunde — konnte er sich und den Seinen bald eine ehrenvolle Existenz gründen.

Mitten in den Geschäften, die an einen Fall, wie er ihn erlebt hatte, sich zu knüpfen pflegen, traf ihn das

Antwortschreiben Eduards. Es war kurz, aber sehr freundschaftlich. Nach dem ernst und würdig ausgedrückten Beileid von ihm und den Seinen folgte die Versicherung, daß er Alles aufbieten werde, den Freund in eine Stellung zu bringen, die seiner Fähigkeiten und seines Charakters würdig wäre. Er solle nur kommen, je eher je lieber. Uebrigens erinnere sich die Frau mit großem Vergnügen an seine liebenswürdige Braut und an das mit ihr im Institut verlebte Halbjahr; sie freue sich, ihn näher kennen zu lernen und die Freundin wiederzusehen.

Otto kehrte, wie er mußte, an die Universität zurück, und traf eine Einrichtung, das Versäumte nachzuholen und sein Collegium gleichwohl am frühesten zu schließen. Von den Segenswünschen seiner Lieben begleitet, kurze Zeit vor Ostern, reiste er nach der Hauptstadt.

VII.

Neue Bekanntschaften. Die Jugendfreunde. Ein alter Bekannter. Frohe Gegenwart, lockende Zukunft. Die Liebenswürdige und die Grossmüthige.

Es ward Otto doch sonderbar zu Muth, als er in der Dämmerung den Ort wiedersah, in welchem er als Jüngling gelebt und den er nun seit Jahren nicht mehr besucht — weil eigentlich instinktartig gemieden hatte! Mitten im Interesse des Wiedersehens altbekannter Localitäten meldete sich in ihm ein gewisses Unbehagen bei dem Gedanken, so nahe vor dem Augenblick zu stehen, wo er im Grunde doch als Supplikant vor seinen alten Rival zu treten hatte. Er mußte sich die Nothwendigkeit, die Pflichtmäßigkeit seines Handelns recht lebhaft vorstellen, um dieses Gefühl zu überwinden und seinem nächsten Vorhaben ruhiger entgegenzusehen.

Seine Braut hatte ihm ein Schreiben an ihre Tante — Stiefschwester ihrer Mutter und Wittwe eines Ma=

jors — mitgegeben, eine Frau, die ihre bedeutenden Einkünfte in der Residenz nicht sowohl verzehrte, als zur Mehrung ihres Vermögens benutzte, und die, obwohl die Familie mit ihr nicht in besonders intimen Beziehungen stand, von Otto doch besucht werden mußte. Von seinen eignen Verwandten lebte nur noch ein alter Militär, den zu begrüßen er sich herzlich freute und der ihm vielleicht auch nützlich werden konnte. Doch den ersten Abend wollte er noch friedlich verleben; er stieg in einem Gasthof ab und verbrachte die Stunden vor Schlafengehen mit Lectüre.

Am andern Morgen besuchte er zunächst den Obersten, seinen Vetter. Der alte Weißkopf zeigte das größte Vergnügen, die Verständigung war indessen schwer mit ihm, weil er ziemlich harthörig geworden war, und Otto erkannte bald, daß sein Glaube an den Einfluß des Verwandten auf einer Täuschung beruhte, indem durch die Entfernung zweier Fäden das Netz seiner ehemaligen Verbindungen auseinandergegangen war. Die von selbst kommenden Geständnisse und Klagen des braven Mannes ruhig anhörend, tröstete er ihn selber, indem er ihn mit heitrer Freundlichkeit daran erinnerte, daß er, der wohlpensionirte Kriegsmann, der Hofgunst in keiner Beziehung mehr nöthig habe!

Der zweite Besuch galt der Tante. Diese, eine große, hagere Frau in den Sechzigen, deren scharfe Ge-

sichtszüge etwas Festes, Charaktervolles hatten, richtete
nach Lesung des Briefes ihren Blick auf den neuen
Verwandten und konnte nicht umhin, seine männlich
schöne Figur beifällig zu würdigen. Otto, mit der ihm
angebornen Achtung des Alters, benahm sich gegen die
Dame so theilnehmend und gefällig, daß ihr spröd=
flüssiges Herz einigermaßen zu thauen begann und sie
sich Glück wünschte, einen so ausgezeichneten Mann in
den Kreis ihrer Verwandten aufgenommen zu sehen.
Der Name Ehrenfels wirkte in der Wagschale zu Gun=
sten Otto's als bedeutendes Gewicht, da Frau von Huf=
nagel zwar auch von Abel, aber — wie schon der Name
besagt —, von sehr neuem war, und sich nun eines ge=
heimen Respekts vor dem historisch edeln und dichterisch
klingenden des künftigen Neffen nicht ganz erwehren
konnte.

Endlich mußte Otto an den Jugendfreund denken,
und er begab sich in das Ministerium, um ihn in seinem
Büreau aufzusuchen. Dieß war indeß verschlossen, und
ein Diener belehrte den zweifelnd im Gange Stehenden,
daß der Herr Geheimrath mit Seiner Excellenz arbeite=
ten und diesen Vormittag für niemand mehr zu sprechen
seyn würden. — Otto erkundigte sich, wann er ihn
sicher zu Hause treffen würde, und verfügte sich zu der
bezeichneten Stunde in das große, schöne Gebäude, worin
Eduard den ersten Stock inne hatte.

Nach Nennung seines Namens wurde er in das Arbeitszimmer des Herrn geführt, und bald darauf erschien dieser und begrüßte den Ankömmling mit der lebhaftesten Freundlichkeit und Freude. Otto fiel bei diesem Empfang eine Last vom Herzen. Er hatte gefürchtet, Eduard könnte ihm doch etwas steif und vornehm entgegentreten und für diesen Fall hinsichtlich seines eigenen Verhaltens nicht mit sich einig werden können. Nun ging ihm sogleich das Herz auf, und er gab die ersten Aufklärungen mit vollstem Vertrauen.

Unser Freund, wie man sieht, hatte von dem Ton der Hofleute und der „besten" Gesellschaft nicht die ganz richtigen Begriffe. Aeußerliche Vornehmheit ist nicht mehr Sitte und bloß noch an Zurückgebliebenen wahrzunehmen — Höflichkeit, augenfällige Höflichkeit zeigen Hochstehende auch nach unten, und hier oft ganz besonders. Dafür hat man die Kunst gelernt, die Vornehmheit innerlich zu machen und sie eben durch äußere Höflichkeit um so besser zu decken und vor Störungen zu bewahren. Welch ein Vortheil dieß für die oben und unten Befindlichen ist, leuchtet ein. Jene treffen eigentlich — wenn man einen bekannten Vergleich nicht übelnehmen will! — zwei Fliegen mit Einer Klappe, indem sie, ihr Selbstbewußtseyn genießend, zugleich den Ruhm der Freundlichkeit gewinnen; diese sind nicht durch die Anschauung der Hoffahrt bedrückt und verletzt und können ehrlich mit entsprechender Höflichkeit oder Verehrung danken. Es ist ein Schritt zu einer noch löblichern Ausgleichung, die sich hoffentlich im Lauf der Zeiten verwirklichen wird.

Die Freundlichkeit Eduards gegen Otto war indeß nicht bloße Höflichkeit, sondern ruhte auf wirklichem Antheil. Der Glückliche freute sich ernstlich, den Jugendfreund zu sehen und ihm förderlich werden zu können. Aber mit dieser Sympathie der Erinnerung mischte sich das schärfere Vergnügen, welches ihm das Bewußtseyn des jetzigen Standes der Dinge gab. Otto, der Aeltere, der ihm auf Schule und Universität so sehr imponirt, ihn mit Ueberlegenheit zurechtgewiesen hatte, stand jetzt vor ihm Hülfe suchend, mit einer Haltung, in der er sich zwar eigentlich nichts vergab, die aber doch höflicher und rücksichtsvoller war, als er sie jemals an ihm bemerkt hatte! Der Idealist, der moralisch politische Rigorist, der vor Kurzem noch ein so wohlgemeintes Anerbieten, wie er's ihm durch seine Mutter zugehen lassen, abgelehnt hatte — er war nun doch im Begriff, sich zu bekehren, zu fügen und einer der Ihrigen zu werden! Der Weltmann hatte in seiner Thätigkeit und seinen Erfolgen den Jugendfreund keineswegs aus den Augen verloren; er hatte Erkundigungen eingezogen über den Docenten, hatte sein Buch und einige seiner Journalartikel gelesen. Obwohl er nun in seiner Denkweise

gefestet war und den Idealismus der Jugend als träu=
mendes Spiel einer unreifen Seele betrachten gelernt
— obwohl das gegenwärtig Wirkliche für ihn allein
Bedeutung hatte und die herrschende Befassung damit
ihm allein vernünftig erschien —, so lag in dem con=
sequent ideellen und reinen Wollen Otto's, in der völlig
bewahrten Unabhängigkeit seines Geistes doch etwas für
ihn Beschämendes; und wenn er hie und da etwas thun
mußte gegen seine eigene Ueberzeugung, weil's eben nicht
anders ging, so konnte ihn der Gedanke an Otto, der
solche Concessionen von seinem Standpunkt aus verwerf=
lich findlich mußte, unangenehm berühren. Welch ein
Sieg nun, daß dieser im Geheimen stets noch Gefürch=
tete an ihn sich wandte — daß er selber mürbe gewor=
den, selber zur Einsicht gekommen war und die fatale,
zu nichts führende Strenge ablegte! Welch eine Be=
ruhigung, daß er diesen Mahner nicht nur loswerden,
sondern sogar zu einem Organ seiner Denkart umzu=
formen Aussicht hatte!

Seltsames Menschenherz! Eduard freute sich, daß
Otto von der geistigen Höhe herabstieg, auf der er ihn
unwillkürlich erblicken mußte, — er dankte es dem Ge=
schick, daß es den Stolzen in eine Lage gebracht, wo
er vor ihm sich bemüthigen und seinem bisherigen Le=
bensgedanken untreu werden mußte. In dieser Gestalt

aber wollte er ihm ernstlich wohl, so liebte er ihn, und war fest entschlossen, sein Glück machen zu helfen.

Das Doppelgefühl, das ihn durchdrang, sprach sich nun doch in einem Blick aus, der Otto selbst einigermaßen auffiel und ihn, wäre er nicht so lebhaft mit der Sache beschäftigt gewesen, hätte errathen lassen müssen, wie er eigentlich betrachtet wurde.

„Lieber Freund," begann Eduard nach der vollendeten Schilderung der Situation, „es freut mich, daß dich das Zutrauen zu mir geführt hat, und ich verspreche dir, Alles aufzubieten, was dir zu einer Stellung verhelfen kann, die du mit deinen Kenntnissen und Fähigkeiten schon lange verdienst. — Nebenbei" (fuhr er lächelnd fort) „mach' ich dir auch mein Compliment, daß du die Sache so praktisch angegriffen hast und gleich hieher vor die rechte Schmiede gekommen bist. Hier allein ist der Ort, wo ein Mann wie du zu etwas gelangen kann. Ein klein wenig Klugheit, ein klein wenig Rücksichtnahme auf die wirklichen Verhältnisse — und du stehst in Kurzem, wo du stehen mußt zu deinem eigenen und zum allgemeinen Vortheil!"

„Klugheit," entgegnete Otto mit einem leichten, fast schüchternen Lächeln, „bin ich entschlossen anzuwenden; nur muß sie mit den Grundsätzen der Ehre —"

„Das versteht sich von selbst," fiel Eduard ein. „Aber die Ehre hat nichts dagegen, wenn wir uns das nach den Verhältnissen beste Ziel setzen, und die rechten Mittel gebrauchen, um zu ihm hin zu gelangen."

„Allerdings nicht," versetzte Otto.

„Ueberhaupt," fuhr Eduard fort, „kommt's darauf an, was man unter diesem Wort versteht. Es gibt auch ein falsches Ehrgefühl, das durch Kleinigkeiten in Extase versetzt wird und im Grunde bloßer Eigensinn ist."

„Unstreitig," erwiderte Otto. „Ich hoffe aber, daß du von diesem nichts in mir wahrnehmen wirst."

„Das nehme ich an und glaube, daß wir uns nur gegenseitig aussprechen dürfen, um uns zu verständigen."

Er schwieg, sah mit wohlwollendem Lächeln auf Otto und fuhr fort: „Lieber alter Freund, laß dir vor allem einen Rath geben! Wir sind jung gewesen, haben in unsern Ideen gelebt, sie natürlich für vortrefflich gehalten und gemeint, die Welt müsse sich baldmöglichst nach ihrer Weisung richten, wenn es ihr gut gehen solle. Allein die Welt hat es mit vielen Dingen durchaus nicht so eilig, als mancher glaubt; sie hat ihren eignen Kopf und ihren eignen Schritt; sie nimmt sich Zeit, und wer sie vorwärts drängen will gegen ihren Willen, der quält sich ab und fruchtet weder sich noch Andern. Wir müssen diese Macht nehmen, wie sie ist, müssen ihre Art begreifen, in ihr selber unsre Stelle finden, um sie vorwärts zu leiten nach ihrer eigenen Willensmeinung; und wenn das auch langsam geht, so geht's doch! Der eine erkennt's früher, der andre später; aber erkennen muß es jeder, wenn er nicht ein verfehltes Leben haben soll. — Alter Freund, bedenk: man lebt nur einmal, und was man nicht zu rechter Zeit ergreift, ist gar oft unwiederbringlich verloren! — Gesteh' es nur, der Idealismus — ich meine den, wie er in der Studirstube ausgebildet wird — hat sich dir nicht eben förderlich gezeigt! — er verdient schwerlich, daß du ihm dein Leben opferst. Fasse dich kurz und mache dir den zu eigen, der sich an's Leben anschließt!"

„Nun," versetzte Otto mit einem gewissen Mundverziehen — „ich dächte, eben den hätt' ich gelehrt, vom Katheder und in meinem Buch!"

„Doch nicht so ganz," entgegnete Eduard. „Etwas hast du nicht gehörig berücksichtigt!"

„Und das wäre?"

„Das Selbstgefühl des gebornen Fürsten, der keinen Befehl annimmt, auch nicht von der Wissenschaft, — der zu dem, was man von ihm erwartet, hingeleitet werden muß, so hingeleitet, daß er es selber gewollt und selber gedacht zu haben meint. Du urtheilst zu scharf in deinem Buch, mahnst diese Herren zu rauh an das, was du für ihre Pflicht hältst!"

„Das werd' ich schwerlich ändern können!"

„Du mußt es doch — und du wirst es: in praxi! — Mach dir keine Sorge, Freund Ehrenfels! Ich wiederhol' es: was nicht mit Ehren geschehen kann, wird dir nicht zugemuthet. Ich halte mich auch für einen Mann von Ehre: was ich thue, kann mir jeder nachthun!"

„Ich will es nicht bezweifeln." —

„Nun, so vertrau mir auch!" — Und indem er ihm freundlich näher trat, fuhr er fort: „Zur Sache, mein Lieber! Wir haben nicht viel mehr Zeit bis zum Mittagessen, wo du mein Gast seyn wirst, und ich wünschte doch vorher noch zu erfahren, wie ich mit dir eigentlich daran bin. Ich sag' es dir offen: ich für meine Person wünschte dich gerade hier zu haben auf einem dir genehmen Posten; und was ich Vernünftiges und Ausführbares in die Hand nehme, hat Chancen!"

„Begreiflich! der Schwiegersohn des Ministers" —

„Das ist nicht Alles. Die Hoheit selber will mir wohl und achtet auf meinen Rath — weil er sich eben schon einigemal bewährt hat! — Es käme nur darauf an, daß ich über dich eine gewisse Sicherheit geben könnte!"

„Eine Sicherheit? Und worüber?"

„Daß du, als Mann der Wissenschaft, vor allem das Bestehende willst und den Fortschritt nur von ihm aus — in Uebereinstimmung mit dem Fürsten und der Regierung!"

„Aber das wäre —"

„Das ist nothwendig," versetzte Eduard mit Nachdruck, „und geht sehr wohl. Ist's nicht im Grunde deine Meinung? Willst du nicht den Fortschritt vom Gegebenen aus, und muß man dabei nicht vor allem das Gegebene im Auge haben?"

„Aber ebenso sehr," entgegnete Otto, „ja noch mehr, das Ziel, das Ideal — die Ordnung der Dinge, die eines edlen und gebildeten Volkes am würdigsten ist!"

„Freilich auch. Man darf aber nicht, auf dieses Ziel ohne Weiteres losgehend, die thatsächlichen Verhältnisse über den Haufen stürzen wollen!"

„Doch noch weniger vergessen," erwiderte Otto rasch, „daß dieß keine unantastbaren Heiligthümer sind, sondern nur die Materialien, woraus man, entschlossen wagend, das Bessere zu formen hat!"

Eduard schaute den Freund an, dessen Wangen sich etwas geröthet hatten, und sagte heiter: „du kannst den Professor — den Schriftsteller nicht verläugnen! Immer wieder Theorie und Theorie! Davon ist aber jetzt nicht die Rede. Du willst eine Stellung; du mußt dir die Regierung ansehen, wie sie ist, um zu erkennen, ob du mit ihr gehen und ihre Bedingungen erfüllen kannst. Wir haben eine Constitution und einen Fürsten, der gewissenhaft nach ihr zu verfahren strebt. Er will sich von der Kammer nicht unterjochen lassen, sondern Herr bleiben, ebenso wenig aber gerechten und billigen An=

trägen sich versagen. Dieselbe Gesinnung hegt das Ministerium. Wir haben, in Folge der Bundesbeschlüsse, eine Censur; aber sie wird nachsichtig geübt, und wer nur die rechte Form findet, der kann, wenn nicht Alles, doch sehr Vieles sagen. Dabei müssen wir fortwährend auf unsrer Hut seyn vor der Partei des Umsturzes! Wir wissen, daß sie noch viel mehr im Geheimen arbeitet, als vor den Augen der Nation; wir wissen, daß sie eben jetzt auf den Moment lauert, wo sie einen Schlag führen kann." — —

Otto sah ihn zweifelnd an.

"Wir wissen es aus ihrem eigenen Lager!" versetzte Eduard mit ernstem Nachdruck; "wir haben die sicherste Kunde davon!" — Dann, mit ruhigerm Ton, fuhr er fort: "Das ist die Sachlage. Wir haben einen constitutionellen Staat, wollen ihn erhalten und dem nothwendigen Fortschritt nicht entgegen seyn. Mit aller Energie, mit Aufbietung aller Mittel wollen wir aber den Umwälzungsgelüsten der Demagogen entgegen treten. Und dieses Verhalten dünkt mich gewissenhaft und pflichtmäßig!"

Otto schwieg einen Moment nachdenklich. Dann sagte er: "Das ist Alles recht schön und gut; aber unser einer möchte dafür halten, daß von der Regierung doch gar Manches hätte geschehen können, was leider unterblieben ist!"

„Scheinbar hätte geschehen können," versetzte Eduard, „in der That aber nicht!' Weißt du, wie die Regierung von innen und außen gebunden ist und selbst laviren muß, um nur einigermaßen vorwärts, ja, um nur nicht zurückzukommen? — Du bist eben ein Mann der Studirstube und kannst gegen uns nicht gerecht seyn, weil du die thatsächlichen Schwierigkeiten nicht kennst! Lerne sie kennen, und dann urtheile! Mein Schwieger=vater hat die Freiheitskriege mitgefochten, war der frühern Regierung lange Zeit verdächtig und persona ingrata wegen volksthümlicher Gesinnung. Er hat diese nicht geändert und thut nach den Umständen das Beste. Der Fürst ist eine ritterliche Natur, ein edler Mann, Pro=testant aus Ueberzeugung, Freund der Wissenschaft und Kunst, der sich auch etwas sagen läßt, wenn es in der rechten Art geschieht, — etwas annimmt und befolgt! Mit einem solchen Herrn und einem solchen Minister kannst du's schon wagen — du zäher Philosoph!" —

Otto war bei diesen Reden von seltsam widerspre=chenden Empfindungen bewegt. Er hatte ein Gefühl, daß Eduard den Advokaten der Regierung spiele, ja eine Art Ahnung, daß er gefangen werden solle. Auf der andern Seite konnte sein gerechter Geist nicht umhin, die Schwierigkeiten, in welche sich dermalen ein deutscher Mittelstaat verwickelt sah, zu würdigen, und auch nicht läugnen, daß man hier zu Lande doch immer noch mehr

Freiheit besitze, als da und dort! Der Eifer des Jugendfreundes, ihn zu überzeugen, zu gewinnen, übte seine Wirkung — das Anerbieten erschien in seinen lockenden Farben: er sah vor sich hin und lächelte in einer Weise, als ob er sagen wollte: „Nun in Gottes Namen — versuchen könnte man's ja!" — —

Eduard bemerkte dieß und fuhr fort: „Gib die Eremiten-Sprödigkeit auf — betrachte dir die Welt, und du wirst sehen, daß du mit ihr leben kannst! — Bekehre dich" (fügte er mit anmuthig freundlichem Lächeln hinzu) „du langjähriger Feind deines eignen Glücks! — Denk auch einmal an dich selbst — es ist wahrlich Zeit!"

Otto zuckte die Achseln, wie einer, der etwas in jedem Betracht zugeben muß, und wollte dieß eben auch in Worten ausdrücken — als es klopfte. Beide Freunde waren durch die mögliche Störung unangenehm berührt und schauten mit einer gewissen Verstimmung auf die Thüre. Eduard bedachte indessen, daß der Diener nur einen näher Bekannten ohne Meldung vorgelassen haben könne; er rief „Herein," und es trat — Bernhard in das Zimmer.

Wiedersehen und Wiedererkennen — das Wiedersehen eben hier — war für diesen und Otto so unerwartet, daß sie beide auffallend betroffen dastanden; sogar Eduard konnte einen Hauch von Befangenheit nicht verbergen. Bernhard hatte Eduard mit einem ziemlich tiefen Bückling gegrüßt und just ein beschriebenes Stück Papier aus der Tasche gezogen, als er Otto erblickte und aus dessen steifer Haltung sogleich abnahm, was er ungefähr über ihn denken mochte. Otto errieth die Beziehung Bernhards zu dem Freund in der That auch augenblicklich, und eben dieß verschloß ihm den Mund, so daß er schwieg, als ob er den alten Cumpan, dem etwas mehr Bart und weniger Haupthaar auch ein verändertes Aussehen gegeben, gar nicht erkannt hätte.

Wie es ihm zukam, fand Eduard zuerst wieder die Haltung der Unbefangenheit und fragte den Journalisten: „Sie haben den Artikel fertig?"

„Hier ist er," erwiderte dieser, indem er ihn überreichte.

Eduard nahm ihn und wandte sich zu Otto mit den Worten: „Ein alter Freund — kennst du ihn nicht mehr?"

„Ich denke doch!" versetzte Otto, ohne seine Zurückhaltung aufzugeben. „Herr Bernhard — wenn ich nicht irre?"

Der Journalist grüßte ihn erröthend, und Otto neigte sich ein wenig, ohne ihm die Hand zu reichen.

Eduard wollte diese Scene nicht verlängern und sagte daher leichthin: „Mein lieber Bernhard, ich werde Ihnen das Manuscript nach Tisch zurücksenden. Sie werden jetzt wohl selber zu Tisch gehen? — Auf Wiedersehen!"

Bernhard empfahl sich mit einer etwas gemessenern Beugung und verließ das Zimmer.

Als seine Tritte im Gang verhallten, sagte Otto mit dem unwillkührlichen Ausdruck der Geringschätzung: „Dieser Gute scheint dir mit seiner Feder zu dienen?"

Eduard zuckte die Achseln. „Es war mir lieb, etwas für ihn thun zu können. Ein alter Bekannter, der sich in dringender Noth befand. Er suchte mich auf und ich hatte glücklicherweise die Mittel, ihn zu beschäftigen."

„Irre ich nicht," erwiderte Otto, „so hat er vor einiger Zeit wegen radikaler Artikel und Umtriebe den Ort, wo er sich aufhielt, verlassen und in seine Heimath zurückkehren müssen?"

„Ganz richtig. Aber dieser Schlag hat gefruchtet und ihn zur Besinnung gebracht. Er hat eingesehen, daß sein Zweck Thorheit, seine Mittel verbrecherisch waren, und widmet sein Talent jetzt unsrer Sache — der gesetzlichen Freiheit."

Otto schwieg und sah mit gerötheter Wange vor sich hin.

„Der gute Bursche," fuhr Eduard fort, „hat im Grunde stets redlichen Willen gehabt, aber er war verblendet. Jetzt hat er sich gefunden — und ist in der

That verwandelt; er spricht die gewonnenen Ueber=
zeugungen mit einem Feuer aus, daß wir an ihrer
Aechtheit nicht zweifeln können. Wenn er sich treu be=
zeigt und ausharrt, soll es mich freuen, ihn irgendwo
unterzubringen und für sein Leben versorgen zu können."

Eduard, im Gefühl seiner Macht, hatte nicht über=
legt, wie diese Worte auf den Freund wirken mußten.
Otto sah mit verdunkeltem Gesicht vor sich hin. Die
Aehnlichkeit seiner eignen Situation mit der eines Men=
schen, den er jetzt verachten mußte, hatte ihn in's
innerste Herz getroffen. Ein kalter Schauer ging ihm
durch den Leib, als das klägliche Seitenstück immer
leibhafter vor seine Seele trat; Widerwillen, tiefer Un=
muth erfaßte ihn, und kaum widerstand er dem Drang,
herauszuplatzen und die Verhandlung ein für allemal
abzubrechen.

Als Eduard den Schweigenden ansah, erkannte er
den Fehler, den er gemacht; und da er von einer
wahren Begier getrieben war, den Freund sich zu ver=
binden — den Tugendhelden zu bekehren und den an=
gelockten Vogel, der vor der offenen Thüre stand, nicht
wieder in's Weite entfliegen zu lassen — so bewies
er seine diplomatische Gewandtheit in augenblicklicher
Einlenkung.

Mit ernster, achtungsvoller Traulichkeit, mit einem
leichten Lächeln, wie zu einem Gleich=, ja Höherstehenden,

bemerkte er: „Es gibt Leute, die dazu geboren sind, zu dienen; und Freund Bernhard wird sich wohl damit begnügen müssen. Andere sind zum Regieren bestimmt; und ich müßte mich sehr irren, wenn nicht eben du, lieber Freund, recht eigentlich dazu geschaffen wärst. Du hast, wie mir dein Buch sagt, das edelste Ziel, den besten Willen; läßt du dich herbei, dir über den wirklichen Stand der Dinge die letzte Klarheit zu verschaffen, und untersuchst du, was von ihm aus für deine Zwecke Sicheres, wahrhaft Ersprießliches geschehen kann, so bin ich fest überzeugt, du bildest dich zu einem Staatsmann aus, der dem Vaterland die nützlichsten Dienste leisten wird."

Er schwieg; als er Otto's Miene sich einigermaßen aufhellen sah, fuhr er heiterer fort: „Das ist freilich eine Sache der Zukunft, und zunächst müssen wir bescheidener seyn. — Wie wär's, wenn du unter dem Direktorium des Cultus anfingest, wo eben eine Sekretärstelle erledigt ist? Der Rath würde nicht allzulang auf sich warten lassen, und du hättest dann außerdem noch das Vergnügen, dich von den Herren, die dir doch so manche Scheererei gemacht haben, als Behörde geehrt zu sehen!"

Der Weltmann hatte es getroffen: Otto war begütigt, fast erheitert. Die Hinweisung auf den Staatsmann konnte ihm, der sich immer als solchen gedacht hatte, in Bezug auf Urtheil und Absicht nur Vertrauen einflößen; und der Gedanke, sich über diejenigen, die ihn bis jetzt von oben herab angesehen, zu erheben, hatte gerade auch nichts Abschreckendes für ihn. Leicht aufathmend sagte er: „Nun so wollen wir sehen! Mit dem Docenten und Autor hab' ich's versucht, und was herauskam, war höchst mäßig. Probiren wir's einmal auf andre Manier!"

Eduard ergriff seine Hand und rief: „Glück auf, alter Freund! Das Dociren und Schreiben brauchst du nicht einmal aufzugeben. Du hast die große Chance, für deine Ideen, soweit sie sich als praktisch herausstellen, die maßgebenden Personen zu gewinnen und mit diesen auszuführen, was ohne sie immer nur ein Traum bleiben wird. Jetzt bist du im rechten Fahrwasser und dein Schiff wird bald stattlich dahinsegeln! — — Aber nun komm und laß dich meiner Frau vorstellen, die großes Verlangen hat, dich kennen zu lernen!"

Ungesäumt öffnete er eine Seitenthüre und führte Otto durch ein Nebenzimmer in den Salon.

Frau von Horst saß auf dem Sopha mit einem jener zierlichen Bändchen in der Hand, worin dem schönen Geschlecht heutzutage die Poesie dargeboten wird, damit, wenn ihr Herz bei den Versen kalt bliebe, durch die reizende Ausstattung wenigstens die Augen ergötzt würden. Als Eduard den Namen Otto's nannte, erhob sie sich rasch, kam ihnen entgegen und gab dem Ankömmling die Hand, indem sie lebhafte Freude äußerte, seine Bekanntschaft zu machen.

Otto konnte nicht umhin, sich von ihr sehr lieblich angesprochen zu fühlen; und wäre nicht Klara die Seine gewesen, er hätte vielleicht gegen den Freund eine Regung von Neid empfunden!

Eine schlanke Gestalt, mit weichen, graziösen Bewegungen, die Haare dunkelblond, die Augen blau, das klare, zart rosige Gesicht fein regelmäßig, mit einem Ausdruck, in welchem Kindlichkeit und Geist — rasch treffender, man hätte sagen mögen genialer Geist — lebendigst verschmolzen waren. Es war eine durchaus anmuthige Erscheinung, die den Augen unmittelbar wohlthat; obschon Otto sogleich auch erkannte, daß sie gewinnen, gefallen wollte, und sich in der Seele freute, die Beweise erreichter Absicht wahrzunehmen.

Man setzte sich, da die Eßzeit in dem vornehmen Hause noch nicht gekommen war, zusammen; und nachdem Julie — so hieß die schöne Frau — wiederholt ihr Vergnügen über die Bekanntschaft mit dem Jugendfreund ihres Mannes ausgesprochen, fuhr sie fort: „Wissen Sie denn, daß ich Ihre liebe Braut kenne — und zwar sehr gut?"

„Ich hab' es von Eduard und von Klara selber

gehört," erwiderte Otto. „Sie ist stolz, daß Sie sich ihrer noch so freundlich erinnern!"

„O," rief Julie, „wie könnte man sie vergessen? Sie war das Musterbild der Anstalt. Ernst über ihre Jahre hinaus, ruhig, sittsam, feierlich, wenn wir andern kindisch hin und herflatterten. Aufrichtig gestanden, sie imponirte uns allen, und ich war geradezu in sie ver= liebt. — Sie muß sehr schön geworden seyn?"

„Dem Bräutigam," versetzte Otto lächelnd, „kommt es allerdings so vor!"

„O sie muß brillant geworden seyn!" fuhr die Liebenswürdige, sich enthusiasmirend, fort, — „es ist gar nicht anders möglich!" Und indem sie ihre Augen mit Wohlgefallen auf Otto ruhen ließ, fügte sie hinzu: „Vortrefflich — das konnte nicht besser kommen! — — Sie sind Professor, Herr von Ehrenfels?"

„Noch nicht. — Einfacher Privatdocent!"

„Wie!" rief sie mit einem reizenden Aufsehen — „ein Mann wie Sie! Ein Schriftsteller von Ruf — ein Ehrenfels!" Und zu dem Gatten gewendet fuhr sie mit dem Ton der Anklage fort: „Ist das möglich? Geht es so in unserm Lande zu?"

Eduard, mit dem Lächeln eines Eingeweihten, zuckte die Achseln. „Es geht nicht alles so leicht, liebe Julie, wie du dir's vorstellst!"

„Schämt euch," erwiderte die Frau, deren Wangen

sich in der That etwas färbten, — „schämt euch, daß ihr einen solchen Mann ohne Beförderung laßt! Das ist ein Unrecht unter allen Umständen; einen wahren Grund dafür kann es gar nicht geben!" — „Herr von Ehrenfels," sagte sie zu Otto gewendet, „das wird gut gemacht, rechnen Sie darauf! „Der Herr Papa und der Herr Gemahl sollen ihre Pflicht thun — oder keine Ruhe haben vor mir! — Hörst du, Eduard? Notire dir's, und verbessere den Fehler so bald als möglich!"

Der Gatte schwieg mit wohlgefälligem Ausdruck. „Nur nicht so stürmisch, liebe Julie," versetzte er dann. „Die Sache ist im Gang, und ob deine Wünsche erfüllt werden oder nicht, das kommt jetzt nur noch auf unsern Freund Ehrenfels an."

„Wirklich?" rief die Lebhafte mit freundlichem Blick.

„Allerdings," bemerkte Otto. „Der Herr Gemahl will sich ernstlich mit mir befassen. Und die Aussichten, die er vor mir eröffnet, sind nur allzu lockend!"

„Das laß ich mir gefallen! Bravo!" versetzte die Gebieterin, gab dem Manne die Hand und belohnte ihn mit einem Lächeln des Beifalls. „Aber," setzte sie hinzu, „nicht aufschieben! Bald muß es geschehen — damit ich bald das Glück haben kann, meiner Freundin zu einem solchen Gemahl zu gratuliren!"

Ein Flügel der großen Mittelthüre ging auf und die Mutter Eduards, eben von einem Besuch nach

Hause gekommen, trat herein. Die Begrüßung war achtungsvoll, ja herzlich. Otto verwunderte sich geradezu über das Vergnügen, das er hatte, diese Frau zu sehen, die ihm doch früher nicht immer wohlthuend erschienen war! Aber sie war die vieljährige vertraute Bekannte der Seinen — und der völlig befriedigte Ehrgeiz in dem stolzen Glück ihres Sohnes hatte ihr überdieß die Würde ihres Alters gegeben. Erkundigungen und Mittheilungen über die letzten traurigen Erlebnisse führten schnell zu einem ernstern Gespräch. Julie konnte sich nicht enthalten, zu erwähnen, daß für Otto hier etwas geschehen solle; und die Mutter gab mit Eifer ihren Beifall. „Wir waren mit den Ihrigen," sagte sie zu Otto, „stets Ein Herz und Eine Seele; Leid und Freud war uns gemeinsam, man hätte uns beinahe für Eine Familie ansehen können! Was haben wir nicht alles zusammen erlebt und durchgemacht! Und da die beiden Väter todt sind, würde mich nichts mehr freuen, als wenn die Kinder das schöne Verhältniß fortsetzen würden!"

Die junge Frau hatte während dieser Worte nachdenklich dagestanden. „Wie lange," fragte sie, „wird Herr von Ehrenfels hier bleiben?"

„Ich hoffe, einige Wochen," erwiderte Eduard; und nach kurzem Besinnen fügte er hinzu: „Es wird sogar nicht möglich seyn, ihn früher fortzulassen!"

Julie stand erheitert. „Dann hab' ich eine Idee!" rief sie. „Ich will meine Freundin Klara einladen — sie soll bei uns wohnen! — — Keine Widerrede, Herr von Ehrenfels! Wir haben Platz im Ueberfluß, und ich schmachte darnach, die Liebe, Verehrte zu sehen — mit Ihnen zusammen zu sehen!"

Ein Diener kam und meldete, daß angerichtet sey. Die kleine Gesellschaft begab sich in's Speisezimmer, und das Gespräch ging während des Essens in der traulichen Weise fort. Otto bekam dadurch einen Ueberblick — nach einer Seite hin freilich einen verschönten und gewinnenden — über die bemerkenswerthesten Residenz=Verhältnisse; und nach der Schlußplauderei bei Kaffee und Cigarre schied er wie ein vieljähriger Bekannter des Hauses.

Von dem ausgesuchten Glas Wein, das er bei Tisch getrunken, durchwärmt und in eine erhöhte Stimmung versetzt, überdachte er auf dem einsamen Spaziergang, den er machte, den heutigen Anfang seiner Verhandlung. Er konnte nicht umhin, von dem zuletzt Erlebten eine reizende Nachwirkung zu empfinden. Die bedeutende, gesicherte Stellung des Freundes, die Liebenswürdigkeit der jungen Frau, die schöne Harmonie der Familie, der natürliche, frische und doch feine Ton des Gesprächs, die reiche, bequeme Existenz — alles das trat im schönsten Licht vor seine Seele. Das Vorhandenseyn der Glücks=

güter bis zum Ueberfluß — die prächtige Wohnung in einem der stattlichsten Häuser der Residenz, die glänzenden Mobilien, die geschmackvolle Einrichtung aller Gemächer, zumal des Salons, welcher mit seinen Oelgemälden und Statuetten förmlich den Eindruck eines Bildersaals machte — sogar das ruhige Geschick und die respektvolle Haltung der Dienstboten — wie durchaus erfreulich war das alles und wie stand es im Einklang mit der Thätigkeit und der Neigung der Herrschaft!

„Diese wohlgestellten Leute," sagte der vom Glück so wenig Begünstigte sich endlich, „haben doch viel vor unser einem voraus! Sie beherrschen die Welt, die Natur, den Stoff! Was sich gegen uns arme Teufel auflehnt und uns den Tag verderbt, das dient ihnen und fügt sich ihnen — wie es scheint, sogar mit Vergnügen!" Den von seinen Vorstellungen Erregten wollte es bedünken, daß sich diese Unterordnung der Dinge für einen Mann seines Schlages recht eigentlich gebühre — daß er ein Recht darauf hätte, weil er dann, unbehelligt von gemeinen Sorgen und Störungen, seine Pflichten um so energischer und fruchtbarer erfüllen könnte. Und wie herrlich, wenn er die Geliebte hinstellen konnte wie eine Königin, umglänzt und umduftet von den holdesten Blüthen des Lebens!

Warum sollte das nicht möglich seyn? Eduard verrieth einen wahren Eifer, ihn zu befördern! Die junge

Frau, die offenbar auf Gemahl und Vater Einfluß übte, nahm an seinem und der Geliebten Schicksal herzlichen Antheil! Unter diesen Umständen ging es nicht an, daß der Minister auf seiner nachtheiligen und in der That unrichtigen Meinung über ihn beharrte; und der Fürst mußte zu gewinnen seyn!

Daß Verdienst und äußeres Glück immer im Widerspruch ständen, durfte er nicht für ein absolutes Gesetz halten! Der Mann von Kopf und Charakter, der mit der Welt sich verbindet und von ihr sich tragen läßt, kann ihr wohl auch geringfügige Zugeständnisse machen, um eben durch sie große, gemeinersprießliche Zwecke zu erreichen. — Er hatte nun eine Reihe von Jahren die akademische Jugend unterrichtet und das Publikum aufzuklären gesucht; — was war dabei herausgekommen? Von Wirkungen, die in die Augen fielen und dauerten, konnte jedenfalls keine Rede seyn; die Erfolge waren gewöhnliche, die ihn zur Fortsetzung nicht besonders anfeuern konnten. Hatte er nicht alle Ursache, mit seinen Ideen auch einmal bei den Mächtigen sein Glück zu versuchen?

Das Herz in der Brust erhob sich ihm, als er diesen Gedanken dachte, und ein tiefes, heroisches Verlangen durchdrang ihn. Der Fürst war dem Bild, das Eduard von ihm entworfen, nicht unähnlich. Er hatte in der That etwas Mannhaftes, Edles, in seiner Art sich zu geben; was ihm fehlte, war eben die Ueberzeugung, daß in den berechtigten Forderungen der Gegenwart für sein Regiment keineswegs etwas Gefährliches liege — und diese Ueberzeugung getraute er sich ihm zu verschaffen! Für ihn war es die Wahrheit aller Wahrheiten, daß die Volksfreiheit, wie er sie im Sinn hatte, eben das jetzt von Gott gewollte Befestigungs= und Erhöhungs= mittel auch der fürstlichen Herrschaft wäre; — und sollte es ganz unmöglich seyn, diese Wahrheit einem deutschen Fürsten einleuchtend zu machen?

Otto, der schlagenden Gründe für seine Lehre sich bewußt, hielt die Gewinnung des Fürsten durch licht= volle Darlegung derselben nicht nur für möglich, sondern für naheliegend, und begann in den Verhältnissen, die ihn antrieben, sich an den Jugendfreund zu wenden, etwas Providentielles zu erblicken. Er nahm sich vor, genau zu beobachten, klug zu verfahren — die eigen= thümliche Sprödigkeit, die allerdings in ihm lag, das Ablehnende, vor jeder Berührung mit der Welt Scheu Tragende, weltmännisch — oder vielmehr staatsmännisch zurückzuhalten. — Mit sich und dem hier fernerhin einzuhaltenden Benehmen vollkommen einig, kehrte er in den Gasthof zurück.

Zunächst war freilich an eine Audienz beim Landes= herrn, die er sich gern als eine ernstlichere Unterredung vorstellen mochte, nicht zu denken. Was Eduard schon wußte, erfuhr jetzt auch die Residenz: der Fürst reiste an einen norddeutschen Hof, um dort in Angelegenheiten seines Hauses Besprechungen zu pflegen, und wurde erst in zwei bis drei Wochen zurückerwartet. Für Otto war dieß jedoch nicht ungünstig. Er konnte sich völlig orientiren, alle nöthigen Bekanntschaften machen, um endlich, wenn ihm das Glück hold war, die bedeutendste, Alles entscheidende Persönlichkeit für sich zu gewinnen.

Sein Vetter hatte ihm ein Zimmer in seiner Wohnung so freundlich angeboten, daß er nicht umhin konnte, es anzunehmen, obwohl damit die nicht ganz leichte Pflicht verbunden war, den alten Kriegsmann zu unterhalten. Otto liebte indeß biedere Gesichter im Glanz herzlicher Theilnahme, und ein solches gab ihm der Oberst jeden Tag zu sehen. Er fand sich bald mit ihm zurecht und stattete mit ihm auch entferntern Verwandten Besuche ab.

Frau von Hufnagel hatte ihn gleich den Tag nach seiner Aufwartung zum Mittagessen geladen. Da er schon bei der ersten Zusammenkunft einen vortheilhaften Eindruck auf sie gemacht, so war es ihm leicht, durch heitere Artigkeit ihre Gunst völlig zu gewinnen. Er wurde einigermaßen verwandelt, unser Freund, und empfand ein eignes Vergnügen, mit den Menschenherzen zu spielen und die ansprechenden Mittel seines Geistes und gehobenen Humors auf sie wirken zu lassen! —

Als er der Gönnerin übrigens mittheilte, daß Frau von Horst die Absicht habe, Klara zu sich einzuladen, erklärte sie mit Bestimmtheit: das gehe in keinem Fall; ihre Nichte müsse bei ihr wohnen, und sie könne da mit der Gnädigen noch genug verkehren! Sie wolle noch heute eine Einladung an sie abgehen lassen, und der Herr Bräutigam solle ihr die Annahme auch von seiner Seite als das Passendste vorstellen! „Man muß," fügte die Erfahrene hinzu, „vornehmen Leuten nie gar zu vielen Dank schuldig werden!"

An dem nächsten Audienztag stellte sich Otto dem Minister vor. Durch seinen Schwiegersohn unterrichtet, nahm dieser ihn freundlich auf, sprach mit Würde von der Pflicht aller Guten, sich zusammenzuschließen und gegen die Revolutionäre gemeinsam Front zu machen, damit eben die wahre Freiheit sich befestigen und unter Umständen gemehrt werden könne. Er erwartete von dem Träger eines altedeln Namens eine wahrhaft loyale Wirksamkeit und gab ihm unter dieser Voraussetzung die besten Hoffnungen.

Klangen diese Reden bekannt, so machte der stattliche Herr, dessen adelig geprägtes, wohlhäbiges Gesicht unter weißgrauen Haaren um so frischer erglänzte, doch einen förmlich angenehmen und auch vertrauenerweckenden Eindruck auf Otto.

Der Minister war — um dieß nebenbei zu sagen

— in Bezug auf ihn mit seiner Familie durchaus einverstanden. Er wollte das Seine thun, ihn in eine Stelle zu bringen, und fand es zu diesem Zweck wünschenswerth, daß er auf den Herrn selber einen guten Eindruck mache. Von dem Plan Otto's, den Fürsten für seine Ideen zu gewinnen, ließ er sich natürlich nichts träumen; und wir brauchen nicht erst zu sagen, daß auch Eduard die Möglichkeit eines Einflusses auf den Herrn dem idealistischen Freund nur als Lockung hingestellt hatte, und in dieser Beziehung selber keineswegs eine Hoffnung oder vielmehr eine Furcht empfand. Otto sollte glücklich gemacht werden und einen Posten unter ihm erhalten, den er nach seiner Meinung gut ausfüllen würde. Er, der Protektor, wollte für den Gelehrten praktisch, und dieser sollte ihm dafür dankbar seyn.

An einem der nächsten Tage traf Klara mit ihrem Bruder ein. Sie hatte die Einladung Julie's und der Tante fast zu gleicher Zeit erhalten, jener gedankt, bei dieser sich angemeldet. Die Tante, die sie viele Jahre nicht gesehen, war durch ihre Schönheit und Liebenswürdigkeit sehr zufriedengestellt, und erwarmte im Gespräch mit den Geschwistern und Otto zu einer Herzlichkeit, die sie selber liebenswürdig erscheinen ließ. Albert verabschiedete sich: er wollte mit einem gelehrten Freund im Nachbarstaate conferiren, um nach einer gewissen Zeit Klara wieder abzuholen.

Diese machte nun ihren Besuch bei Julie. Mit einer Freude aufgenommen, die sich zum wahren Jubel steigerte, mit Lobeserhebungen und Betheurungen überhäuft, mußte sie der Freundin zusagen, wenigstens die Hälfte jedes Tages mit ihr zu verbringen, wenn sie den Korb, den sie ihr gegeben, nur einigermaßen wieder gut machen wolle. Klara, der dieser enthusiastische Empfang, trotz des beschämenden Uebermaßes, in der Seele wohlthat, gab ihr das Versprechen, und konnte es um so eher, als Julie sie bei der Tante besuchen und bei dieser Gelegenheit die nähere Bekanntschaft derselben machen wollte. Die Rasche führte den Vorsatz auch noch an dem nämlichen Tag aus, gewann die Majorin durch Artigkeiten, die ihr durchaus natürlich vom Munde gingen — und so war Alles geordnet zur Verlebung rein schöner Tage.

Zwei Wochen vergingen in Genüssen. Den Glanzpunkt bildete ein Diner bei Herrn von Horst. Das Ehepaar hatte eine ebenso feine wie passende Gesellschaft geladen, um die beiden Ankömmlinge und Hauptgäste zu feiern; und die Huldigungen, mit denen man sie erfreute, wirkten nun auch in der That auf beide unwiderstehlich. Höflichkeit, mit Anmuth und Herzlichkeit erwiesen, ist immer wohlthuend, am meisten für diejenigen, die äußerlich fast Alles noch zu wünschen haben und nun in die beglückende Vorstellung getaucht werden können, als ob sie es schon erreicht hätten! Eduard versäumte nicht, auf die Verlobten einen Toast auszubringen, der in zierlichen und blühenden Ausdrücken eine direkte Verherrlichung derselben war und von der Gesellschaft mit lebhafter Zustimmung aufgenommen wurde. Der Minister schien keine andere Aufgabe zu haben, als der holden Klara, neben der er saß, durch ritterliche Galanterie und Lob ihres Bräutigams den Tag zu versüßen. Otto hatte seinen Platz zwischen der Dame des Hauses und der verwittweten Geheimeräthin; beide unterhielten ihn wetteifernd und er bekam abwechselnd von der Schönheit und von der diplomatischen Weisheit Freundlichkeiten zu hören. Wie hätten die so Gefeierten nicht alles hoffen, alles glauben sollen?

Die Anmuth des Lebens, an welchem sie theilnahmen, übte auf die Verlobten in der That eine Art von Bezauberung. Sie sahen hier Alles geboten, was des Menschen Herz erfreut, und mit heitrer Freiheit, mit reinstem Behagen genossen. Aus der Haltung und den Mienen der Hauptpersonen sprach eine Sicherheit, die geradezu an die der olympischen Götter erinnerte. Für diese Günstlinge des Glücks war alles Köstliche und Reizende der Erde da, ihnen gebührte es, und sie nahmen es nun auch als etwas an, das ihnen zukam, ja dem sie gleichsam eine Ehre anthaten, wenn sie davon sich erfreuen ließen! Und kein Wölkchen von Zweifel und Sorge trübte den Himmel ihrer Seele! Sie schienen in einer felsgegründeten Burg zu sitzen, an deren eherner Schutz=wehr die feindlichen Kräfte, wenn sie ja einmal dagegen anstürmen wollten, sich machtlos brechen mußten, um in die Ebbe des Gehorsams zurückzusinken. Unser wackres Paar gab diesem Selbstgefühl die beste Aus=legung, indem sie an das erhebende Bewußtseyn der Pflichterfüllung dachten; und beide überließen sich um so rückhaltloser dem Eindruck, den die edle Pracht auf sie hervorbringen mußte. Das heißt wahrhaft leben! — fühlte, gestand sich Otto wiederum. Wenn diese Genüsse verdient werden durch männliche, gemeinnützige Thätigkeit, dann sind sie in Wahrheit ein Schmuck des Daseyns, und derjenige lebt nur halb, der ohne sie durch seine Tage geht!

Eine klassische Tragödie im Hoftheater und ein Con=cert, in welchem die fürstliche Kapelle Compositionen der ersten Meister ausführte, übten auf die beiden Empfäng=lichen die schönsten Wirkungen, und die Residenz konnte dadurch an der Achtung, die sie bis dahin sich bei ihnen erworben hatte, nichts einbüßen. Am heimlichsten wur=den dem engern Kreise die Abende bei Frau von Horst und der Majorin; sey es, daß die jungen Freundinnen zusammen auf dem Piano sich hören ließen, oder daß man plauderte, scherzte, sich neckte und die liebeverlan=genden Seelen durch zärtliche Betheurungen erquickte.

In der zweiten Woche richtete Julie ihre Aufmerksamkeit so sehr auf die Majorin, benahm sich gegen sie so zuvorkommend, so achtungsvoll, daß man annehmen mußte, sie wolle das Herz der Frau zu einem bestimmten Zweck erobern. Die Verlobten machten sich dabei ihre Gedanken, waren aber weit entfernt, das Rechte zu ahnen. Julie wußte allein, was sie wollte, und sie setzte nun in der That auch Alles daran, ihre Absicht zu erreichen. Als sie durch Hindeutungen und Wünsche die Frau genugsam vorbereitet zu haben glaubte, verfügte sie sich eines Vormittags, wo sie das Brautpaar in der Bildergallerie wußte, allein zu ihr, hatte mit ihr eine lange Unterredung und verließ endlich das Haus mit dem Glanz des Triumphs auf ihrem Gesicht.

Noch an demselben Abend wurde das Geheimniß offenbar. Die Tante eröffnete den Verlobten mit würdevoller Güte und einer gewissen Feierlichkeit in ihrem ganzen Wesen, daß sie sich entschlossen habe, zu ihrem Glück auch etwas beizutragen. Da ihre Schwester eben nur so viel besitze, um standesgemäß leben und Albert unterstützen zu können, so wolle sie für ihre liebe Nichte sorgen und habe ihr darum einen Jahrgehalt ausgesetzt, den sie vom Tag ihrer Verheirathung an beziehen könne. — Die Einwendungen des eben so betroffenen wie erfreuten Paares halfen nichts. Die Tante erklärte ganz gegen ihre Gewohnheit, daß sie wohlhabend genug sey,

um diesen Beitrag zu gewähren — daß sie eben zu
Zwecken dieser Art gespart habe und sich freue, ihnen
zumal die ersten Jahre ihrer Ehe — bevor nämlich
(setzte sie lächelnd hinzu) der Herr Gemahl den höhern
und einträglichern Posten erlange! — damit erleichtern zu
können. Die Beschenkten nahmen es denn herzlich dan=
kend an. Man umarmte sich mit feuchten Augen, schüt=
telte sich die Hände und bot das herzerfreuende Schauspiel
allseitig befriedigter Menschen.

Die anwesende Julie genoß ihres Sieges mit fein=
ster Lust. Man wußte nicht, verrieth der Strahl, der
aus ihren Augen ging, mehr liebende Sympathie oder
Schelmerei. Sie war nicht die letzte, der großmü=
thigen Frau zärtlich zu danken; und wenn diese nicht
schon belohnt genug war, so wurde sie es jetzt, indem
die Tochter des Ministers, die gepriesenste junge Dame
der Stadt, sie wie eine Mutter ehrte. Das war frei=
lich auch die Schuldigkeit der Liebenswürdigen! Sie
hatte zwar alle Mittel, die ihr zu Gebote standen, wie=
derholt angewandt: hatte für die Carriere Otto's nach
Versicherung ihres Vaters und ihres Mannes die schön=
sten und gewissesten Aussichten eröffnet, — die Noth=
wendigkeit, daß das Paar vor Erlangung des entspre=
chenden Einkommens auf dem nächst höhern Posten
Hochzeit mache, der Blutverwandten bringend an's Herz
gelegt — den Dank, die Ehre, die sie haben würde,

mit den lockendsten Farben geschildert! Aber es war doch sehr viel und sprach für ein mächtiges Ueberredungstalent, daß sie die bekannte Liebhaberin ungeschmälert eingehender Renten zu dem Entschluß brachte, einige Hunderte von Gulden künftighin zu entbehren und für den materiellen Verlust den ideellen Ersatz anzunehmen!

Als der großherzige Entschluß in dem Kreis der Freunde bekannt wurde, machte er ein sehr angenehmes Aufsehen und trug der Majorin bei Allen ehrendes Lob ein. Sogar der alte Oberst, der sie nicht recht mochte, stattete ihr seinen Besuch ab, strengte seine Stimme noch mehr an, als er sonst gewohnt war, und rühmte sie in militärisch kräftigen Ausdrücken: gethan zu haben, was er selber zu thun leider ganz außer Stande wäre!

Aus derselben Zeit haben wir noch einen Besuch zu erwähnen, den Otto von Bernhard erhielt. Wir können verrathen, daß dieser es nicht über sich vermocht hätte, den Stolzen zu begrüßen, wenn ihm nicht von Eduard die Weisung dazu ertheilt worden wäre. Nun fiel aber die Unterredung doch viel besser aus, als er dachte. Otto war glücklich und durchdrungen von der Milde des Glücks; er hatte die Verwaltung des Landes selber von der schönern Seite ansehen lernen und konnte den, der ihr mit seiner Feder diente, nicht mehr so geradehin des Abfalls von der Sache der Freiheit zeihen;

er würdigte auch die Noth des Ausgewiesenen und gönnte ihm die Unterkunft, die ihn derselben enthob: so empfing er den etwas ernst und verlegen Auftretenden cordial, plauderte mit ihm eine geraume Zeit, ließ sich von ihm berichten über die radicale Partei und seine Erfahrungen bei ihr, und hörte die Motivirung seiner theilweisen Umkehr, wenn nicht vollkommen gläubig, so doch begreifend. Er ermunterte ihn, dem Gedanken der Volksbildung auch unter den jetzigen Verhältnissen treu zu bleiben, hörte die lebhaften Versicherungen, die darauf erfolgten, mit Vergnügen und Beifall, und nahm so vom Herzen des Journalisten den Druck, der seit dem ersten Wiedersehen auf ihm gelastet hatte.

Es war doch eine eigene Natur, unser Otto! Eine gewisse Vornehmheit legte er dem alten ·Bekannten gegenüber auch bei aller Freundlichkeit nicht ab; es blieb zwischen ihnen eine moralische Kluft bestehen, und von einer kameradschaftlichen Ausgleichung konnte nicht entfernt die Rede seyn. Beiden war es indeß lieb, für die Zukunft sich doch mit einander vertragen zu können.

Alles Erfreuliche, das die Verlobten in diesen Tagen erfuhren, wurde begreiflicherweise nach Hause gemeldet und übte seine schöne Wirkung ebenso auf die Herzen der beiden Mütter. Frohe Botschaften und

Wünsche gingen hin und her. Man hatte viel gelitten und mit Trauer im Gemüth sich gefügt; aber jetzt erhellte sich der Horizont — rosiges Licht ergoß sich über den Himmel, und mit neuen Hoffnungen konnte man weiter schreiten auf dem dunkeln, aber festen Grund der Erde.

VIII.

Der Politiker und der Fürst. Katastrophe. Ideale Siege. Lohn und Dank.

Die Zeit, die für den Besuch des Fürsten angesetzt war, hatte ihr Ende erreicht, und noch verlautete nichts von seiner Rückkehr. Man flüsterte sich in gewissen Kreisen zu, die Hoheit würde mit dem verwandten Hause noch ganz andre Dinge zu besprechen haben, als Familien=Angelegenheiten, so wichtig diese bei regierenden Häuptern seyn mögen, und man erging sich nach Herzenslust in Conjecturen. Mittlerweile erschien Albert; und was die befreundeten Seelen auch einwenden mochten — Klara mußte mit ihm zu der einsamen Mutter zurück. Man gab noch ein paar Tage zu und trennte sich, da heiteres Wiedersehen so nahe und so gewiß erschien, mit leicht bewegter Seele.

Wenige Tage später kehrte der Landesherr doch zurück, ohne daß von dem, was man vermuthet, etwas in die Oeffentlichkeit gedrungen wäre. Die ihm Nahestehenden wußten, daß man wieder einmal fehlgerathen hatte, indem man ihn doch noch für einen größern Politiker hielt, als er in der That war. Eduard und sein Schwiegervater hörten aber auch, daß mit dem Beginn der schönen Jahreszeit ein neuer Ausflug der Hoheit erwartet werden konnte; sie sahen, daß das Loos Otto's jetzt entschieden werden mußte, und sie gingen denn auch ungesäumt an's Werk.

Zuerst fand der Minister Gelegenheit, mit dem Herrn über den eigenthümlichen Bewerber zu sprechen. Er erwähnte der liberalen Bestrebungen desselben als einer jugendlichen Irrung, bei der er, als Stubengelehrter, mit der bekannten Hartnäckigkeit solcher Leute ausgehalten habe, bis sich doch endlich das edle Blut in ihm gerührt und ein dringendes Verlangen in ihm erweckt habe, seinem Fürsten zu dienen! Lerne er die bedeutenden Kenntnisse, die er besitze, im Interesse der Ordnung und der gesetzlichen Freiheit gebrauchen, so wäre er eine sehr gute Acquisition, wobei man sich auch noch mit Genugthuung bewußt seyn könnte, den Sprößling eines so alten Hauses auf die rechte Bahn geleitet zu haben.

Der Fürst, eine stattliche militärische Gestalt in den besten Jahren, hörte diese Rede mit einer Aufmerksamkeit, die nach und nach einen heitern Charakter gewann.

Er schätzte den Minister als den besten, den er bei seiner Denkart haben konnte, war aber weit entfernt, Alles, was er ihm sagte, wörtlich zu nehmen. Dießmal hörte er aus der Empfehlung weiter nichts heraus, als daß der Chef der Verwaltung eine ihm genehme Persön= lichkeit in's Amt bringen wolle. Es war ein Herr von Geist, der einen gewissen Ehrgeiz darein setzte, die Men= schen zu durchschauen, dann aber ihre maskirten Wünsche, sofern sie nicht gegen seine individuelle Neigung und gegen den hohen Begriff waren, den er von seiner Macht hatte, doch gern erfüllte. Nachdem der Minister geendet, äußerte er mit Freundlichkeit: wenn er von dem Bewerber dieselbe Ueberzeugung erlange, werde er seiner Beförderung nicht entgegen seyn! —

Eduard, in das erste Resultat eingeweiht, benutzte den nächsten Anlaß, das Begonnene fortzusetzen. Ihm, dem Gewandten, Geschmeidigen, der seine Anhänglichkeit mit jugendlicher Lebhaftigkeit kundzugeben verstand, wollte die Hoheit persönlich wohl und sprach nun auch nicht selten mit ihm über die höhere Politik. Durch eine jüngst eingegangene Nachricht ernster gestimmt, kam der Fürst selber auf die Gefahren zu reden, welche von Seiten der feindlichen Parteien denn doch immer noch drohten; und der Diener erlaubte sich, an den Rath zu erinnern, den er Seiner Hoheit schon öfter unter= thänigst an's Herz gelegt: der Gegenpartei die besten

Köpfe zu entreißen und sie in's Interesse der Regierung zu verflechten. Er schätze sich glücklich, Seiner Hoheit melden zu können, daß sich eben jetzt dazu wieder eine sehr gute Gelegenheit biete. Ein Jugendfreund, für dessen Charakter und Kenntnisse er einstehen könne, sehne sich nach einer ernsten Thätigkeit; und wenn man ihm den entsprechenden Wirkungskreis verschaffe, würde er, der bisher ein entschiedener Liberaler gewesen sey, der loyalste Diener seines Fürsten werden.

Als der Beamte auf Befragen den Namen nannte, konnte der Fürst sich nicht enthalten, einen heitern Aus=
ruf hören zu lassen. „Dieser Ehrenfels," erwiderte er dann, „hat, wie ich merke, sehr gute Freunde hier, und es würde mir schwer werden, ihn abschläglich zu be=
scheiden!"

„Hoheit," betheuerte Eduard, „die Abweisung eines talentvollen Mannes, der uns entgegenkommt, wäre im Interesse der Regierung selber zu beklagen!"

„Gut," versetzte der Fürst, mit einer gewissen Zwei=
deutigkeit im Accent, — „ich sehe schon, der Mann ist eine Acquisition und muß placirt werden!"

Er ließ einen Moment seine Augen auf den rathen=
den Mienen Eduards ruhen und weidete sich an der Ungewißheit desselben. Dann kehrte er zum Ernst zu=
rück und äußerte gnädig: „Ich will nicht sagen, daß ich dem Vorschlag entgegen bin. Wenn der Abkömmling

eines Geschlechts, das so manchen treuen Diener meines
Hauses aufweist, radical oder liberal angefangen hat,
um sich zuletzt ehrlich an die Sache des Fürsten anzu=
schließen, so kann mir das nur erwünscht seyn. In=
dessen muß ich mir den Herrn doch erst ansehen! Was
mir über ihn gesagt worden ist, erregt meine Neugier,
und es wird mich freuen, ihn seine Sache selber führen
zu hören. Ist es ein Mann, der Figur macht? Sieht
man ihm seine Abkunft auch an?"

„Ein schöner Mann, Hoheit; stattlich, würdevoll in
seiner Haltung, und im Gesicht ein edles Selbstgefühl,
das ihm gut läßt!"

„Ah," rief der Fürst, „da wär's ja Schade, wenn
wir ihn den Demagogen überließen!"

„Und seinem Aeußern," fuhr Eduard fort, „ent=
spricht sein Geist, sein Charakter; er läßt viel erwarten,
um noch mehr zu halten!"

„Nun," erwiderte die Hoheit, „da bin ich wirklich
gespannt! Der Sprößling einer alten Familie, der
mir gerühmt wird, fast wie — Marquis Posa dem
König Philipp! — Wird er mir am Ende auch Ideale
vorhalten und meine Regentenpflichten an's Herz legen?"

Der Fürst hatte dieß lächelnd gesagt; und Eduard,
mit dem heitern Ausdruck, wie er einem in Gnaden
stehenden Diener wohl erlaubt ist, versetzte: „Er wird
vor Eurer Hoheit erscheinen, um sich zu rechtfertigen,

und sich glücklich schätzen, die Wünsche zu vernehmen, die ihm Befehle sind."

„Nun wohl," entgegnete der Herr mit Behagen, „ich will's riskiren und ihm Gelegenheit geben, sich auszusprechen. Sagen Sie ihm, daß ich ihn übermorgen zur gewöhnlichen Zeit empfangen werde!" —

Noch an demselben Tag führte Eduard den Freund, der ihn besuchte, mit einer gewissen Feierlichkeit in sein Kabinet und theilte ihm die freudige Kunde mit. „Du hast nun," setzte er hinzu, „dein Loos in deiner Hand. Sprichst du mit dem Herrn, wie sich's für dich und ihn geziemt, und gewinnt er von deinem Charakter und deinen Fähigkeiten den rechten Begriff, dann steht der Erfüllung deiner Wünsche nichts im Wege. Der Minister gibt dir die vacante Stelle, und das Aufrücken ist bloß noch eine Sache der Zeit."

Otto schüttelte dem Freund herzlich dankend die Hand. Eduard sah ihn an und aus seinen Mienen sprach ein gewisses Bedenken, als ob er trotz alledem nicht einen Argwohn unterdrücken könnte. „Sey klug," fuhr er ernst fort, indem er seine Rechte traulich auf die Schulter des Freundes legte, „und verderbe nicht Alles wieder, indem du dir Reden entschlüpfen läßt, die auf den Fürsten einen üblen Eindruck machen müssen. Du kennst ihn jetzt. Man kann ihm gar wohl etwas sagen; aber es muß in rechter Art geschehen. Merk'

ihm ab, was er hören will — — und halt ihm keinen
Sermon!"

„Ohne Sorge, Freund," entgegnete Otto. „Ich bin
nicht aufdringlich mit meinen Gedanken; und was er
nicht extra zu wissen begehrt, soll er nicht zu hören
bekommen!"

„Du bist's auch meinem Schwiegervater und mir
schuldig, daß du dich vorsichtig und fein benimmst.
Wir haben dich nicht nur empfohlen, sondern für dich
gut gesagt: dementirst du uns, so sind auch wir com=
promittirt!"

„Gut," rief Otto, „ich werde Diplomat seyn! —
Hat man denn aber bei einer Audienz auch Gelegenheit
zu Verstößen, wie du sie mir zutraust? Geht der Fürst
auf eine Materie ein?"

„In der Regel natürlich nicht. Zuweilen aber ge=
fällt's ihm, einem auf den Zahn zu fühlen — und bei
dir ist's nicht unmöglich!"

„Nun so halten wir eben aus," erwiderte Otto
heiter. „Da man nicht nur ohne Falsch seyn soll wie
die Tauben, sondern auch klug wie die Schlangen, so
laßt uns nach der Schrift handeln!" — Ernster setzte
er hinzu: „Ich werde die Speise nur vorsetzen, wenn
ich Appetit wahrnehme; und dann soll es nach meinem
Vermögen in bester Manier geschehen!" —

Als der Moment herannahte, der für ihn so wichtige

Folgen haben konnte, war er doch erregt; und mit einer eignen Mischung von Unruhe und Fassung bereitete er sich zu dem entscheidungsreichen Gang. Je näher er übrigens dem Schlosse kam, desto mehr erhob sich in ihm der Geist; und als er die Treppe hinan stieg, fühlte er sich ruhig und gerüstet für und gegen alle Möglichkeiten.

Wer in das Haus eines Mächtigen tritt, hat immer noch Zeit, sich, wenn dieß nöthig wäre, zu fassen und sein etwaiges Anliegen schließlich zu überdenken. In dem Adjutantenzimmer fand Otto drei Beamte in glänzenden Uniformen — im Gesicht jene Mischung von Ergebenheit und Selbstgefühl, wie sie den Theilhabern an der fürstlichen Gewalt und ihrem Doppelverhältniß nach oben und nach unten gemäß ist. Da die Hoheit über ihn unterrichtet war, so hatte der Adjutant ihn nur begrüßt und unterhielt sich nun mit den Uniformen, die nicht aus der Residenz waren und über deren persönliche Beziehungen das Nähere von ihnen selbst erfragt werden mußte. Otto stand am Fenster, allein und unbehelligt. Sein stattliches Aussehen und der etwas stolze Ausdruck in seiner Miene hatte eine gewisse Aufmerksamkeit auf ihn gezogen; aber da seinen schwarzen Frack auch nicht der geringste Orden zierte, so fühlte sich keiner von den Herren bewogen, ihn anzureden, und nur hie und da fiel ein Blick auf ihn, wie ihn der

Obenstehende und Gesicherte auf denjenigen zu werfen pflegt, der die höchsten Güter des Lebens erst noch zu wünschen hat.

Otto betrachtete die Herren, sah die Wichtigkeit in ihrer Haltung, die Huldigungsbereitschaft in ihren Mienen — und die organisirte Abgeschlossenheit der Großen, die Schwierigkeit, durch die glänzende, zufriedene, dankende, verehrende nächste Umgebung hindurchzusehen in die äußern und äußersten Kreise und deren wirkliche Zustände, drang sich ihm unwiderstehlich auf. Hier war Alles so schön geordnet und verlief so harmonisch — in Pracht, Glanz und Schönheit ging Alles vorgezeichnete Bahnen — — was gehörte dazu, als Herr von Dienern, die den Stolz des Gehorsams zur Schau trugen, die draußen gährenden Elemente nach ihrer thatsächlichen Gefahr zu erkennen und zu würdigen! —

Die Beamten wurden zusammen vorgerufen und erschienen nach einiger Zeit mit feierlich erfreuten Mienen; man sah ihnen an, sie hatten gnädige Worte gehört und sie mit Versicherungen der Ergebenheit beantwortet. Als der Adjutant nun den Namen „Ehrenfels" rief und Otto der Thüre zuschritt, warfen zwei der Herren doch Blicke größern Interesses auf den Mann im Frack und schienen etwas mehr von ihm zu halten.

Otto, in das Empfangszimmer eingetreten, neigte sich mit Würde. Er mußte auf den, in der Obersten=

Uniform seines Leibregiments imponirend aussehenden Herrn sofort einen guten Eindruck gemacht haben, denn dieser betrachtete ihn mit Wohlgefallen.

„Sie sind in Trauer," begann er theilnehmend, „um Ihren Vater? — War ein braver Mann, ein treuer Beamter; ich war eben daran, ihn zu befördern, als die traurige Nachricht von seinem Tod an mich gelangte. Und Sie sind ...? —

„Privatdocent der Jurisprudenz, Hoheit!"

„Das ist nicht viel," bemerkte der Fürst, „in Betracht Ihres Alters und Ihres Wissens. — Aber" (fuhr er mit einem halb satirischen, halb wohlmeinenden Lächeln fort) „Sie waren nicht conservativ genug in Ihren Vorträgen, gingen zu sehr auf die Seite der Gegner hinüber — und die Herren sind wachsam! — Haben auch" (setzte er ernster hinzu) „alle Ursache dazu!"

„Hoheit," versetzte Otto mit Ehrerbietung, „was ich gelehrt, muß ich eben für ganz besonders conservativ halten, und ich kann in Wahrheit sagen, daß mir das monarchische Interesse dabei ganz besonders am Herzen lag! Indessen höhern Orts beurtheilte man die Sache anders — und ich habe mich gefügt."

„Sie haben wohl gethan," bemerkte der Fürst. „Die Behörden, die von den Umtrieben der Parteien unterrichtet sind, erkennen deutlicher, was eben schädlich wirken kann, und sie müssen oft auch da Einhalt thun, wo böser Wille nicht vorauszusetzen ist. — Nun, und jetzt, wie ich höre, wünschen Sie in den Staatsdienst überzutreten?"

„Wenn es möglich wäre, Hoheit..."

„Wir wollen sehen," erwiderte der Herr. Ist's zu machen, so werde ich nicht entgegen seyn."

Bei diesen Worten sah er ihn geradezu freundlich an, und Otto dankte mit einer lebhaften Verbeugung.

Der gute Eindruck, den der Bewerber durch seine Figur und das Gepräge seines Kopfes auf den Fürsten gemacht, hatte sich im Verlauf der kurzen Unterredung nicht nur erhalten, sondern gesteigert. Der Blick ächten Dankes, der nach der gnädigen Versicherung dem Erfreuten aus dem Auge ging, stimmte die Hoheit völlig zu seinen Gunsten. Die Ehrlichkeit, die Zuverlässigkeit Otto's ließ keinen Zweifel zu. Ein Gefühl, daß er einen Mann vor sich hatte, der in der That so dachte, wie er sprach, bemächtigte sich des Herrn und flößte ihm ein Vertrauen ein, wie er es nach so kurzer Bekannt= schaft selten empfunden hatte. Ihm fiel ein, was er erst noch letzthin über die Gefahren gehört, welche von Seiten der negirenden Geister drohten; eine Ahnung überkam ihn, daß in der Zeit wirklicher Gefahr mancher, der jetzt eifrige Ergebenheit an den Tag legte, sich fern halten würde — und alles dieß bewog ihn, dem Ge= spräch eine ernstere — bestimmte Wendung zu geben.

„Herr von Ehrenfels," begann er nach einem Schweigen, „wir leben in einer ernsten Zeit. Ein Geist des Umsturzes geht durch die Welt; die untern Klassen sind von Hoffahrt und Anmaßung ergriffen, sie wollen oben hinauf und regieren, die Regierenden sollen herunter und sich fügen. Da müssen die Guten, die Edeln sich verbinden und fest zusammenhalten!"

Otto verbeugte sich mit einer gewissen Reserve in seinem Ausdruck, die aber der Fürst nicht bemerkte.

„Unter solchen Umständen," fuhr dieser fort, „muß es mich freuen, einen Mann von Charakter mehr um mich zu wissen, und ich darf annehmen, daß sich der Erbe eines Namens, der in der Geschichte meines Hauses wiederholt mit Auszeichnung genannt ist, als solcher erproben werde."

Otto, durch diese Rede wohlthuend berührt, verneigte sich dankend und zustimmend.

„Die Monarchie muß erhalten werden," fuhr der Herr mit stärkerem Tone fort, „das ist das Erste!" Und einem gewissen Instinkte folgend, dem Liberalen gegenüber, setzte er hinzu: „die constitutionelle Monarchie!"

Otto erwiderte: „Ich kenne nichts, was mir mehr am Herzen läge! Ich sehe die Cultur Deutschlands, Europa's — der Welt an sie geknüpft!"

Dieses energische Wort machte auf den Fürsten eine sichtlich gute Wirkung. „Ganz richtig," erwiderte er,

„so ist's! — Auf der bestehenden monarchischen Ordnung, auf der Herrschaft der angestammten Fürsten ruht das Wohl der cultivirten Menschheit, das Gedeihen des Volks. Darum haben wir jetzt, wo diese Ordnung von gemeiner Selbstsucht angetastet, zertrümmert werden will, keine höhere Pflicht, als sie mit Anwendung aller Mittel zu vertheidigen und jeder Regung der Revolution mit unnachsichtlicher Strenge entgegenzutreten!"

Die Wangen des Fürsten hatten sich bei diesen Worten etwas gefärbt, und der Bewerber, erkennend, daß die Vorstellung seiner Gegner ihn erregt hatte, schwieg, obwohl er gern eine Bemerkung gemacht hätte.

Der Fürst betrachtete ihn und sagte endlich: „Sie scheinen damit nicht ganz einverstanden zu seyn?"

„Hoheit...." erwiderte Otto, gleichsam um Erlaubniß bittend, seine Meinung für sich behalten zu dürfen.

Aber der Fürst rief mit Ernst: „Keine Ausweichung! Mißbilligen Sie diese Maximen?"

„Nein, Hoheit. Zur Aufrechterhaltung der Monarchie — der constitutionellen Monarchie — müssen alle rechtlichen Mittel angewendet werden, und da, wo es nöthig und nützlich ist, auch das der Strenge!"

„Aber?"

„Hoheit," versetzte Otto bescheiden, „ich weiß nicht — meine Ansichten hier zu entwickeln". —

„Thun Sie es! Ich bin gespannt, sie kennen zu lernen, und habe noch Zeit übrig. Daß ich von Ihnen nur etwas Gutgemeintes höre, setze ich voraus."

„Nur meine innerste Ueberzeugung, die, wie ich versichern kann, das Ergebniß gründlichster Erwägungen ist!"

„Also sprechen Sie! Es hat ein besonderes Interesse für mich, über diesen Gegenstand einen Mann der Wissenschaft, einen Gelehrten zu vernehmen, der einer alten Familie angehört." — — Ernst lächelnd fuhr er fort: „Ich will Ihnen helfen! — Sie glauben, es gibt noch andre Mittel, als die rücksichtslose Vertheidigung dessen, was man inne hat?

„Allerdings, Hoheit," erwiderte Otto lebhaft.

„Sie meinen Concessionen! — Natürlich! — Aber Concessionen, mein lieber Ehrenfels, sind ein Beweis der Schwäche. Wer damit beginnt, muß fortfahren, weil die Prätensionen des Beschenkten wachsen. Gib dem, der mit dir um die Macht ringt, den Finger, und er nimmt die ganze Hand!"

„Ohne Frage, Hoheit. Aber ich meine auch nicht die Concessionen der Schwäche, die freilich stets nur verderblich wirken können; ich meine die Concessionen der Stärke — der Einsicht und des Edelmuths."

Der Herr verzog die Lippe, als ob er sagen wollte: „Das kennen wir!" Dann bemerkte er: „Wird der

Effect nicht derselbe seyn? Die Unterthanen fordern, der Landesherr gewährt; dieser verliert, jene gewinnen. Aber alles Gute schmeckt nach mehr, es wird auf's Neue an den Edelmuth appellirt, und wer A gesagt, muß B sagen. Auf diese Art ruinirt sich der Fürst aus Edelmuth, wie er sich ruinirt hätte aus Schwäche, und zuletzt ist der sogenannte Edelmuth eben auch nichts als Schwäche gewesen!"

Otto, der hierauf nicht das rechte Wort der Entgegnung fand, schwieg bedenklich; und jener fuhr fort: "Warum auch Concessionen? — Ist es denn so gewiß, daß der Theil von Macht, den der Landesherr an die Kammern, an die Unterthanen selbst abgibt, von diesen besser verwaltet wird? Doch, wenn dazu Hoffnung und er zu einem Opfer bereit wäre — auf welche Art erkennt er den rechten Gegenstand und das rechte Maß? Wie kann er wissen, daß er in Gewährung einer Forderung nicht sein Haus und sich selber beraubt, um den Unterthanen nur eine Waffe in die Hand zu geben, wodurch sie nicht nur ihn, sondern sich selber verletzen? Gibt es ein sichres Mittel —?"

"Ich glaube allerdings, Hoheit."

"So nennen Sie's!"

"Der Fürst," erwiderte Otto mit Ernst, "kann genau erkennen, was er an Macht behalten muß und was er an Freiheit gewähren darf, wenn er die Ziele in's Aug' faßt, die der Menschheit und der Nation in der Menschheit gesteckt sind! Die Macht, die von diesen Zielen aus in seiner Hand gefordert ist, muß er behalten; die Freiheit, die zu ihnen hinführt, gewähren!"

„Allgemeine Sätze, mein lieber Doktor! — — Ein Beispiel würde mir sehr lieb seyn!"

„Nehmen wir an," fuhr Otto fort, „das Ziel der Volksentwicklung wäre die Stufe der Mündigkeit und der freieren Bewegung der Mündigen. In diesem Fall wäre dem edeln Fürsten seine Handlungsweise genau vorgezeichnet: zur Mündigkeit hin zu erziehen, und wenn der Moment derselben gekommen, dem Volk zu gewähren, was der Vater den mündig gewordenen Kindern gewährt."

„Immer noch allgemein und unbestimmt! — Woran erkennt man, daß dieser Moment erschienen ist? — Kann der Herrscher ein Volk überschauen, wie der Vater seine Kinder — finden wir geistige und moralische Bildung in ihm so gleichmäßig vertheilt, wie in einer Familie? Haben die Menschen nicht unverhältnißmäßig mehr Hang zum Bösen wie zum Guten — und wird dieser Hang in der Freiheit nicht immer wieder hervortreten? — Können Sie an ein Volk glauben, das im Besitz einer Macht, die mißbraucht werden kann, sich selber im Zaum halten und bescheiden würde?"

„Ich vergesse nicht, wogegen die Regierung sich vorsehen müßte...."

„Sie kennen die Menschen nicht, lieber Ehrenfels — machen sich von ihnen ein viel zu günstiges Bild und gründen darauf Ihre idealistischen Propositionen. Die Verantwortung eines Fürsten gegenüber den Forderungen der Neuerer ist ungeheuer, die Entscheidung über das Maß der Zugeständnisse unendlich schwer — am sichersten geht er, wenn er behauptet, was er überkommen hat."

„Aber dann haben wir den Kampf, Hoheit! Die Geister werden ihre Forderungen stets wieder aufstellen und um ihre Erfüllung ringen" —

„In Gottes Namen! Ist der Kampf unvermeidlich, dann kämpfen wir!"

„Er ist nicht unvermeidlich, Hoheit; es gibt ein Mittel" —

„Und das ist?"

„Das Erkennen des Ziels, das Wollen des Ziels. Das Wollen, das dem erkannten Ziel Schritt für Schritt sich entgegenbewegt!"

„Wieder Theorie!"

„Ich kenne nichts Realeres und Praktischeres, Hoheit. Das rechte Erkennen und das rechte Wollen ist Alles; es ist der rechte Anfang, der den rechten Fortgang nothwendig zur Folge hat. Wollen ist das Princip, das

Suchen, das nothwendig findet, weil es ideell schon besitzt, was es reell finden soll. Der Fürst, der das Cultur-Ziel des Volkes erschaut und in dem der Wille lebt, diesem Ziel den jetzt möglichen Schritt entgegenzugehen, erkennt auch, unterstützt von den Männern der Praxis und den Sachverständigen aller Art, das zunächst Realisirbare mit Sicherheit. Ein solcher Fürst ist in Wahrheit gottähnlich: er spricht, so geschieht's, er gebeut, so steht's da! Tausende bieten sich ihm zu Organen und sind glücklich, ihm dienen — das Gute dienend mit ihm verwirklichen zu können. Tausende, die in ihrem bestimmten, kleinen Kreis das Bessere wollen, aber keine Handreichung dazu finden und verborgen und stumm bleiben, werden hervortreten und dem Herrscher die freudige Gewißheit geben, daß für seine großen, allseitigen Tendenzen die Einzel-Bestrebungen alle vorhanden sind, die er nöthig hat, — die Einzel-Bestrebungen, die mit Lust und Liebe ausführen, was er mit Lust und Liebe vorschreibt! Fürwahr, kein erhabneres, kein göttlicheres Schauspiel, als ein Herrscher, der das Edelste offen und energisch wollend, alle verwandten Kräfte magnetisch anzieht und durch sie bis zur Uebermacht verstärkt, die Kleinheit und die Gemeinheit siegreich aus dem Felde schlägt!"

Der Fürst betrachtete den von seinen eignen Vorstellungen Ergriffenen und Bewegten mit Antheil und

Wohlwollen; denn das Bild eines übermächtigen Herrschers, wie es der Redner gemalt, und die erhabenen Vergleichungen, hatten ihm wohl gethan. Dennoch zuckte er leicht die Achsel und sagte: „Sie sind ein Idealist, mein lieber Ehrenfels — ein Optimist! Die uneigennützigen Werkzeuge, die Sie dem Fürsten zur Disposition stellen, existiren leider nur in Ihrem Kopfe!"

„O," rief Otto mit glänzenden Augen, verkennen Sie das Volk nicht, Hoheit! Das Volk ist gut, und bereit, immer besser zu werden! Nur mißtrauisch ist es, eingeschüchtert und zurückhaltend. Zeigt sich der Wille, dem es vertrauen kann, offen und unverkennbar, dann brechen die verschlossenen guten Triebe in ihm auf, wie die Knospen im Frühling, und bieten sich dem Herrschenden, der sich ihrer zu bedienen weiß! Das Volk ist des Dankes, der Liebe, der Hingebung, der Aufopferung fähig! — und zumal mit deutschem Volke kann der erleuchtete, hochgesinnte Fürst Alles machen!"

Bei dieser enthusiastischen Rede hatte der Fürst das Haupt erhoben und sah für sich hin, wie sich besinnend. Dann erwiderte er mit Ernst: „Schön ist, was Sie sagen — schön und verlockend! — Schade, daß meine bisherigen Erfahrungen widersprechen!"

„Hoheit," rief Otto, der sich jetzt in einem Zustande befand, wo allein die Wahrheit noch Gewicht hat, — „nichts ist gewisser, als dieser mein Satz; aber die

Bedingung, die er enthält, muß strengstens erfüllt werden! Das edle, schöpferische Wollen ist diese Bedingung! Das Volk hat ein Ideal, — die Wissenschaft hat es erkannt und wird es in immer lichtere Klarheit stellen. Macht der Herrscher dieses Ideal zu dem seinigen, wie er es als edler Herrscher muß, weil es in Wahrheit ebenso das Ideal für ihn, wie für das Volk ist — offenbart er den Willen, dem Einen Ziel näher und näher zu kommen, — erklärt er es nur auch für sein Ziel, thut er nur die ersten vorbereitenden Schritte, gibt er nur irgend eine Sicherheit über sein Wollen und Streben, dann huldigen ihm die Geister, die Herzen fliegen ihm zu, und jubelnd verkünden die Lippen sein Lob! Ein solcher Führer ist ja der Ersehnte der Völker; und jeder, der sich entschlossen dazu bestimmt, wird von demselben Moment an doppelt und dreifach Herr seyn!"

Diese Worte enthielten einen Vorwurf gegen das bisherige Verhalten des Fürsten, der ihn traf und sichtlich verstimmte; der Verstoß des Redners beschäftigte ihn so sehr, daß er den Aussichten, die ihm damit eröffnet wurden, keinen Antheil zuwenden konnte.

Otto bemerkte dieß nicht; die Strömung war im Gange — die Wahrheiten, die in ihm lebten, waren durch die Einwendungen des Zweifels herausgefordert — sie mußten sich stellen und siegen!

„Der deutsche Geist, Hoheit" — fuhr er fort — „hat in den letzten Jahrzehnten Riesenschritte gemacht! Die Nation hat ihre Kleinlichkeit abgelegt, große, allgemeine Zwecke stehen vor ihren Augen! Ein einiges Deutschland — einig durch das harmonische Zusammenwirken der Fürsten und Völker —, die Freiheit der Wissenschaft, die Freiheit der Lehre, eine Vertheilung der Rechte und Pflichten, die das Gedeihen Aller ermöglicht, die höchste Bildung des Volkes, die größte Macht und die reichsten Machtmittel des Vaterlandes — das fordert man jetzt, das ist der Gedanke der Geister, der Wille der Herzen! Das Bild der Nation in ihrer herrlichsten Entwicklung erhebt gegenwärtig auch die Seelen der geringsten ihrer Glieder; und die Hand, welche den Tag über den Meisel oder die Nadel führt, kann in der Zeit der Ruhe die Feder nehmen, um Gedanken und Gefühle auszusprechen, die jenes Bild erweckt hat, — Gedanken und Gefühle die auch in der mangelhaftesten Darstellung noch ergreifend und rührend sind. Die Wogen des Geistes gehen durch alle Stände — sie wallen und walten im ganzen Volk; die Niedrigsten sind durchdrungen von dem nationalen Ehrgeiz und Stolz und geadelt durch ihn! Fürwahr, Hoheit, in einer Zeit, wo der ärmste Handwerker an den Idealen der Nationalität und Humanität hängt, da dürfen die Fürsten nicht ohne Ideale seyn! Sie dürfen jetzt, wo Alle das irdisch Höchste erkannt haben, das über Alles zu lieben ist, nicht ihr eigenes Interesse und das Interesse ihrer Familien über Alles stellen! — Sie müssen vorangehen im Erkennen, Wollen, Handeln, müssen der Nation sich ausdrücklich weihen — müssen sich und ihre Familien zu Organen machen im Dienste der Menschheit!"

Ueber die Züge des fürstlichen Hörers war bei dieser Ergießung eine Wolke gegangen; mit strengem, festem Blick sah er auf den Redner und erwiderte: „Sie klagen an — und Sie ertheilen Weisungen!"

„Nicht ich, Hoheit," war die Antwort, „die Zeit, die Geschichte — der Wille Gottes thut es! Was dieser fordert, ist aber in der Fürsten eigenstem Interesse! Erfüllen sie die Gebote selbstwollend und bewußt, dann wird jedem ihrer Schritte Ruhm und Wohlfahrt entsprießen; sie werden als Erste und Oberste in der höchsten Thätigkeit der Zeit ihren Namen auf's Neue verdienen — werden von der dankbaren, auf ihre Führer stolzen Nation neu gewählt, neu gekrönt — werden als Herren freier und edler Völker um so größere Herren seyn, als der freie Mann dem knechtisch Gehorchenden an Werth und Würde voransteht! Sie erhalten mit der Feuertaufe des Geistes die letzte Weihe: zu Rüstzeugen der letzten Entwicklungszwecke des höchsten Herrn; — die Gegenwart, die Zukunft ist und bleibt

in ihrer Hand! Verharren sie aber in ihrem Wider=
stande gegen die Zeit und ihre gerechten Forderungen,
gilt ihnen das Belieben ihres Herzens mehr als der
Wille der Geschichte, der Vortheil ihres Hauses mehr
als das Gedeihen der Nation, — gehen sie einseitig
conservirend und stehenbleibend zurück — dann, dann
wird eines Tages die vorschreitende Geschichte auch
gegen sie an= und über sie hinweggehen! Niemand ist
ausgenommen von der Regel, nach welcher die irdischen
Entwicklungen verlaufen, Niemand erhaben über die
Satzungen göttlicher Gerechtigkeit! Für die höchsten
Häupter gibt es ein Gericht — und dieses Gericht wird
sich unausbleiblich erfüllen!" — —

Es war heraus — das Herz des leidenschaftlichen
Idealisten hatte sich entlastet und genuggethan. Muthige
Vorstellungen, kühne Reden waren aus seinem Munde
gegangen! — aber diese Reden enthielten Wahrheit,
enthielten seine tiefsten Ueberzeugungen, und eingegeben
hatte sie der beste Wille, der innigste Antheil an der
Wohlfahrt der Mächtigen selber! Dieser Wille, dieser
herzliche Antheil mußte erkannt, mußte ihm zu Gute
gerechnet werden! —

Waren dieß die Gefühle Otto's nach der vollendeten
Erpektoration, so befand er sich freilich in gewaltigem
Irrthum. Der Fürst war in tiefster Seele verletzt;
nicht nur durch die ausgesprochenen Gedanken, sondern

noch mehr durch die drängende, stürmende, den Hörer
zu überwältigen strebende Form der Argumentation.
Das Wort „müssen", fürstlichen Ohren so übeltönig,
und das scharfe Licht, welches durch den Vergleich
mit dem Willen der Geschichte auf das bon plaisir
der Mächtigen fiel, hatte ihn geradezu beleidigt. Er
fühlte nur das Unpassende in dem Gehörten, nicht die
Wahrheit und nicht den guten Willen — er erblickte
in dem Redner nur den haltungslos anmaßenden Stuben=
gelehrten; und bei der letzten drohenden Aeußerung an
die Einigkeit der Gewalthaber, an ihre ungeheuren
Mittel, an die Muthlosigkeit der deutschen Philister und
die Ohnmacht der Demagogen sich erinnernd, sah er
auf Otto mit einem sicher=spöttischen Lächeln, das
dieser indeß weit entfernt war zu bemerken.

Die Freiheit und Ueberlegenheit des Höchstgestellten
rasch wieder gewinnend begann er nach kurzem Schweigen:
„Sie haben mir sehr überlegenswerthe Dinge zu hören
gegeben, Herr Doktor, — — aus Ueberzeugung und
in bester Meinung" —

„Gewiß, Hoheit..."

„Das läßt mich den richtigen Standpunkt gewinnen
zu ihrer Beurtheilung. Ich danke Ihnen für Ihre
Offenheit, die den Mann von Muth und Charakter
verräth, und kann Ihnen sagen, daß es für mich von
großem Interesse war, Sie kennen gelernt zu haben."

Mit einer würdevollen Handbewegung entließ er ihn.
Otto schritt durch das Vorzimmer mit einem eignen
ernsten Selbstgefühl. Er hatte seine Pflicht gethan,
seiner Ueberzeugung nichts vergeben, und es schien, als
ob ihm seine Wahrhaftigkeit bei dem Fürsten auch in
der That keinen Nachtheil gebracht! — Der Adjutant,
in dessen Augen ein Mann, mit dem der Herr so lange
gesprochen, eine sonderliche Bedeutung erlangen mußte,
neigte sich zum Abschied merklich tiefer, als bei der ersten
Begrüßung, und Otto verließ das Schloß in einer Art
von träumender Trunkenheit. Sein Kopf war erfüllt
von geistigem Leben, das er fast wie einen materiellen
Strom empfand — das Licht des sonnigen Tages
glänzte seltsam in seine Augen, und Häuser und
Straßen erschienen ihm wie Theaterdecorationen. Er
schüttelte den Kopf über diese Eingenommenheit, und
nach und nach legten sich die Wellen, so daß er er-
nüchtert nach Hause kam.

Als er dem alten Oberst von dem Gespräch erzählte und einige seiner Aeußerungen wiederholte, starrte
dieser ihn an. „Und das hat Ihnen der Herr nicht
übel genommen?" — „Es scheint nicht," erwiderte
Otto; „er vernahm es mit Ernst und entließ mich
freundlich. Ich darf annehmen, daß er mein ehrliches
Herz erkannt hat, meine Zuverlässigkeit unter gewissen

Bedingungen und meine Brauchbarkeit zu schätzen weiß, und hoffe, daß er mich demgemäß verwenden wird!"

Bald darauf begab er sich zu Eduard, denn es drängte ihn, dem Freunde Bericht zu erstatten. Man sagte ihm, der Herr sey auf's Schloß gerufen worden! Mit dem ernsten Gefühl eines Mannes, dessen Loos der Entscheidung näher und näher geht, kehrte er heim, und folgte gern der Einladung des Obersten zu einer Trinkgesellschaft, die sich an zwei Abenden der Woche gemüthlich zu unterhalten pflegte und unsern Freund auch heute dem Ernst seiner Lage zu entheben wußte.

Früh am Tage, vor der Büreaustunde, suchte er Eduard auf. Sein freundlicher Morgengruß erhielt eine verdrossen betonte Erwiderung, aus der man sogar etwas Geringschätziges heraushören konnte; und bedauernd sagte der Freund: „Du bist nicht aufgelegt?"

Eduard, ohne ihn anzusehen, antwortete: „Ich will's nicht läugnen! Man erlebt eben zuweilen Dinge, wobei es schwer ist, seinen Humor zu behalten!"

„Nun," fuhr Otto nach kurzem Schweigen fort, „ich habe gestern mit dem Fürsten eine ziemlich lange Unterredung gehabt. Er fragte mich über die großen Probleme der Zeit und ich stand nicht an, ihm eine offene und ehrliche Antwort zu geben. Indessen möchte ich doch glauben, daß er sie gut aufgenommen hat."

Eduard sah ihn von der Seite an und zuckte die Achseln. „Wirklich?" rief er mit spottender Miene.

Otto war betroffen. Ernst versetzte er: „Was ist dir? Du bist in einer sonderbaren Laune!"

„Allerdings," entgegnete Eduard mit scharfem Ton. „Und zwar über einen Mangel an Takt und Blick, den ich für unmöglich gehalten hätte, wenn der Beweis nicht geliefert wäre. — Du glaubst, dem Herrn gefallen, ihm wohl gar imponirt zu haben? Alles hast du verdorben — Alles — und für alle Zeit!"

Otto zuckte wie erschreckt. „Ich begreife nicht..." rief er.

„Das ist eben das Uebel," fiel ihm Eduard in die Rede. „Du begreifst nicht, wie man sich gegen Fürsten zu benehmen hat, begreifst nicht, was ihnen mißfallen und sie beleidigen muß, merkst sogar nicht, wenn sie entrüstet und empört vor dir stehen, und gehst blind weiter, sinnlos, wie ein Nachtwandler!"

Das Gesicht Otto's hatte sich bei diesen Vorhaltungen verdunkelt. „Eduard," rief er streng mahnend, — ich muß dich ersuchen..."

„Ach," erwiderte dieser, „ich muß reden, denn ich bin indignirt und außer mir. Hast du mir nicht versprochen, dich klug und vorsichtig zu benehmen, zuzusehen, was der Fürst zu hören erwarten und gern hören würde, seinem Verlangen entgegenzukommen?"

„Nun," fiel Otto ein, „das ist ja geschehen! Er hat mich gefragt, hat mich wiederholt aufgefordert, meine Ueberzeugungen auszusprechen, hat ernsthaft und aufmerksam zugehört..."

„Nein," rief Eduard, indem er heftig einige Schritte hin und her machte, „das übertrifft Alles, was mir bis jetzt an Kurzsichtigkeit vorgekommen ist! Ist es denn möglich — sprech' ich mit einem Menschen, der seine fünf Sinne hat? — Der Fürst ist verletzt und geradezu aufgebracht über dich. Er hat mich rufen lassen und mir ungnädig vorgehalten, welch einen Patron ich ihm da empfohlen habe! Ein Supplikant, der eine Gunst von ihm erbitte und ihm Zurechtweisungen ertheile! Ein Phantast, der ihm Reden halte, wie ein zudringlicher Bußprediger! Du hast seine ganze Ungnade — kannst nie was von ihm hoffen —, und auch wir, mein Schwiegervater und ich, werden Alles zu thun haben, bis wir die Scharte in seiner Meinung von uns wieder auswetzen können!"

Otto sah vor sich hin und seine Lippen bebten. „Nicht möglich!" rief er — „nicht möglich!"

„Nicht möglich?" erwiderte Eduard, „Wirklich, mein Guter, wirklich! Alles, was ich dir gesagt, hab' ich mit meinen eignen Ohren von ihm gehört. Und ist's nicht ganz natürlich? Du schreibst dem Souverän eine neue Regierungsweise vor, machst von ihrer Be=

folgung Seyn und Nichtseyn abhängig, verurtheilst sein bisheriges Verhalten, seine Grundsätze —"

„Ich hab' ihm," fiel Otto ein, „auf seinen ausdrücklichen Wunsch meine Ueberzeugungen ausgesprochen meine wissenschaftlich errungenen und begründeten Ueberzeugungen. Ich hab' ihm gesagt, was auch wahr — drohend wahr ist: daß die Fürsten an einem höchst verhängnißvollen Wendepunkt stehen, daß der Genius der Geschichte mit gewaltiger Mahnung auf den Einen Weg hinweist, den die Nationen einschlagen werden — entweder mit den Fürsten zu ihrem Ruhm und Heil oder ohne sie zu ihrem Schaden und Ruin!"

„Da haben wir's!" rief Eduard fast mit dem Ausdruck des Hohnlachens. „Dem Fürsten, von dem er eine Gnade wünscht, sagt er, was ihn beunruhigen, erschrecken muß, wenn er's glaubt, und ihm lächerlich erscheinen, wenn er's nicht glaubt! Die Pistole auf die Brust: la bourse ou la vie! — Beim Himmel, das ist geradezu stupid!"

„Eduard," rief Otto mit funkelnden Augen, — „wähle deine Ausdrücke besser, oder — — Ich will's nicht gehört haben!"

„Es wäre kein Wunder," entgegnete Eduard seinerseits mit erzürntem Blick, „wenn auch ich toll würde! Die Sache war so schön vorbereitet und eingeleitet! Nur eine Viertelstunde Vernunft und der Zweck war erreicht! Da plagt ihn der Satan, seinen doctrinären Kram auszulegen und Dinge zu sagen, die man einem Fürsten nicht sagen kann und die er nicht hören darf!"

Otto hatte seinen Kopf emporgeworfen und stand mit einem Gesicht da, welches einen unwiderruflich gefaßten Entschluß verrieth. „Sprechen wir nicht weiter davon," entgegnete er, „die Sache ist abgemacht. Wenn es ein Verbrechen ist, einem Fürsten zu sagen, was ich gesagt habe, dann will ich mit keinem von ihnen verkehren und weit, weit von ihnen hinweggehen! Wenn man einem Fürsten nicht sagen kann, was ich gesagt habe, dann kann man ihm nichts sagen, was recht, gut und edel ist! Dann muß die Wahrheit, dann müssen die Ideale der Völker scheu zurückweichen vor dem Belieben herrischen Eigenwillens; dann gibt es kein höheres Ziel, als dem Gewalthaber zu gefallen, indem man ihn schmeichelnd corrumpirt; dann seid ihr keine Beamte, keine Staatsdiener, sondern Lakaien und egoistische Verderber eines Despoten! Nie werd' ich einer von euch werden, — lieber tausendmal zu Grunde gehen!"

Eduard, mit Mühe sich haltend, warf einen ergrimmten Blick auf ihn und rief zitternd: „Du sprichst wie ein Wahnsinniger!"

Aber Otto, mit dem Blick entschiedenster Geringschätzung, erwiderte: „Geh! — ich kenn' euch nun, und brauche nichts weiter zu hören! Eure Reden von Freiheit und Volkswohl sind Komödie, heuchlerisch gespielte Komödie, um die Dummgläubigkeit zu bethören! Nichts liegt euch am Herzen, als die Macht zu behalten, üppig zu leben, oben zu stehen und den Fürsten um jeden Preis für euch zu haben! Der von euch umschmeichelte Herr ist nichts als ein Werkzeug in eurer Hand! Ich, der von ihm Zurückgestoßene, will seine Ehre, sein Wohl in edler, humaner, zukunftreicher Herrschaft! Ihr, die von ihm Erhöhten, gebraucht ihn nur als eine Sache, als ein Mittel zu egoistischen Zwecken — — ihr seid es, die ihn beleidigen und degradiren!"

Eduard richtete sich mit allem Stolz empor und rief mit dem Nachdruck innerlichster Entrüstung: „Du bist unzurechnungsfähig wie ein Tollhäusler, aber doch darf ich deine Reden nicht hören! — Verlaß mein Haus!"

„Ich gehe," versetzte Otto, „und es soll mir von jetzt an eine Freude und eine Ehre seyn, einem ehrlichen Taglöhner die Hand zu drücken! Regiert ihr — immer zu! — es kommt eine Zeit der Abrechnung! Eine Weile kann es noch dauern, lange nicht! Dieses morsche, hohle, gleißende, übertünchte Gebäude wird zusammenstürzen auf den ersten Stoß des erregten Völkersturms! Die Wahrheit, die euch beleidigt, wenn sie Glorie bietet, sie wird kommen und Schmach bieten, und ihr werdet nichts vermögen gegen sie, und sie wird euch wegfegen!"

„Abgeschmackte Drohungen der Ohnmacht!" rief Eduard verächtlich.

„Ohnmacht, Ohnmacht!" entgegnete Otto, aus dessen Augen jetzt Funken zu sprühen schienen. „Meine Macht ist die Macht der Wahrheit, die Macht der Geschichte, die unwiderstehlich vorwärts geht, die Macht des Volks, das, von der Wuth der Rache durchtobt, zermalmend über euch hinwegstürmen wird! Ohnmacht! Es gibt keine Macht als die des Rechts, des ewigen göttlichen Rechts, das eins ist mit dem Willen der Vorsehung, mit den Idealen der Menschheit. Unaufhaltsam ist der Schritt des Geistes, unwiderstehlich seine Gewalt! Wenn er an die Thore der Zwingburgen pocht, fliegen sie auf, wie von dem Finger der Allmacht berührt, und wehrlos steht die Tyrannei, wehrlos ihr Schmeichlertroß! Wie du jetzt, durch die Wahrheit meiner Worte getroffen, lautlos vor mir stehst, so wirst du erbebend stehen vor der Wahrheit, die That geworden! — Bis dahin — Gott befohlen!"

Er schritt der Thüre zu und ging hinweg!

Mit dem stolzen Gefühle eines Mannes, der große Vortheile, aber zugleich unwürdige Bande von sich geworfen — ein Martyrium vor sich, den Beifall des Gewissens, des Vertrauens auf Gott in sich, — mit einem tragisch-heroischen Glanz auf dem Gesichte, trat er vor den Obersten. Dieser, wissend, daß er bei Herrn von Horst die Entscheidung hatte erfragen wollen, rief gespannt: „Nun wie ist's? Hast du die Stelle?" — Otto lächelte geringschätzig, und der alte Haudegen ahnte den Sachverhalt. „Alles ist aus," erwiderte der Erregte, dießmal laut genug, ohne seine Stimme absichtlich anzustrengen; — „was sie mir hier bieten, hätt' ich nicht nehmen können, und nun ist's auch zurückgezogen!" — „Um Gotteswillen," rief der alte Herr, „Otto! — übereile dich nicht!" — „Ich hab' Ihnen," versetzte Otto, — „einem Ehrenmann, nur Eines zu sagen: die Ehre gebietet mir unbedingt, zu resigniren! — Und nun hören Sie mich!"

Er erzählte ihm, was er bei Eduard erfahren, kurz, eindringlich, überzeugend; der Brave wußte nicht, ob er schelten oder anerkennen sollte. „Du bist ein Ehrenfels!" rief er endlich, indem er ihm die Hand drückte. Dann schüttelte er den Kopf, sah ihn an und sagte: „Armer Junge; nun ist dir wieder alle Aussicht genommen! — Du mußt warten, entbehren!" — „In Gottes Namen!" erwiderte Otto mit Ernst. „In Gesellschaft der Ehre nehm' ich das Glück mit Dank, mit innigem Dank; ohne sie zieh' ich das Unglück, die Entbehrung, ja, wenn es seyn muß, den Untergang vor!"

Noch an demselben Vormittag ging er zur Frau

Majorin. Die Aufregung hatte sich gelegt, es war ruhiger geworden in seinem Kopf, darum pochte jetzt, als er die Treppe hinanstieg, sein Herz. Wie er sich vor die erfahrene Frau stellte, sah ihn diese bedenklich an. Er gestand und erzählte Alles. Die Majorin hatte mit einem seltsamen Ausdruck zugehört: betroffen, ernst, aber doch auch mit einer eignen Genugthuung, mit einem unmerklichen Schein von Triumph in ihrem Gesicht. „Was haben Sie nun vor?" begann sie, nachdem er geendet. — „Vor Allem," erwiderte Otto, „geb' ich meine Stellung an der Universität auf." — „Das ist gerathen! Und dann?" — „Ich kann schreiben," versetzte Otto, — „die Feder soll mein Werkzeug seyn; und wenn ich keines mehr führe als dieses, werd' ich's handhaben, daß es sich Achtung verschafft!" — Wenn man Sie aber verfolgt?" — „Sie sind's nicht im Stande! Ich kenne die Gesetze, und was ich zu sagen habe, werd' ich mit dem ganzen Ernst der Wissenschaft sagen. Es gibt keine Macht, das Licht zu unterdrücken, das nichts will, als sich ergießen! O ich will Alles sagen, denn ich werde es recht sagen, als reines Organ der Wahrheit und der Gerechtigkeit. — Der Nation leben, — unmittelbar und allein: in meinem Innersten gährt es bei diesem Gedanken, mein Herzblut schwillt und fluthet dem Volk entgegen! Lassen Sie mich, ver= ehrte Frau! Ich bin jetzt auf meine höchste Pflicht gewiesen, durch innere und durch äußere Nothwendigkeit — — ich werde sie erfüllen!"

Die Majorin sah den Bewegten in starrer Haltung, aber mit einem Blick an, der tiefen, herzlichen Antheil verrieth. Die Entschlossenheit und Selbstgewißheit Otto's erfüllten sie mit Achtung, die Hoffnungen, die er hegte und die so täuschend seyn konnten, mit Rührung. Eigen aber schmeichelte der bürgerlich Geborenen die Hochhaltung des Volks im Gegensatz zu dem kalten, egoistischen, hoffärtigen Wesen der Vornehmen; denn sie hatte in dieser Beziehung selbst wieder Erfahrungen gemacht, durch die ihr Herz erregt war.

„Aber," begann sie nach kurzem Schweigen, „wie wird es nun mit der Braut werden? Getrauen Sie sich, eine Familie mit der Feder zu ernähren?"

Otto, der auf diese Frage sich die Antwort schon selber gegeben und seinen Entschluß gefaßt hatte, erwiderte mit Ernst: „Nein, verehrte Frau! — ich muß entsagen. Ich kann auch nicht warten, denn ich habe wohl Hoffnung, durch meine Thätigkeit nützlich zu werden, nicht aber einen Lohn zu erhalten, der für eine Familie ausreicht. Das Glück war nie mit mir, ja es hat mich stets absichtlich geflohen — in dieser Beziehung habe ich nicht die geringste Zuversicht. Ich bin jetzt ein Soldat, der in's Feld zieht und um seine Existenz würfelt — es ist meine Pflicht, Klara ihr Wort zurückzugeben! Wir sind und bleiben vereinigt, in der herzlichsten, innigsten Freundschaft; wir werden uns schätzen und lieben und im Herzen tragen; aber — — — Es soll noch heute geschehen!"

Die Majorin lächelte mit feuchten Augen. Dann sagte sie, indem sie ihm die Hand reichte: „Thun Sie, was Sie für Ihre Pflicht halten! Sie sind ein braver Mann — ich bin stolz darauf, Sie kennen gelernt zu haben! — Vielleicht..."

„Entsagen wir!" fiel ihr Otto mit Entschlossenheit in's Wort, — „es wird besser seyn!"

Er ging nach Hause zur Abfassung der brieflichen Meldungen. Zuerst schrieb er an seine Mutter. Der gute Sohn that Alles, um das Vorgefallene zu erklären, seine Handlungsweise als unvermeidlich zu begründen und die Thätigkeit, die er ergreifen wollte, als die einzige hinzustellen, der er sich mit Ehre und Aussicht auf Erfolg widmen könnte. Zugleich appellirte er mit energischen Worten an das Vertrauen der Mutter und erinnerte sie an die Zusage, die sie ihm in Ahnung solchen Falles ehemals gegeben habe.

Wie der Brief gesiegelt und adressirt vor ihm lag, hatte er doch eine tiefschmerzende Empfindung. Er stellte sich die peinliche Enttäuschung vor, die er dem hoffenden Mutterherzen bereitete, sah, daß es unab=

änderlich geschehen mußte — und ein tiefer Seufzer entfloh seiner Brust.

Mit andern und schwer zu charakterisirenden Gefühlen schrieb er den Brief an die Geliebte. Er berichtete, was ihm begegnet, wie er sich gehalten, Zug für Zug, nicht nur ohne Leid und Bedauern, sondern mit einer heroischen Genugthuung, die beim Schreiben wuchs — was er gesagt und gethan im Innersten wieder wollend, sein Geschick mit stolzem Muthe hinnehmend; und als ob die Zustimmung der Empfängerin sich von selber verstände, unterließ er jede weitere Motivirung seines Verhaltens. — Der Schluß lautete:

"Geliebteste Freundin, so ist es gekommen. Mein Loos ist entschieden und jede Hoffnung auf eine sichere Stellung mir abgeschnitten. Ich bin ohne Heimath, ohne Boden, auf den ungewissen und kärglichen Erwerb eines Schriftstellers angewiesen, dessen Bestreben es nicht seyn wird, dem Publikum durch schmeichelnde Darstellung zu gefallen, sondern durch Ueberzeugung und Mahnung zu nützen. Es ist mein Beruf, der einzige, der mir geblieben ist, und ich weihe mich ihm ganz und gar; aber sträflich, unverzeihlich wär' es, wenn ich nach allen bisherigen Erfahrungen mich über die Früchte meiner Thätigkeit selber täuschen wollte. Mit der Gesinnung, die tief in mir wurzelt, mit den Vorsätzen, die ich unerschütterlich gefaßt habe, gehe ich auch als Schriftsteller einem kümmerlichen Loos entgegen; und in dieses die theuerste, liebste Seele nicht zu verwickeln, ist mir eine sehr schmerzliche, aber noch viel heiligere Pflicht. Ich kann nicht anders, ich darf nicht anders — ich muß dir dein Wort zurückgeben und dein Herz wieder frei machen. Ich habe um deine Liebe geworben und du hast sie mir geschenkt, und ein Leben ist mir aufgegangen — unendlich reich und schön! Das Licht der Freude hat uns umflossen, der Duft wonnigblühenden Glückes uns umströmt — ich hab' erfahren, was ein selig liebendes Herz erfährt, und ich danke dir ewig das Höchste — Holdeste, Süßeste, was in die arme, ringende, vielverwundete Menschenseele von dem Himmel eines reinen Gemüths ergossen werden kann! — Aber nun steht vor mir die Nothwendigkeit mit ihrem strengsten Angesicht, herzlos, unbeugsam. Die Kluft hat sich vor mir aufgerissen, die den wollenden Menschengeist von der anderswollenden, andersliebenden Welt scheidet — sie gähnt vor mir in ihrer ganzen Tiefe und Weite und nimmt mir jede Hoffnung aus dem Herzen, die auch für dich eine Hoffnung wäre. Es geht nicht — Kühnheit wäre hier nicht die Tugend eines Mannes, sondern das Verbrechen eines Leichtsinnigen. Mit welchem Erfolg werd' ich ringen? Welche Genossen werde ich finden? Wie lange werden die Feinde triumphirend uns niederhalten? Ich weiß es nicht. Die

Leidenschaft ist sicher und hat Alles in der Hand — die Prüfung zweifelt und verstummt. O meine liebste Freundin, die Welt ist grausam, unerbittlich grausam gegen denjenigen, der ihr Trotz zu bieten wagt aus Ehrgefühl! Das ist die Sünde aller Sünden in ihren Augen — die Beleidigung, die gerächt werden muß um jeden Preis!"

„Nein! ich kann dich nicht an meine Seite wünschen, wenn ich der Niederlage, der Noth, dem Verderben entgegengehe; es wäre unter dem Schein der Liebe und Treue die gröbste Selbstsucht. Feierlich geb' ich dir hiermit dein Wort zurück! Sey Herrin deines Schicksals, wähle dir dein Lebensloos in neuer, vollkommenster Freiheit! Sey glücklich! — gesegnet und freudenreich dein Leben! — Ich bitte dich nur um Eines: Bewahre mir deine Freundschaft! — Bewahre mir ein Andenken, eine Stelle in deinem Herzen! — Und nun lebe wohl! Was unvermeidlich ist, geschehe! Da Pflicht und Ehre und Glück nicht zusammengehen, so falle das Glück zum Opfer und die Pflicht habe allein Recht! Die Pflicht — und mit ihr die Welt, die selbstsüchtige stumpfsinnige Welt, die für Alles Erquickung und Förderung und Weihrauch hat, nur nicht für den schöpferischen Willen, der ihr das herrlichste Geschenk zu bieten, sie selber dem Licht und der Schönheit entgegenzuführen ringt! — Schreibe mir bald — ich harre der Entscheidung!" —

Niemals in seinem Leben war durch das Herz unsres Freundes eine solche Mannigfaltigkeit von Empfindungen gegangen, wie beim Schreiben dieses Briefes. Die mannhaften und stolzen, die ihn zuerst erfüllten, wichen mehr und mehr, und bittre, unsäglich bittre, stiegen an ihrem Ort empor; aber auch mit diesen bestand ein gewisser Schwung der Seele und eine tragische Gehobenheit; — sein Geist blieb Herr, ob es in seiner Brust auch gährte und schmolz und wogte. Tieferregt, aber völlig entschlossen unterzeichnete er — und trug beide Briefe selber auf die Post.

Wie er die zwei nächsten Tage verbrachte, mögen theilnehmende Gemüther sich vorstellen. Er konnte seinen Empfindungen leben — äußerlich wurde seine Ruhe nicht gestört. Der beleidigte Beamte hatte mit seinem Schwiegervater eine ernste Unterredung gehabt, und in Folge derselben war beschlossen worden: das Benehmen Otto's als die Eruption eines Unglücklichen, durch seine eigne Schuld in's Elend Gerathenen zu betrachten und als solche völlig zu ignoriren. Otto, nun ohne alle Aussicht, war genug gestraft; sie dagegen blieben, was sie waren — sie standen fest im Bunde mit ihren Freunden und Gehülfen, der Herr vertraute ihnen, die Untergebenen ehrten und verehrten sie — ihre Macht

war Thatsache, der Eingebildete, der sich phantastisch
zum Heros hinaufflog, mochte das Loos finden, das
dem Hochmuth und dem Ungeschick in der Welt auf=
bewahrt ist! —

Am Morgen des dritten Tages kam die Antwort
der Mutter. Sie beklagte das Ereigniß, den Sohn,
und konnte eine tiefe Trauer über sein Loos nicht ver=
hehlen; aber einen versöhnenden Schein goß über ihre
Zeilen die Entsagung einer Seele, die das Glück der
Erde gegen ewiges abwägt und um des letztern willen
jenes zu missen entschlossen ist. Die Lage des Sohnes
würdigend und seinem Bericht gegenüber vollkommen
gläubig, tröstete sie sich und ihn mit dem innern Ge=
winn, der dem äußern Verlust zur Seite ging, und
schloß mit den Worten: „Ehre behalten, Alles behalten!
Wer den Beifall seines Gewissens hat, ist reich in Ar=
muth, und zuletzt wird die Zeit des Leidens auch vor=
übergehen. Hoffe, mein lieber Sohn! — arbeite und
hoffe! Die Welt bleibt sich nicht immer gleich, ihre
Neigungen sind wandelbar, und sie hat am Ende auch
einen freundlichen Blick und ein Plätzchen für den
braven Mann, dessen Forderungen bescheiden sind! —
Kehre zu mir zurück und laß uns überlegen, wie wir
unser Leben einrichten wollen!" —

Zwei Stunden darauf erhielt er die Antwort der
Geliebten. Seine Finger zitterten, als er das Siegel

erbrach), und die Buchstaben hielten vor den Augen nur
Staub, als er sich ermannend fest in das festgehaltene
Papier sah. Das Schreiben lautete:

„Liebster Freund! Du hast mir einen sonderbaren
Brief geschrieben, den ich zuerst ganz unbegreiflich fand
und erst nach und nach ein wenig günstiger für dich
auslegen konnte. Du bist aber doch nicht zu entschul=
digen! Wie magst du solch ein Spiel mit mir treiben?
Denn ein Spiel ist es — nichts als ein Spiel! Ich
habe von dir nur immer Wahrheit vernommen, ich bin
gar nichts Anderes gewohnt von dir; und in diesem
Brief ist auch nicht ein Fünkchen Wahrheit! Hör' es
von mir und erröthe: du hast gesagt, was du gar nicht
denkst und woran du gar nicht glaubst — mit keinem
Fäserchen deines Herzens! Es sollte dein Ernst seyn,
mir mein Wort zurückzugeben und mich wählen zu
lassen zwischen dir und einem Andern? Und du solltest
nur einen Augenblick an mir gezweifelt oder gar ge=
glaubt haben, daß ich's annehmen werde? Nein, Otto,
das ist ganz und gar unmöglich! Mit Worten kannst
du mich kränken — und das hast du gethan! — aber
nicht mit der wirklichen Empfindung deines Herzens!
Du hast mir nie mein Wort zurückgeben wollen —
nicht im entferntesten hast du daran gedacht! — und
du würdest lieber an dir, an deiner Ehre, an der
Wahrheit selber zweifeln, als auch nur einen Moment

glauben, daß ich von einem solchen Anerbieten Gebrauch machen könnte!"

"Die Niederlage, die Noth und das Verderben! Wer sagt dir denn, daß mir die Noth mit dir nicht eben so lieb ist, als das Glück und das Wohlseyn — ja vielleicht noch lieber? Glaubst du, daß du allein das Recht hast, um deiner Ehre willen die Vortheile der Welt für nichts zu achten und sie mit Stolz, ja mit Freude hinzuwerfen? Glaubst du allein das Glück und, wenn es seyn müßte, das Leben opfern zu können um deiner Ueberzeugung willen? — Wir Frauen können das noch viel besser, als ihr, ihr Herren der Schöpfung! Wir entsagen dem Glück leichter, wir leiden lieber, — denn das ist unsre Bestimmung und unser ganz besonderes Talent! — Wenn uns miteinander Noth und Dürftigkeit erwartet, so tragen wir sie; wenn Kämpfe und Mühen über uns verhängt sind, so kämpfen wir und dauern aus; und wenn wir unterliegen sollen — ergeben wir uns."

"Wahrlich, die That eines armen, von der Welt zurückgestoßenen Paares, das, wenn es sich trennen würde, leben könnte, aber lieber den gemeinsamen Tod erwählt, ist sündhaft; aber doch tief rührend, und beschämend für diejenigen, die um jeden Preis nach den Genüssen der Erde trachten. Sollen es uns die Kinder der Aermsten, die nichts haben als ihr Herz — die in Sorgen und Beschwerden Aufgewachsenen, durch die großen Beispiele der Geschichte und die Musterbilder der Kunst nicht Angefeuerten — sollen sie es uns an Liebestreue zuvorthun? Welche Schande für die Bildung, wenn sie das Herz und den Charakter schwächen und nur zur Bewunderung des aufopfernden Muthes, nicht zu diesem selber erziehen würde!"

Aber von alledem ist ja gegenwärtig noch gar nicht die Rede! Du magst über deine Erfahrungen (wir wollen später über sie sprechen!) entrüstet und außer dir seyn; aber das wird nicht dauern! Die Menschen sind nicht so gefühllos und die Welt ist nicht so niedrig gesinnt, wie du sie schilderst! Ihr Männer stoßt leicht zusammen und macht dann eure Gegner schwärzer, als sie sind! — Scheide aus diesem Kreis, in dem du nun freilich nicht mehr weilen kannst; — aber gib die Hoffnung nicht auf und die schöne Zuversicht, die dich immer so wohl gekleidet hat! — Versuch es, als Schriftsteller zu wirken und deine Ueberzeugungen auszusprechen in vollkommener Unabhängigkeit! Es ist ein großer Gedanke, wohl werth, daß man dabei ringt und kämpft und duldend ausharrt! Und endlich wird die Welt doch in sich gehen, wird die Arbeit lohnen und uns ein Asyl gönnen — uns mit einander; und wir werden uns einrichten, klein und fein, und leben, genügsam und froh, wie die Menschen in der goldenen Zeit! —

O man braucht wenig zum Glück, wenn man es von Haus aus und in sich selber hat; das Meiste, was man noch besitzen zu müssen glaubt, ist gar nicht nöthig dazu!"

„Ich bin dir doch gut und verzeihe dir; denn Eine Ehre wenigstens hast du mir in deinem Schreiben angethan, du großer Philosoph! Ein Wort in der letzten Zeile ist getrübt, verwischt, und gibt mir die Kunde, daß auf die feierlich ausgestellte Entsagungsacte von dem stolzen Aug' doch eine Thräne gefallen! Es ist das Beste in deinem Brief, das Einzige, was darin von Herzen kam, und um dessentwillen die vorhergegangenen Sünden dir vergeben sind. — Aber nun säume nicht, — und sende mir so bald als möglich einen andern und bessern!" — — —

Nachschrift. „Die Mutter hat diesen Brief gelesen, ein paarmal den Kopf geschüttelt, aber zuletzt doch gesagt, daß ich ihn dir so schicken solle. Sie hofft ebenfalls einen bessern zweiten von dir!"

Otto empfand bei Lesung dieses Briefes ein unaussprechliches Glück. Mit einemmal war alle Freude, alles Vertrauen, aller Lebensmuth wieder da! Sein Mund lächelte selig und stolz, die Augen strahlten und wurden feucht. Freilich hatte sie Recht, die Geliebte, vollkommen Recht! Er war gekränkt und erzürnt und schrieb seinen Brief in leidenschaftlicher Aufregung;

aber diese war nicht sein rechter Ernst — im tiefsten
Grunde seines Herzens wollte er doch nichts, als von
der Geliebten hören, was nun im Briefe stand! Wie
lieblich sahen ihn daraus die Vorwürfe an! — wie
süß trafen die Worte der Strafe seine Seele! In den
Stellen über den Muth der Aufopferung um edler
Zwecke willen, erkannte er ihr Innerstes und gedachte
der schönsten Unterredungen, die er mit ihr gepflogen.
Sie schrieb ihm, was er mit ihr gesprochen — und
richtete ihn, der es kleinmüthig vergessen hatte, damit
wieder zum vollen Besitz der Manneskraft empor! —
Er las die rührenden Zeilen zum zweiten= und dritten
mal und schwelgte darin. Dann steckte er den Brief ein
und eilte zur Tante.

Diese, als er sie begrüßte, ohne den Ausdruck seines
Glücks auch nur mäßigen zu wollen, rief ihm zu:
„Was ist Ihnen, Herr von Ehrenfels? Hat die Hoheit
Sie zu sich gerufen — sind Sie Minister geworden?"

„O viel besser!" erwiderte Otto, indem er den
Brief aus der Tasche zog und ihn überreichte. „Hier ist
mein Patent — auf eine Stelle unter den Glücklichsten
aller Erdenbewohner!"

Die Majorin entfaltete das Papier lächelnd und
las; schüttelte auch ein paarmal den Kopf, aber mit
einem Ausdruck zärtlicher Achtung, und mußte gegen
den Schluß die Rührung ihres Herzens mit Gewalt

zurückhalten. „Das hab' ich vorher gewußt, lieber Herr," sagte sie, mit möglichst leichtem Ton; „wer euch Zwei beisammen gesehen hat, der konnte nichts Anderes von dem Mädchen erwarten, die eine Philosophin ist, wie Sie, und noch mehr an Ihnen hängt, als Sie an ihr! — Keine Widerrede! Ich hab' Recht! — — Aber nun, was geschieht jetzt?"

Otto richtete sich empor und erwiderte: „Ich werde arbeiten, mich anstrengen, Alles thun, was je ein Mann gethan, der zum schöpferischen Vermögen den ernstlichen Willen hat! Ich fühle meine Kräfte verzehnfacht — es wird kommen, es muß kommen — — und bis dahin warten wir!"

Die Majorin erhob sich vom Sopha und schüttelte den Kopf. „Nein," entgegnete sie, „wir warten nicht — wir machen Hochzeit!"

Otto schaute sie fragend an.

„Wir machen Hochzeit," wiederholte die Frau nachdrücklich. „Ihr seid im Stande, glücklich zu seyn ohne Prunk, — und was nothwendig ist, das können wir schaffen!"

„Wir?"

„Wir, mein lieber Herr Neffe! — Ich hoffe, Sie trauen mir zu, daß ich mein Wort halte?"

„Unter diesen Umständen —"

„Pfui, Herr von Ehrenfels," rief die Frau mit

dem ernstlichen Unmuth einer Verletzten; "das ist nicht bescheiden, sondern beleidigend! — Doch ich will Ihnen verzeihen." Und freundlich fuhr sie fort: "Jetzt um so eher, mein Freund! und Sie werden mir schon erlauben, daß ich noch etwas darauf lege! Diese vornehmen Leute, die jetzige und die künftige Excellenz mit Frau Gemahlin, sollen Sie nicht in Noth sehen und nicht über Sie triumphiren! Die junge Dame, die mir schmeichelte mit einem Eifer und einer Zärtlichkeit, wie ich sie bis dahin von Niemand erfahren, — als ihr Zweck erreicht war, hat sie mich fast nicht mehr angesehen! Ich mache mir nichts daraus, denn das ist die Art dieser Leute. Aber nun sollen sie sehen, daß man sie keineswegs braucht, um seinen Freunden etwas Liebes anzuthun!"

"O," rief Otto, indem er ihre Hand ergriff, "edle Frau — Sie sind ganz verkannt —"

"Keineswegs," fiel die Majorin gerührt lächelnd ein. "Ich liebe das Geld wirklich; denn ich bin stolz, und zu meinem Glück und zu meiner Zufriedenheit ist's nöthig, daß ich von dem Hochmuth, welcher Gnaden austheilt, nichts brauche. Aber es gibt Dinge, die ich doch noch viel mehr liebe, als das Geld! — ein paar so braver Leute glücklich zu machen, wie ihr seid, das ist noch unendlich viel besser! — Und hab' ich etwa nicht Recht gehabt, meine Renten zu mehren, anstatt die hiesige Verschwendung mitzumachen? Jetzt kann ich euch helfen — und meinem leiblichen Neffen und Erben bleibt noch genug. Ja, ja, ich kann euch helfen und ich helf' euch, und ihr müßt für euer Glück nun doch auch ein wenig eurer alten geizigen Tante danken!"

Otto sah mit Rührung und Bewunderung auf die Frau. Es gibt nichts, was mehr verschönt, als die liebende Großmuth; und so war es dem Beglückten, als ob er nie so edeln Glanz in einem Auge gesehen hätte, wie er jetzt aus dem der Geberin drang. „Nein," rief er, „unendlich und ewig danken werden wir! Gleich auf der Stelle meld' ich den Meinen, wie sich durch Ihre Güte das Leid in Freude gewendet hat, und Alle sollen kommen und Ihnen Alles danken!"

Thränen rollten über die Wangen der Frau; sie reichte Otto die Hand, und dieser schloß sie in die Arme, wie ein Sohn die zärtlich geliebte Mutter umschließt.

Ende des ersten Bandes.

Inhalt.

		Seite
I.	Zwei Familien. Hoffnungsvolle Söhne in der Schule und auf der Universität	1
II.	Ferien. Leben in der Kleinstadt. Germanische Träume. Dichtkunst und Staatskunst	33
III.	Spannung und Zusammenstoß. Urtheile der Menschen. Der Musterhafte. Zwei Erfolge	72
IV.	Der ungewöhnliche Privatdocent. Eine Vorlesung. Erfolge und Folgen	103
V.	Autor Erfahrungen. Melancholie der Entsagung. Niederlage und Sieg	136
VI.	Innere Fassung und Lust der Entsagung. Höchstes Glück, Herzeleid. Veränderter Lebensplan	165
VII.	Neue Bekanntschaften. Die Jugendfreunde. Ein alter Bekannter. Frohe Gegenwart, lockende Zukunft. Die Liebenswürdige und die Großmüthige	207
VIII.	Der Politiker und der Fürst. Katastrophe. Ideale Siege. Lohn und Dank	245

www.ingramcontent.com/pod-product-compliance
Lightning Source LLC
Chambersburg PA
CBHW030743230426
43667CB00007B/823